"扶贫攻坚" 实践与地方经验

兰传海◎著

中国金融出版社

责任编辑：曹亚豪
责任校对：潘　洁
责任印制：丁淮宾

图书在版编目（CIP）数据

"扶贫攻坚"实践与地方经验／兰传海著．—北京：中国金融出版
社，2019.11
ISBN 978－7－5220－0317－7

Ⅰ.①扶… Ⅱ.①兰… Ⅲ.①扶贫—研究—中国 Ⅳ.①F126

中国版本图书馆 CIP 数据核字（2019）第 238910 号

"扶贫攻坚"实践与地方经验
"Fupingongjian" Shijian yu Difang Jingyan

出版
发行　**中国金融出版社**

社址　北京市丰台区益泽路 2 号
市场开发部　（010）63266347，63805472，63439533（传真）
网 上 书 店　http://www.chinafph.com
　　　　　　　（010）63286832，63365686（传真）
读者服务部　（010）66070833，62568380
邮编　100071
经销　新华书店
印刷　北京市松源印刷有限公司
尺寸　169 毫米 ×239 毫米
印张　16.5
字数　253 千
版次　2019 年 11 月第 1 版
印次　2019 年 11 月第 1 次印刷
定价　48.00 元
ISBN 978－7－5220－0317－7
如出现印装错误本社负责调换　联系电话(010)63263947

前言
PREFACE

消除贫困，改善民生，既是社会主义的本质要求，也是世界各国面临的共同任务。我国作为世界上最大的发展中国家，一直致力于消除贫困，中国共产党也带领全国人民走出了一条具有中国特色的扶贫道路。党的十九大报告明确指出，必须打赢打好脱贫攻坚战。因而，以理论为基础探讨我国扶贫攻坚的现实经验，对于促进我国农村脱贫能力提高、创新脱贫方式具有重要意义。

贫困是一个复杂的问题，人类社会发展到今天一直将消除贫困放在一个重要的位置，不断探索如何摆脱贫困。改革开放以来，我国的社会经济得到了较大的发展，贫困问题在一定程度上得到了解决。每一个阶段扶贫工作的推进都有先进的思想作为指引，邓小平的农村扶贫思想是结合我国实际情况创新发展的，他提出了立足国情谋发展的农村扶贫总方针，通过大力发展生产力来解决农村贫困问题。江泽民提出了"他扶"与"自扶"有机统一的农村扶贫举措，并指出要坚持开发式的农村扶贫路径。胡锦涛则提出落实科学发展观的农村扶贫思想，坚持马克思主义消除贫困思想，实现长远持续发展。习近平的扶贫思想可以总结为人民至上的农村扶贫价值取向、精准扶贫精准脱贫的战略思想和社会合力推动农村脱贫的举措。

本书汇集了笔者2008年至今的扶贫调研报告，从人口流动与扶贫、开放式扶贫、产业扶贫、异地搬迁扶贫几个角度探讨我国扶贫问题，从时间脉络上也可以梳理出十余年来我国扶贫政策的倾向性，即2009年、2010年首先提出的开发式扶贫，随后结合各地实际情况提出的"造血"式产业扶贫以及针对自然生活条件恶劣地区特点提出的异地搬迁扶贫，且异地搬迁扶贫的推广形式以四川、贵州最为典型，并以四川省泸州市单独形成调研报告。

逻辑思路上，本书首先从宏观上介绍我国贫困地区的分布并分析致贫成因，第二章进行了贫困人口的流动影响分析，第三章对开发式扶贫进行了详细介绍，总结经验并提出针对开发式扶贫的政策建议，第四章对贫困地区基本公共服务政策进行评价。后面七个章节分别介绍了山东省临沂市、贵州省、环京津贫困带、四川省泸州市等地区的扶贫经验。以期这些扶贫工作经验能对各地扶贫工作给予借鉴。

2019年是我国扶贫工作推进、保证2020年扶贫攻坚战顺利完成的关键之年，值此重要时间点将十余年的研究报告汇集整理对于梳理各地扶贫思路、总结2008年以来各地为扶贫所做的工作实有必要，且为后续的扶贫工作提供借鉴参考。由于时间有限，调研地点未能面面俱到，认知与写作难免存在不足，悉邀各位读者、专家共同探讨、多提宝贵意见，不吝赐教。

目录 CONTENTS

第一章　我国贫困地区的
分布及致贫成因分析[①]

一、贫困的概念与扶贫的对象

(一) 贫困的概念

贫困具有相对性，可以说在实现按需分配之前，贫困是一直存在的。正是贫困概念的相对性和贫困内涵的广泛性，为界定贫困、确立贫困标准带来了很大困难。由于发展阶段不同，人们的信仰和理念不同，不同的国家、地区、群体，在不同的时期对贫困的理解和界定也大不相同。最早人们仅仅从生活消费的角度来定义贫困，把由于经济收入低，不能满足衣、食、住等基本生活需求的生活状况称为贫困，即大家普遍理解的绝对贫困；随后，人们又把视野扩大到生产领域，认为即使可以满足基本生活需求，如果缺乏进行再生产的条件和手段，也还属于贫困的范畴；还有的学者则从更广泛的社会文化角度来考察贫困，认为贫困还应包括文化生活的匮乏、身心健康的不良甚至权利和地位等政治因素的欠缺，即文化贫困、精神贫困乃至政治贫困。

贫困既可发生在农村，也可发生在城市。在我国，城市居民的收入一般都高于农村居民的收入，而且这种差距长期以来呈现不断拉大的趋势。同时考虑到城市具有相对健全的社会保障和社会福利制度，一些低收入居民、非职工居民、特殊困难居民大都被城市的社会保障或社会救济所覆盖，因此，本书中所指的贫困人口主要是农村居民。结合我国长期扶贫的经验，考虑到目前我国农村居民的生活状况以及我国要在2020

[①] 报告完成于 2010 年 7 月。

年实现全面小康社会的伟大战略目标，本书认为贫困是经济、社会、文化落后的总称，是由生产生活条件恶劣、自身能力较弱或缺乏必要的政府基本公共服务而没有发展机会所导致的低收入或生活困难。根据贫困的程度，可分为绝对贫困和相对贫困。绝对贫困泛指基本生活没有保证，温饱没有解决，简单再生产不能维持或难以维持。如果温饱基本解决，简单再生产能够维持，但低于社会公认的基本生活水平，缺乏扩大再生产的能力或能力很弱，则属于相对贫困。绝对贫困又可分为生存型贫困和度日型贫困，生存型贫困即特困，是指最低生理需求得不到满足、生存有困难，勉强能够维持活命甚至不能维持活命，它是生活状况中最低下的一等。度日型贫困是指满足基本的温饱存在问题或只能勉强维持基本的温饱。

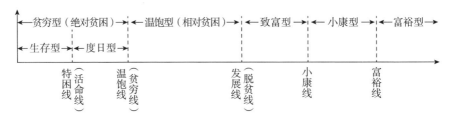

资料来源：盛来运. 新时期农村贫困标准研究［J］. 中国统计，2000（12）.

图1－1 不同贫困类型分类

（二）扶贫的对象

扶贫的对象在本书中至少有两类，一类是贫困人口，另一类是贫困地区。从理论上分析，扶贫的对象应该主要瞄准贫困人口，只有这样，才能真正体现"以人为本"的扶贫理念。从扶贫的方式来看，我国长期以来主要是通过完善贫困地区的基础设施来促进贫困人口脱贫致富，考虑到我国国家投资往往存在层层配套，而基础设施特别是交通基础设施建设需要成线联网才能发挥最大效应，因此，在我国扶贫的实践中，往往是针对贫困地区来推进的。通过这种方式推进扶贫，可以对集中连片贫困地区制定统一的政策，统一减免基础设施建设投资地方配套比例，保障基础设施建设的同步性和连续性。当然，采取这种方式推进扶贫，很多扶贫政策可能照顾不到发达地区的贫困人口，而贫困地区的中高收入群体则额外受益。考虑到我国幅员辽阔，国家财力只能集中力量解决最需要解决的问题，本书认为，为了确保国家在 2020 年之前实现全面小康社会的伟大战略目标，在今后一段时期内，我国的扶贫对象仍然需要集中瞄准集中连片贫困地区，集中力量促进集中连片地区贫困人口的整体脱贫和稳步致富。对于发达地区的贫困人口，相关省级财政要加大扶持力度，在省级政府的扶持下解决贫困问题，与全国同步实现全面小康社会。

二、我国贫困地区的界定

（一）贫困人口与贫困地区的关系

贫困地区和贫困人口是两个不同的概念，两者之间既有一定的区别，也有密切的联系。一般来讲，贫困人口相对集中的地区为贫困地区，即贫困人口主要分布在贫困地区；贫困地区则是贫困人口比较集中的地区，即贫困地区的人口大部分是贫困人口。当然在实际发展中，贫困地区也有中高收入人群，在发达地区同时也存在低收入人群和贫困人口，即贫困地区与贫困人口也存在一定的不一致性。世界银行提出的从贫困地区到贫困人口的概念，也是为了能够更为精确地瞄准贫困人口，使政策更具有针对性。在我国的扶贫政策中，很多政策集中在农村基础设施建设领域农业生产生活条件的改善，因此在我国的相关扶贫政策中，更侧重对集中连片贫困地区的扶持，以有利于基础设施的共同建设。在当前我国的常规统计中，由于缺乏对贫困人口的详细统计，因此目前还不能从数据上支撑上述贫困人口与贫困地区密切联系的观点。为了验证上述观点，笔者对相关地区开展了调研，同时结合其他课题的调研，从与地方基层政府的座谈中初步可以印证贫困地区与贫困人口具有密切联系的观点。

课题组对山东省临沂市进行了专题调研，临沂市是 20 世纪 80 年代国家确定的 18 个集中连片扶贫地区之一，1984 年国家将沂水、沂南、蒙阴、平邑、费县、苍山、临沭 7 个县列为国务院和山东省政府重点扶持的贫困县，到 1995 年，沂蒙老区在全国 18 个集中连片扶贫地区中率先实现了整体脱贫。为了了解临沂市贫困人口的具体状况，课题组对临沂市的莒县、平邑县、蒙阴县等典型县进行了调研，并深入贫困户进行座谈，通过与贫困户的座谈以及与相关县政府、乡镇政府的座谈，发现当地贫困人口致贫的主要原因分为以下几类。一是因病（重大事故）致贫，即贫困户中有家庭成员因为大病、长期病、疑难重病而导致家庭贫困，尽管现在农村已经有了新型农村合作医疗，但是由于新型农村合作医疗报销比例低，报销额度小，根本无法解决因病致贫问题。二是老弱病残等特殊人群，此类人群缺乏必要的劳动能力和劳动技能，再加上农村的社会救助体系不完善，造成此类人群生活贫困。除此之外的贫困人口非常少，而且没有呈现集中分布的状态，基本都是离散化分布的。通过对临沂的实地调研和座谈，可以发现作为早在1995年就已经整体脱贫的国家18个集中连片贫困地区之一，临沂目前已经没有了集中连片分布的贫困人口，普通的家庭成员中也很少有贫困人口，贫困人口主要集中在因病（重大事故）致贫以及老弱病残等特殊人群中，此部分人群绝大部分已经为社会救济所覆盖。

此外，笔者参加了武陵山经济协作区的调研，在调研过程中对贫困人口予以重点关注。在对武陵山区的重庆市黔江区、湖北省恩施州、贵州省铜仁市、湖南省湘西州、怀化市和张家界市进行实地调研并与相关政府部门进行座谈后了解到，当地的贫困人口较多，而且分布集中。当地致贫的成因与临沂市的大不相同。造成当地人口贫困的原因主要如下：一是山高路远，生产生活条件恶劣。整个武陵山区山多地少，人均耕地资源少，而且位置偏远，交通十分不便。当地依托极少的山前缓坡或河谷低坝从事农业或特色林果业生产，但是远离消费市场，并且很难规模化生产，农民很难依托此类产业走上脱贫致富的道路。二是劳动力素质普遍偏低。长期以来，山区偏远地区的基础教育和职业教育十分滞后，当地还有不少的少数民族居民不会讲普通话，缺乏外出务工的基本能力和劳动技能。这一地区虽然经过国家的长期扶贫开发，目前仍然是贫困人口比较集中的区域。

受研究的时间、经费和能力等诸多方面的限制，课题组只能对部分典型地区开展调研分析。经过对上述两个地区的对比，笔者认为可以得出我国贫困地区与贫困人口具有密切联系的结论。

（二）我国贫困地区的界定

对于如何划定贫困地区，不同的学者可能有不同的理解，而且在不同的历史时期，对贫困地区的划分也可能有所不同。在课题咨询会期间，白合金研究员提出对于贫困人口的界定可以使用农村居民人均纯收入指标；对于贫困地区的界定，可以使用人均地区生产总值指标。同时结合实地调研和座谈以及课题组能够获得的资料，笔者使用了农村居民人均纯收入和人均地区生产总值两个指标来界定贫困地区。延续原来的划分，国家扶贫工作重点县的界定标准为人均收入592元，1993年农民人均收入低于400元（全国农村居民收入），革命老区县稍高。收入与人均地区生产总值具有联系，小康社会的标准有人均地区生产总值的内容，贫困地区的2020年人均地区生产总值为3000美元（世界银行标准）。以县级行政单元（扣除县级区）为基本空间单元，可将农村居民人均纯收入低于全国平均水平60%且人均地区生产总值低于全国平均水平60%的县级行政单元列为贫困地区。之所以选择这两个指标，一方面是因为贫困地区的划分主要针对农村居民，另一方面也考虑到国家统计局可以提供这两个方面的数据。

三、我国贫困地区的分布与主要类型

（一）我国贫困地区的分布

长期以来，我国对扶贫工作高度重视，对于贫困地区的研究比较多，对于我国贫困地区的分布，比较权威的表述为中共中央1984年19号文件中对我国11片贫困地区的表述。具体包括：（1）秦岭、大巴山地区67个县市；（2）武陵山地区33个县；（3）乌蒙山地区23个县；（4）努鲁儿虎山地区14个县；（5）大别山地区14个县；（6）滇东南地区18个县；（7）横断山地区19个县；（8）太行山地区8个县；（9）吕梁山地区13个县；（10）桂西北地区7个县；（11）九万大山地区9个县。在"八七"扶贫攻坚期间，国家又在全国确定了592个国家扶贫工作重点县作为重点扶持对象，这592个国家扶贫工作重点县在空间分布上基本与我国11个贫困片区呈现较高的一致性。这592个贫困县是我国现阶段扶贫开发工作的重点，大部分位于中西部地区，特别是西部地区。

根据本书确定的贫困县标准划定的贫困县，可以看出在空间上这些县主要分布在我国的中西部地区，特别是西部地区更为集中，部分中部地区和东北地区的贫困县在空间上呈现出离散分布的状态。

如果将本书提出的贫困县与592个国家扶贫工作重点县进行对比，则可以发现两者具有如下特点。一是在空间上具有较高的重合性，特别是对于西部集中连片较大的贫困地区来说，两者在空间上的重合度很高，而且本书所确定的贫困县往往都是分布在592个国家扶贫工作重点县集中连片分布的核心区内。二是本书所确定的贫困县在中部、东北等部分省份在空间上呈现离散化的分布状态。比如在安徽、江西、黑龙江等省份，本书提出的贫困县在空间上基本呈现离散化的分布状态，而按照592个国家扶贫工作重点县的分布，在这些地区则是集中连片分布。三是贫困地区呈自东向西、由北向南逐步增多的趋势。与592个国家扶贫工作重点县的空间分布相比，本书提出的贫困县更多是集中在西南地区，这在一定程度上也说明西南地区是我国今后扶贫攻坚的重点地区和难点地区，其他区位条件相对较好，位于平原地区的贫困县基本上已经摆脱或初步摆脱贫困。

（二）主要贫困地区的分类

考虑到整个西藏自治区都需要国家特殊政策给予帮助的实际情况，在本书中将涉及西藏的贫困县剔除在外，对剩余的424个贫困县进行研究。从我国贫困县（旗、市）的空间分布来看，我国的贫困县绝大部分都是分布在山区或高原山区，特别是群山连绵区，更是呈现集中分布的状态。除去少数呈现离散分布共计41个县之外，我国集中连片分布或基本呈现集中连片分布的贫困县共计383个，可以分为如下几个片区。在划分贫困片区的时候，本书参考了《全国主体功能区规划（征求意见稿）》《国家生态功能区规划》以及我国对贫困地区传统的划分，所取贫困地区的名字除了表明贫困的核心区外，如果其周边地区也有连片的贫困地区，也将毗邻贫困地区一并纳入此区域进行表述。因此，本书中对贫困地区的划分，与生态学、地貌学以及其他传统意义上的划分并不一致，只是本书确定的空间范围。比如本书中所指的秦巴山区，除了表述在地貌学中属于秦巴山区的贫困地区外，还包含了与秦巴山区贫困县毗邻的贫困县。

1. 桂黔川滇毗邻地区（93）

桂黔川滇毗邻地区主要包括桂西北、黔南、川南和滇北的集中连片贫困地区，共计93个县级行政单元，其中以黔西南、黔南、黔东南和滇北最为集中。这一区域由于降水量大而且集中，植被破坏较大，水土流失严重，生态比较脆弱，是我国主体功能区划中桂黔滇等喀斯特石漠化防治区。此外，川南和滇北生态较好地区，是我国主体功能区规划中川滇森林生态及生物多样性功能区。这一区域还是我国少数民族比较集中的区域，分布有布依族、苗族、侗族、彝族、藏族等多个少数民族。区域内高山丘陵多，平原低坝少，农民人均耕地少，生产生活条件比较恶劣，是我国长期以来扶贫开发的重点地区，也是我国今后扶贫攻坚的重点区域和难点区域。

表 1-1　　　　　　　桂黔川滇毗邻地区主要贫困县名录

省区位	县
桂西北（16）	三江、融水、罗城、都安、大化、巴马、东兰、凤山、凌云、乐业、田林、西林、隆林、那坡、德保、靖西
黔南（40）	大方、黔西、赫章、威宁、水城、纳雍、织金、普定、六枝、镇宁、关岭、普安、晴隆、兴仁、贞丰、安龙、册亨、望谟、罗甸、紫云、长顺、平塘、独山、荔波、从江、榕江、黎平、锦屏、天柱、三穗、镇远、施秉、黄平、合江、剑河、雷山、麻江、贵定、丹寨、三都
川南（9）	甘洛、马边、越西、美姑、雷波、喜德、昭觉、金阳、布托
滇北（28）	绥江、永善、盐津、大关、威信、振雄、彝良、鲁甸、巧家、会泽、禄劝、寻甸、武定、永仁、牟定、马龙、泸西、丘北、广南、富宁、西畴、砚山、麻栗坡、马关、红河、元阳、金平、绿春

2. 秦巴山区（82）

秦巴山区贫困带主要包括鄂西北、陕南、宁南、甘南、青东的集中连片贫困地区，共计82个县级行政单元。这一区域也是我国主体功能区规划中限制开发区域中的秦巴生物多样性功能区和中共中央1984年19号文中提出的秦岭、大巴山贫困片区，还有一部分属于我国南水北调中线工程的水源地及其上游地区。这一区域由于高山丘陵多,基础设施建设比较滞后,基础设施建设成本高、难度大,人均耕地资源少,虽然经过长期的扶贫开发,目前此区域仍然是我国贫困人口相对集中的区域,也是今后我国扶贫开发攻坚的重点区域和难点区域。

表1-2　　　　　　　　秦巴山区主要贫困县名录

省区位	县
鄂西北(5)	郧西、郧县、竹溪、竹山、房县
陕南(18)	洛南、丹凤、商南、山阳、镇安、宁陕、石泉、汉阴、旬阳、紫阳、岚皋、镇坪、留坝、佛坪、洋县、西乡、镇巴、宁强
宁南(6)	通信、海原、西吉、彭阳、隆德、泾源
甘南(45)	皋兰、榆中、会宁、清水、秦安、甘谷、武山、张家川、古浪、天祝、泾川、灵台、庄浪、静宁、环县、合水、正宁、宁县、镇原、通渭、陇西、渭源、临洮、漳县、岷县、文县、宕昌、康县、西和、礼县、两当、临夏、康乐、永靖、广河、和政、东乡、积石山、合作、临潭、卓尼、舟曲、迭部、碌曲、夏河
青东(8)	同仁、贵南、泽库、玛多、甘德、达日、班玛、久治

3. 横断山区(62)

横断山区主要包括川西和滇西的主要贫困连片地区,共计62个县级行政单元。这一区域山高坡陡,水流湍急,森林覆盖率较高,是我国主体功能区规划中川滇森林生态及生物多样性的功能区。这一区域还是我国少数民族比较集中的区域,分布有藏族、傣族、景颇族、白族、普米族、彝族、傈僳族、独龙族、怒族等多个少数民族。这一区域长期以来是我国扶贫开发的重点区域,也是今后我国扶贫开发攻坚的重点区域和难点区域。

表1-3　　　　　　　　横断山区主要贫困县名录

省区位	县
川西(26)	石渠、德格、色达、阿坝、壤塘、甘孜、炉霍、金川、白玉、新龙、道孚、丹巴、小金、巴塘、理塘、雅江、泸定、乡城、稻城、得荣、木里、若尔盖、松潘、黑水、茂县、理县

省区位	县
滇西（36）	贡山、维西、宁蒗、玉龙、永胜、兰坪、剑川、鹤庆、洱源、漾濞、云龙、泸水、永平、巍山、南涧、景东、云县、凤庆、昌宁、施甸、龙陵、梁河、盈江、陇川、永德、镇康、耿马、双江、沧源、西蒙、澜沧、孟连、江城、普洱、墨江、镇沅

4. 武陵山区（42）

武陵山区主要包括渝东南、黔东、鄂西南和湘西的集中连片贫困地区，共计42个县级行政单元。武陵山区是我国长江中上游地区重要的水源涵养地和生物多样性保护区。区内高山峻岭多，森林覆盖率高，生态环境好。武陵山区特殊的地理位置和复杂的自然条件造就了多种类型的生态系统和丰富的物种多样性，陡峻的山地和复杂多变的自然环境，使之成为第四纪冰川时期生物的优良避难地，现存的珍稀、濒危和特有物种极其丰富。武陵山区已被世界自然基金会列为中国17个生物多样性关键区域之一，也是全球200个生物多样性关键区域之一。该区域是我国少数民族分布比较集中的区域，区内分布有苗族、布依族、侗族、瑶族等多个少数民族。该区域长期以来是我国扶贫开发的重点区域，也是今后我国扶贫开发攻坚的重点区域和难点区域。

表1-4　　　　　　　　　　武陵山区主要贫困县名录

省区位	县
渝东南（1）	酉阳
黔东（11）	道真、正安、务川、沿河、德江、印江、思南、松桃、石阡、江口、万山
鄂西南（9）	巴东、建始、利川、恩施、咸丰、宣恩、来凤、鹤峰、五峰
湘西（21）	桑植、龙山、永顺、保靖、古丈、沅陵、泸溪、凤凰、辰溪、麻阳、芷江、新晃、会同、通道、城步、新宁、邵阳、隆回、新邵、新化、安化

5. 吕梁山区（24）

吕梁山区主要包括晋西和陕东的集中连片贫困地区，共计24个县级行政单元。吕梁山区在我国主体功能区规划中也是我国黄土高原丘陵沟壑水土流失防治区。这一区域在历史上就是我国扶贫开发的重点区域，经过长期的扶贫开发，目前已经取得了比较大的成效，除了核心区外，其他大部分的县已经摆脱或初步摆脱了贫困。

表1-5　　　　　　　　　吕梁山区主要贫困县名录

省区位	县
晋西（18）	神池、五寨、奇岚、静乐、兴县、临县、方山、娄烦、石楼、永和、隰县、汾西、大宁、吉县、绛县、垣曲、夏县、平陆
陕东（6）	佳县、吴堡、清涧、白水、合阳、澄城

6. 太行山区（19）

太行山区主要包括晋东和冀西的集中连片贫困地区，共计19个县级行政单元。太行山区也是目前有的研究中所称的环京津贫困带中的部分区域。这一区域整体生态环境较好，承担着京津地区重要生态屏障功能，部分森林边缘区存在水土流失和沙漠化治理的任务。长期以来，该区域是我国扶贫开发的重点区域，经过长期的扶贫开发，该区域的扶贫成效明显，除了核心贫困区仍然呈现集中连片分布之外，周边大部分县都已经摆脱或初步摆脱了贫困。

表1-6　　　　　　　　　太行山区主要贫困县名录

省区位	县
晋东（10）	天镇、阳高、广灵、浑源、灵丘、繁峙、玉台、沁县、平顺、壶关
冀西（9）	围场、沽源、康保、张北、尚义、阜平、曲阳、唐县、顺平

7. 大小兴安岭南麓（18）

大小兴安岭南麓地区主要包括蒙东和黑龙江的相对集中连片区域，共计18个县级行政单元。此区域的部分地区属于国家主体功能区规划中的大小兴安岭森林生态功能区和东北三江平原湿地生态功能区。此区域大部分处于大小兴安岭的南麓，大部分属于林区到农区的过渡带，生态环境较好。长期以来，这一区域也是国家扶贫工作的重点区域，经过长期的扶贫开发，此区域的扶贫成效比较明显，有不少原来集中连片的贫困地区目前已经呈现出离散化的趋势。

表1-7　　　　　　　大小兴安岭南麓主要贫困县名录

省区位	县
蒙东（4）	科尔沁右翼前旗、科尔沁右翼中旗、扎赉特旗、突泉县
黑龙江（14）	延寿、泰来、甘南、克东、拜泉、绥滨、饶河、桦南、桦川、孙吴、望奎、兰西、青冈、明水

8. 南疆地区（17）

南疆地区主要包括南疆三地州的集中连片贫困地区，共计17个县级行政单元。这一区域既有山地丘陵，还缺乏水源，部分地区是我国主体功能区规划中的塔里木河荒漠生态功能区。这一区域是整个新疆地区贫困最为集中的地区，也是新疆少数民族集聚区。

表1-8　　　　　　　南疆地区主要贫困县名录

省区位	县
南疆（17）	乌什、柯坪、阿图什、阿克陶、阿合奇、乌恰、疏附、英吉沙、莎车、岳普湖、和田市、和田县、墨玉、皮山、洛浦、策勒、于田

9. 赣南地区（16）

赣南地区主要包括赣南的集中连片贫困地区，共计16个县级行政单元。赣南地区主要是山区，主要包括南岭北麓、罗霄山、武夷山西麓等地，山地丘陵多，交通不便。这一区域还是我国革命老区分布比较集中的区域，在历史上为国家做出了巨大贡献。此区域是国家扶贫的重点区域，经过国家的长期扶贫开发，此区域的集中连片贫困地区在面积上已经呈现明显的缩小趋势，只剩下核心少数的贫困县呈现集中连片分布状态。

表1-9　　　　　　　赣南地区主要贫困县名录

省区位	县
赣南（16）	莲花、赣县、上犹、安远、宁都、于都、兴国、会昌、寻乌、石城、吉安、遂川、万安、永新、乐安、广昌

10. 三江源地区（6）

三江源地区是我国长江、黄河和澜沧江的源头，承担着非常重要的水源涵养和生物多样性保护的功能，此区域的集中连片贫困地区主要集中在玉树藏族自治州的 6 个贫困县级行政单元。由于此区域地处高原，生态环境相对比较脆弱，生产生活条件十分恶劣，畜牧超载比较严重。此区域包括的县级行政单元不是太多，人口也较少，但是面积较大，属于典型的地广人稀区域。尽管国家对此区域进行了长期的扶贫开发，但是此区域仍然属于集中连片贫困地区，是今后国家扶贫开发攻坚的重点区域和难点区域。

表 1 – 10 三江源地区主要贫困县名录

省区位	县
青南（6）	曲麻莱、治多、称多、玉树、杂多、囊谦

11. 琼中地区（4）

琼中地区主要包括五指山周边的集中连片贫困地区，共计 4 个县级行政单元。作为我国少有的陆地热带区域，此区域部分地区是国家主体功能区规划中的海南岛中部热带雨林生态功能区。此区域也是我国黎族、苗族分布比较集中的区域。长期以来，此区域也是国家扶贫开发的重点区域。但是受海南整体经济发展的影响，目前仍有 4 个县级行政单元是集中连片贫困地区。随着海南旅游岛规划的实施以及国家扶贫力度的不断加大，此区域有望能够在较短的时间内摆脱贫困。

表 1 – 11 琼中地区主要贫困县名录

省区位	县
琼中（4）	白沙、琼中、五指山、保亭

四、我国主要贫困地区致贫成因分析

（一）生产生活条件十分恶劣，自然灾害多

从我国集中连片贫困县的分布来看，目前的贫困地区大部分都分布在山区和高原区，生产生活条件十分恶劣，泥石流、滑坡、石漠化、水土流失、涝灾、旱灾、冻灾等自然灾害频发。早先集中连片贫困地区处于平原地区，是由于人多地少而造成的，经过国家的扶贫开发和自身的

发展，其基础条件得到很大改善，青壮年外出务工人员增多，此类区域大部分已经摆脱或初步摆脱了贫困。当前剩余的集中连片贫困地区主要集中在生产生活条件十分恶劣、自然灾害频发的地区。根据中国农村贫困监测数据，2005 年绝对贫困人口居住在山区的占 50%，而连续贫困群体中有 76% 居住在资源匮乏、环境恶劣的深山区、石山区、高寒山区、黄土高原地区，46% 人均耕地不足 1 亩。2005 年国家扶贫工作重点县中有 53.1% 的行政村因自然灾害减产三成以上。在国务院扶贫办组织的大学生扶贫社会调查的 455 个贫困村中，2004 年有 300 个贫困村遭受了不同类型的自然灾害，占 65.9%。从本书所列举的 11 个集中连片贫困地区的空间分布来看，这些地区几乎全部分布在山区和高原区。这些地区生产生活条件十分恶劣，致使对区域指向不是十分明显的工业很难到此类地区发展，而且按照我国目前的财税体制，工业往往能够给地方政府带来丰厚的财税收入，而此类地区的农业、林业、牧业则基本上既不能给当地政府带来财税收入，也很难给当地的农户、林户、牧户带来较多的收入。

(二) 基本公共服务差距大，自我发展能力弱

当前我国集中连片贫困地区主要集中在山区、高原区的现实决定了这些区域的基础设施建设比较滞后，再加上长期以来我国基本公共服务区域之间的巨大差距，落后地区特别是贫困地区的基本公共服务发展十分滞后，教育、卫生等基本公共服务在质和量上都存在严重不足，贫困地区的青壮年缺乏必要的劳动培训，致使劳动力素质低下，只能从事简单的体力劳动或别人不愿从事的脏累差或危险性工作，自我发展能力弱。根据中国农村贫困监测数据，2005 年，国家扶贫工作重点县劳动力文盲率高达 12.7%；而在连续 2 年贫困的农户中，劳动力的文盲率达到 28.1%。455 个贫困村中，小学文化程度的劳动力占 29.6%，初中文化程度的占 34.5%，共计 64.1%。2004 年，贫困户和低收入户中接受过各类培训的劳动力分别只占总数的 13.5% 和 10.5%。贫困户的收入来源单一，增收渠道窄。2005 年，全国农民人均工资性收入占纯收入的 36.1%，而在国家扶贫工作重点县农民人均收入只占 32.5%，低 3.6 个百分点。国家扶贫工作重点县 70.5% 的农村劳动力从事第一产业，外出打工的只占

16.6%。贫困农户家计薄弱，自我发展能力差。根据中国农村贫困监测数据，54.1%的贫困农户、47.2%的低收入农户人均家庭生活消费支出超过收入水平，需要借债度日。贫困家庭物质资本一般只能维持简单再生产，遇到灾害、市场风险和家庭变故时就返贫。根据笔者参与的相关课题调研，极少数居住在深山区的居民仍然居住在权权房、茅草房、地坑窑洞、靠山窑洞等十分简陋的住所，几乎没有收入来源，生活十分贫困。

（三）生态环境保护任务重，缺乏足够的生态补偿资金

从目前我国集中连片贫困地区的空间分布来看，集中连片贫困地区的分布与我国重要生态功能区的分布在空间上呈现高度的一致性。很多集中连片贫困地区往往也是我国重要的森林生态功能区、草原湿地保护区、沙漠化治理区、石漠化治理区、生物多样性保护区、水源涵养区等各类生态功能区。此类区域生产生活条件恶劣，农业、林业、牧业的生产效益非常低下。为了加强生态环境保护，国家对于此类地区有碍于生态环境保护的经济开发活动进行了种种限制，比如开展了天然林保护工程、生态林保护工程、三北防护林工程、长防林工程、退耕还林工程、退牧还草工程等众多的生态环境保护工程，这些工程对于推进这些地区的生态环境保护起到了非常重要的作用，但是由于我国生态补偿机制不健全，各类工程对于农户、林户、牧户的补偿标准非常低，很多甚至都达不到原来从事农业生产时的收入，而且补偿的期限也不长，使得这些地区的居民既很难依靠发展当地的农业、林业、牧业走向脱贫致富的路子，也很难依靠国家的生态补偿走向脱贫致富的路子。在国家对生态环境保护不断重视的形势下，这些地区就面临着脱贫致富和生态环境保护的双重压力。同时，根据国务院发布的《全国主体功能区规划》，主体功能区规划中的限制开发区域和禁止开发区域与当前的集中连片贫困区域在空间上也呈现很大的一致性。这就意味着此类地区有碍生态环境保护的经济活动将会受到更为严格的控制。如何使这些地区的居民能够在加强生态环境保护的同时，也能逐步走向脱贫致富的路子，与全国同步实现全面小康社会的伟大战略目标，成为今后扶贫攻坚的难点和重点。

（四）远离经济中心，扶持力度不够

我国的集中连片贫困地区，目前基本上都远离我国的经济中心，甚至与各自的省会城市都有较远的距离。按照当前我国的社会主义市场经济体制，除了沿海部分地区外，我国的行政中心与经济中心也呈现出高度的重合性，政府往往会选择区位条件好、发展基础好的地方作为行政中心，并且利用行政的力量将好的资源、要素配置到行政中心，这种顺市场的调节作用进一步放大了经济发展中的"马太效应"，使得经济中心迅速膨胀，其他地区发展十分滞后，而这些集中连片的贫困地区，基本上都是远离经济中心的地区，不仅不能很好地接受经济中心的辐射，贫困地区的优质要素往往还会被吸引到经济中心去。从国家的扶持力度来看，我国尽管一直在政策上和宣传上对集中连片贫困地区高度重视，但是就具体的措施和实际行动来看，扶持的力度远远不够。一是贫困地区适宜外迁的人口难以实现体制性外迁。我国的集中连片贫困地区绝大多数都是生产生活条件恶劣的地区，人口超载严重，需要积极引导此类地区具有一定技能的青壮年向外迁移，到一些能够吸纳就业的城市就业落户，但实际上这些人可以外出就业，但是实现在外落户十分困难。二是基本公共服务，特别是教育十分滞后。在集中连片贫困地区，由于交通不便，居民居住分散，教育设施十分落后，师资力量薄弱，使得贫困地区的儿童和青少年从一开始就在教育上与发达地区拉开了巨大的差距，并由此形成恶性循环。

第二章 我国贫困地区人口流动影响分析[①]

伴随着我国改革开放以来经济的持续强劲增长，城市对于劳动力的需求迅速扩张，且城乡之间收入的巨大差异，直接推动了大量乡村人口向城市迁移，形成了全世界和平时期最庞大的人口流动，大幅度地改变了我国多年人口与经济集聚不协调的状况。人口流动不仅使流入地的经济发展受益，也对流出地产生了深远的影响。本章着力探讨人口流动对于贫困地区的影响，并提出扩大正面影响、降低负面影响的政策建议。

一、我国贫困人口地区分布状况与特点

面向 21 世纪，我国发布实施了《中国农村扶贫开发纲要（2001—2010 年）》，着力解决 3000 万贫困人口的温饱问题。同时，以进一步改善生产生活条件为重点，继续帮助初步解决温饱问题的低收入贫困人口增加收入，巩固扶贫成果。纲要的实施使得我国贫困人口地区分布特征发生了一定的变化，其主要体现在以下五个方面。

1. 在大区域的层面上，贫困人口更加集中于西部地区

2008 年，我国东部、中部、西部和东北地区的贫困人口分别是 223 万人、1004 万人、2649 万人和 131 万人（贫困标准为 1196 元/人）。其中，66.1% 的贫困人口集中在西部地区。西部地区贫困发生率为 7.8%，远高于东部地区的 0.8%、中部地区的 3.4% 和东北地区的 2.0%。与2000 年（贫困标准为 865 元/人）西部地区贫困人口占全国的 54.4% 相比较，贫困人口更加集中。由此可以看出，从贫困人口总量和贫困发生率两个方面来衡量，我国扶贫的重点应该更加集中于西部地区。

[①] 报告完成于 2010 年 7 月。

2. 从省域的层面上进行分析，贫困发生率较高的省份变化不大

2008 年，贫困发生率在 1% 以下的有北京、天津、上海、广东、福建、浙江、江苏、山东 8 个省（市）；在 1%~5% 之间的省份有 15 个，5% 以上的有内蒙古、贵州、云南、西藏、陕西、甘肃、青海和新疆 8 个省份，且多年变化不大，其中贫困发生率最高的是甘肃省，高达 21.3%。从贫困发生率来衡量，省域层面多年并未发生明显的变化。可以认为，扶贫措施难以改变贫困的区域分布。

3. 按照地势进行分析，贫困人口更加集中在山区

2008 年，全国贫困人口在平原、丘陵和山区的分布分别为 25.2%、22.9% 和 51.9%，贫困发生率则分别为 2.4%、3.0% 和 7.8%。与 2000 年平原、丘陵和山区贫困人口占比分别为 31.1%、20.2% 和 48.7% 相比较，贫困人口在平原区下降较多，而山区和丘陵区贫困人口所占比例都有所增加，且集中于山区的贫困人口超过一半，贫困发生率更是显著高于丘陵区和平原区。从而可以看出，地形地貌与贫困有较为密切的相关性。

4. 从贫困地区与非贫困地区的分类上进行解析，贫困人口主要集中在国定贫困县

按照 2008 年的相关统计，国家扶贫工作重点县的人口占全国农村人口的 20% 左右，而贫困人口占到 60% 以上。其中西部地区最为集中，达到 1705 万人，占到国定贫困县贫困人口的 70% 以上，且多年没有发生明显变化。以上情况反映出，我国的扶贫从区域瞄准上是准确的。但值得思考的是扶贫重点不发生明显变化，说明通过目前的扶贫途径，试图在县域层面上实现整体脱贫是不产生效果的。

5. 从特殊区域的角度进行分析，老少边地区是贫困人口的主要集聚区

按照 2008 年的相关统计，民族自治地方农村贫困人口为 2102.4 万人，占全国的 52.5%，贫困发生率为 17.6%；147 个革命老区扶贫县贫困人口为 429.7 万人，贫困发生率为 9.7%，明显高于全国平均水平（4.2%），但略低于国家扶贫重点县的平均水平（11.9%）；42 个边境扶贫县贫困人口为 131.6 万人，贫困发生率为 21.2%。由此可以看出，少数民族地区和边境地区是我国贫困人口最为集中、贫困发生率最高的地区。

以上五个层面的分析表明，贫困人口在省域和县域层面的分布多年

未发生显著变化；随着扶贫工作的深入推进，贫困人口分布表现出更加集中于西部地区的状况；对地势和特殊区域的分析表明，山区、少数民族地区的贫困人口占了全国贫困人口的一半以上，边境地区则最为贫困。引起关注的是，多年的大规模、高强度的扶贫举措，对于贫困人口的减少，尤其是绝对贫困人口比例的持续降低起到了重要作用。但是，这并不能改变贫困人口的区域分布。也就是说，若要改变区域性的贫困，就地脱贫并不是有效的路径。

二、我国促进贫困地区人口流动的政策评述

改革开放以来，经济高速增长是我国大规模减贫的决定性因素。随之而来的是大量农民进城务工，这是市场力量推动人口合理流动的最突出表现。同时，政府的扶贫政策在推动贫困地区人口合理流动上也发挥了重要的作用。其中最为重要的是以下三个方面的政策。

1. 易地扶贫搬迁政策。1983年开始，宁夏回族自治区和甘肃省的三西地区在国家的支持下，组织开展了易地扶贫移民开发建设的试点工作。1983—2001年宁夏共建设移民吊庄基地24处，安置宁南山区贫困人口35万人。在两省开展的试点为国家扩大试点实施范围、加大实施力度奠定了基础。2001年9月国家发展改革委印发《关于易地扶贫搬迁试点工程的实施意见》，标志着易地扶贫搬迁试点工程的正式实施。该意见中确定实施易地扶贫搬迁工程的指导方针为"政府引导，群众自愿，政策协调、讲求实效"。试点工程的实施范围主要是位于西部地区的国家扶贫工作重点县，搬迁对象为生活在生态环境恶劣、缺乏基本生存条件地区的农村贫困人口，并兼顾生态工程建设中需要搬迁的农牧民。国家投资人均补助的标准不超过5000元，主要建设内容包括住房、基本农田、水利设施、乡村道路、饮水、沼气等基本生活设施，以及教育、文化、卫生等社会事业发展基础设施。资源开发、后续产业发展、产业结构调整等投入，以及土地变更和管理中的相关投资，主要由地方配套资金解决。

按照《易地扶贫搬迁"十一五"规划》，在"十一五"期间，中央补助资金约75亿元，规划搬迁150万人，实施范围为西部10省（自治区、直辖市），不包括西藏、新疆。随着国家财政能力的增强，以及作为

应对国际金融危机增加内需的政策安排，2010 年易地扶贫搬迁试点工程计划资金增加到 24.95 亿元（中央预算内资金 20 亿元，地方投资 4.95 亿元），计划搬迁 42.12 万人，其中国家扶贫工作重点县 33.76 万人。投资计划实施范围依然主要集中在西部有关省（自治区、直辖市），并开始在中部有关省国家扶贫工作重点县的深山区、石山区开展小规模试点。

目前，此项政策实施中面临的最主要问题，一是对于移民安置区资源环境承载能力的论证分析不足，导致部分移民点建设对于生态环境造成了较为严重的负面影响；二是受易地扶贫补助标准偏低以及地方配套资金不到位等影响，出现了"搬富不搬穷"的现象；三是对于少数民族地区实施移民搬迁所涉及的社会、文化和宗教等方面没有针对性的政策措施，造成了一些不良的社会问题。

2. 劳动力培训转移政策。2004 年 8 月，国务院扶贫办发出《关于加强贫困地区劳动力转移培训工作的通知》，标志着贫困地区劳动力转移培训工作的正式开始。全国各省、市、县扶贫部门纷纷采取各种措施，利用当地中等技术学校和其他教学条件，建立劳动力转移培训基地，从组织、资金等方面加强指导和扶持。国务院扶贫办在全国 11 个省率先建立了贫困地区劳动力转移培训基地（示范基地），并在探索和积累经验的基础上向全国普及。除国务院扶贫办以外，农业部、科技部、人力资源社会保障部、住房和城乡建设部等部门也组织开展了一系列劳动力培训项目。

这项政策存在的主要问题是在开展培训工作时，政府只提供学费补贴，食宿需要自理。如参加半年的培训需要费用约 1000 元，对于绝对贫困人口来讲，这是难以承担的。因而，参加培训的人员大多是贫困地区相对富裕的人群，而真正的贫困人口较难享受到政府提供的补贴。

3. 工程移民搬迁政策。此类移民主要是由资源开发类重大项目引发，包括水利工程移民、矿产资源开发移民、交通工程移民等。其中又以水利工程移民所涉及的人口和移民范围最为广泛。如三峡工程移民超过 140 万人，投资超过 600 亿元，移民安置则涉及十余个省（市）。2006 年国务院发布《大中型水利水电工程建设征地补偿和移民安置条例》，以及《国务院关于完善大中型水库移民后期扶持政策的意见》，标志着水利工程移民法制化建设取得重大进展。改变了过去因地、因工程不同而采取不同政策所引发的一系列问题。

此项政策存在的主要问题，一是新老移民享受的政策差异过大而引发社会矛盾；二是人口移出地的经济发展受到制约，而且扶持政策并不固定和明确。

三、贫困地区人口合理流动的影响因素分析

改革开放以来，在各项政策的鼓励下，以及城乡之间发展差距的激励下，大量农村富余劳动力进城务工，使得我国劳动力资源的配置效率有了较大幅度的提高，务工人员家庭也因此获得了改善生活条件的机遇。但是，由于改革推进缓慢，配套政策不落实，导致了我国农村向城镇流动的人口以非户籍转移为主，且多年没有转变，进城务工人员及其家庭难以转变为真正的城市人。按照人口流动的推—拉系数对我国人口流动进行分析，可以较为清晰地发现影响人口流动的主要因素，并由此发现制约贫困地区人口合理流动的主要条件。

（一）相关理论阐述的因素

关于人口流动理论的研究主要有两大类，一是从社会学、人口学的角度研究人口流动本身所具有的规律、模式、特点、影响因素等；二是从经济学的角度研究人口流动和经济发展的关系。由于本书对于相关理论进行阐述的目的，是要分析提出影响贫困地区人口流动的主要因素，并不探讨人口流动的基本规律，也不基于这些理论进行定量的研究。因而，在此仅对于经济学角度的理论进行简要的概述和分析，并在此基础上明确影响人口流动的因素。

1. "推—拉"理论

该理论认为，决定人口迁移的因素是迁出地的"推力"和迁入地的"拉力"。推力因素主要包括失业、就业不足、耕地不足、缺乏基本的生活设施（如学校、医院）、社会经济及政治关系的紧张和自然灾害等；拉力因素包括迁移目的地更好的就业机会、更好的发展前途、更高的工资水平、更好的教育和卫生设施、较好的居住环境等。将其量化为指标采取这一理论进行分析，影响因素应该包括以下几个方面：经济发展水平、经济结构、社会发展水平、人口和劳动力、资源与环境、交通通信等基

础设施等。由此可以看出，人口流动的方向和规模，受到流入地和流出地经济社会综合发展程度的影响。

2. 托达罗人口流动模型

该理论认为城乡预期收益的差异是决定人口流动决策的关键变量，而影响城乡预期收益差异的主要因素是现代部门的工资水平和就业概率。现代部门就业概率取决于城市传统部门就业总人数与城市现代部门新创造的职位数，就业概率的大小能自动调整人们的迁移行为。当城乡收入存在巨大差异时，就业概率对人们迁移决策行为的影响会减弱，人口净迁移的速度会超过城市现代部门的就业创造率，从而出现严重的城市失业现象。

3. 刘易斯人口流动模型

刘易斯的二元经济理论认为，工业部门的工资水平高于农业劳动者的收入水平是促使农业剩余劳动力向工业部门流动的动因。只要农业存在着剩余劳动，工业就可以得到无限的劳动供给，并在工资不变的条件下，积累利润，扩大再生产，直到将农业剩余劳动力吸纳完毕。

从上述理论简述中可以看出，这些理论从不同层面提出的观点，对于认识人口流动的基本动力和影响因素提供了有益的思路。可以认为，我国人口流动的最基本的推动力是城乡之间巨大的收入差距，而影响流动的因素是多方面的和复杂的。从而提醒我们应该在促进人口合理流动的政策设计中，多层面、多视角地考虑影响因素。

(二) 我国的特殊因素

除了通过理论分析提出的一般因素以外，我们认为对于中国人口流动的制约因素，还有其特殊性，尤其是一些因素还在制约贫困地区人口流动中起着重要作用。

1. 进城务工农民转变为城市市民的门槛高，且户籍制度的刚性限制尚未探索出可行的途径。按照相关统计，我国流动人口总量已经从20世纪80年代初的不到200万人，增加到2000年的1亿人，2005年的1.47亿人（其中跨省流动4779万人）以及2009年的2.11亿人。流动人口总量较大的输出地主要为四川、广西、河南、安徽、湖北、湖南和江西等省份，流入地主要集中在广东、浙江和江苏等省份。而常住人口中流动人口占比最高的为上海、广东、北京、浙江、福建等省市。由以上人口跨省流动的总体趋势可以归纳出以下三大特征:一是流动人口总量持续较快增长,省内流动占比较高(2005年为66%),而近年来跨省流动人口增长速度快于总量增速(2005年流动人口比2000年增加296万人,而跨省流动人口增加537万人);二是流动人口来源地主要集中在中西部地区的人口大省,尤其是人地矛盾较为突出的西南地区,流入地则主要集中在大都市圈地区和经济相对发达的省份;三是经济发展相对滞后地区吸纳的流动人口以省内为主,如山西、内蒙古、吉林等。

由此可以看出,人口持续向经济发达的大中城市集聚,即人口集聚方向与经济集聚方向趋向一致。而这些大中城市的进入门槛相对较高,导致能够常住的流动人口,尤其是落户的人口比例很低,即使是可以常住的人口也受到户籍制度以及与户籍挂钩的各项社会保障和基本公共服务的限制,无法成为真正的城市居民,这成为我国城镇化推进中最为明显的症结,也是限制人口流动尤其是举家迁移的重要因素。

2. 生态移民实施中较高的自筹资金量,使得特困人口难以承担,导致扶贫目标瞄准出现偏离,政策实施效果出现偏差。作为人口流动的一种重要形式,生态移民(易地扶贫搬迁)不同于以市场力量为主要驱动力的人口流动,其制约因素主要来源于政策设计本身。相关调查案例研究表明,在易地扶贫搬迁试点中,在社区层面,存在着条件相对较好的村庄获得搬迁机会,而生态环境状况更加恶劣、基础设施条件更差、经济发展水平更低的村庄反而未纳入试点的情况。在农户层面,由于农户配套搬迁资金较多,搬迁的大部分是村内相对富裕的农户。更为严重的是未搬迁农户的基础设施、生产生活条件得不到改善,资源环境压力得不到减缓,这些未搬迁农户继续贫困,甚至更加贫困。也就是说受益群体并不是最贫困群体和贫困人,导致政策目标出现了偏离。我们认为造成这样局面的主要原因,一是贫困户难以承担搬迁自筹费用;二是贫困户大多缺少具有较高技能的劳动力,难以适应迁入地的生产要求;三是在确定搬迁户的条件中文化程度和年龄是很重要的因素,而最贫困人口大多处于不利地位。

3. 受教育水平较低,直接影响到最贫困地区人口向外流动。由前面的分析已经得知,我国最贫困人口集中量较大的是少数民族地区(2008

年民族自治地区农村贫困人口为 2102.4 万人，占全国的 52.5%，贫困发生率为 17.6%）。而在人口主要流出省中，经济发展水平较低，且少数民族人口比例较高的贵州、云南、新疆、西藏等省份却并未包括其中。这方面的影响因素很多，有民族文化、宗教层面的因素，也有社区、家庭生活传统层面的因素，以及信息不畅通方面的因素。但其中受教育水平较低，尤其是汉语教育水平较低，使得少数民族人口难以与流入地人群交流是重要的制约因素。

四、人口流动对贫困地区发展的影响分析

城乡二元结构的长期存在，城乡收入的巨大差距是推动农村人口向城镇流动的决定性因素。改革开放以来，我国流动人口数量持续增长，从 20 世纪 80 年代的 3000 多万人，增加到 90 年代的 8000 多万人，以及 2009 年最新调查结果的 2.11 亿人，且其中以非户籍迁移性的人口流动为主。人口的大规模流动既为我国保持经济持续高速增长提供了充裕的劳动力，也为贫困地区的脱贫致富创造了最为重要的条件。人口的流动与脱贫致富两者之间具有密切的相关性。

（一）人口流动对经济社会发展的影响分析

人口流动对于流入地和流出地的经济社会发展都会产生影响，但影响的程度是存在差异的，且正负影响同时存在。

1. 流动人口对于流入地经济发展起到了巨大的促进作用

在对于人口流入地经济发展的促进上，主要表现为以下四个方面。

（1）人口的大量流动，尤其是乡村人口大规模地向城镇流动，极大地冲击了城镇劳动力的择业和就业观念，增强了就业竞争意识，填补了城镇经济发展中某些职位的空缺。

（2）多方向的人口流动，使得人口与经济的集聚方向趋于一致，加快了城镇化进程，提升了各地区间的经济技术交流程度和水平。同时由于资源需求的大量增加，人口逆向流动（城镇向农村、发达地区向不发达地区）寻找投资创业机会和空间，也使得农村地区和一些边远地区的经济得到了一定程度的开发。

（3）大量农民工的涌入，大大降低了劳动密集型企业的生产人工成

本，推进了我国加工贸易的迅速扩张，增强了我国加工工业的国际竞争力，稳固占据了国际市场的中低端，突破性地在国际产业分工中占有了一席之地。

（4）非户籍迁移性流动为主的人口流动特征，极大地支持了城市的发展。农民工与城镇职工间收入的差异性，以及享受城市基础设施、社会服务设施的差别性，使得城市的建设获得了"额外资金收入"。有关测算表明，仅收入差距方面，农民工平均每年的贡献就高达5000亿元以上。同时，通过流动人口在流入地的消费和投资，也对当地经济发展起到了拉动作用。

2. 人口流动对于流出地经济发展也起到了重要的作用

在对于流出地经济发展的影响上，主要表现为以下三个方面。

（1）增加流出地居民收入，改善农村家庭生活状况。相关研究表明①平均每个农民工寄回的款项为2576元（1999年数据），汇款（包括带回现金）占外出打工人员家庭总收入的比例平均为40%，且占到收入80%以上的有22.3%。

（2）减少农村剩余劳动力，提高社会就业水平。流动人口中以劳动力为主，其在城镇就业，相应减少了农村的剩余劳动力（可视为农村隐性失业人员），扩大了整个社会的就业水平。

（3）提高农业劳动生产率。农村剩余劳动力的大量流出，使得农村现有劳动力资源和农业资源得到了更为有效的配置，农业生产效率得以提高。同时，劳动力从生产率较低的农业生产向第二、第三产业流动、由落后地区向较发达地区流动，实现了劳动力资源在更大范围的优化配置，提高了全社会劳动生产率。

3. 人口流动的负面影响也不可忽视

在肯定人口流动对于流入地和流出地经济社会发展上述正面影响的同时，也要特别关注由此而产生的负面效应。

对于人口流入地而言负面的影响突出表现在以下三个方面。

（1）迅速增加了城镇基础设施、社会服务设施的负荷，使得城镇的社会服务质量下降。大量的农村人口流动进城后，虽然受到了各种各样

---

① 李强. 中国外出农民工及其汇款之研究［J］. 社会学研究，2001（4）.

的限制，农村人尚难以成为真正意义上的城镇人。但是，对于医疗、教育、城市交通的使用需求大量增加。而在过去的城市规划中使用的人口基数是户籍人口，配套的社会服务设施和基础设施所考虑的人口也没有考虑到或没有充分预计到流动人口的爆发性增长和城市人口的迅速上涨，引发了许多城市的各项设施严重不足的状况，导致城市发展的成本上升，公共服务水平下降。

（2）大规模的季节性人口迁移，致使综合交通体系的构建难度极大。城镇化的相关政策不配套，进城农民无法转变为城市人，致使农村流动到城市的人口，季节性地在城乡间大量流动，尤其是春节期间的人口大迁移已经成为各级政府难以招架和解决的难题。这种非常规的流动方式，使得我国在规划建设综合交通运输体系时，处于极为尴尬的境地。按照最高人流量考虑交通设施，则出现平时使用效率不高、投资浪费的情况；按照正常流量设计则在春节等高峰时段又难以应付超负荷的客流。

（3）"打工二代"的问题已经非常突出，处理不好会直接影响到社会稳定。跟随父母从农村迁移到城市的孩子，以及在城市出生的农民工子弟，是被称为"打工二代"的人群。这一人群有其非常明显的特殊性：一方面他们在城市长大，但并没有城市人的身份，致使他们在诸多方面难以全面享受城市人的社会福利、社会保障，无法获得与城市人同样接受教育和就业的机会；另一方面他们缺少在农村生活的经历，也没有从事农业生产的技能，且回到农村从事农业生产活动的愿望也很低。这是多年未解决迁移人口城市化问题的结果，使得这一人群成为城市中的"双面人"，若不着力在政策上有所突破，很有可能会引发社会矛盾，甚至威胁到社会稳定大局。

对于人口流出地的负面影响主要表现在以下两个方面。

（1）留守人口的总体文化素质下降，不利于提高农业生产效率。相关统计调查表明，农村外流人口的平均文化程度高于农村未流动人口的水平，受过中等学校教育的年轻人大多选择流动到城镇打工、就业，从而使得农村留守人口的受教育程度下降。而农业的发展越来越需要科技的支撑，人才的短缺限制了农业现代化进程，造成农业的生产效率和效益难以提高。近年来，在一些地区农村科技服务网络几乎瘫痪，这与人才的缺乏以及服务对象文化水平低下不无关联。

（2）农村人口"老少妇"为主的结构，导致社会问题凸显。户籍制度的限制，以及城镇落户成本飞速上涨，导致举家迁移到城市的农村人口仍然较少，从而出现了大量以妇女、老人和孩子为主的留守家庭。能够举"小家"（夫妻和孩子）迁移的家庭，更出现了只有老人留守的所谓"空巢家庭"。在农村社会养老尚未普及的今天，养老成为很突出的社会问题。

（二）人口流动对于贫困地区经济社会发展的影响分析

从以上分析可以看出，人口的流动尤其是从农村向城镇的人口转移，总体上既有利于人口流入地的经济社会发展，也从很大程度上改善和提高了人口流出地家庭的生活水平。这些规律性的影响对于贫困地区同样适用。下面也从正反两个方面具体分析其影响的程度。

1. 正面影响方面，增加贫困家庭收入、降低贫困发生率明显

通过从农村向城市迁移，有利于贫困人口的脱贫，这一点从国家统计局 2003 年所开展的农村住户调查中可以得到一定程度的佐证。此项调查显示，按照世界银行的贫困线计算，有迁移者的家庭户贫困发生率是 7.5％，而没有迁移者的家庭户贫困发生率是 10.9％。接近 2/3 的农村贫困人口生活在没有迁移劳动者的家庭中，显著高于他们在农村总人口中 57％ 的比重。世界银行所开展的相关估算表明，在一个家庭中，有一个迁移劳动者可以使家庭人均收入提高 8.7％，使消费提高 6.1％，若有一个迁移劳动者的家庭贫困概率是 50％，则没有迁移者的家庭贫困概率是 57％。由此可以看出，人口流动对于贫困地区的脱贫致富会产生正面的影响。

2. 负面影响方面，贫困地区的劳动力流失最为突出

对于贫困地区的人口是否能够迁移到城市，受教育程度和年龄是影响最为显著的因素。且农村进城人口所从事职业的要求，决定了能够迁出并在城市就业的大多是受过一定教育（以初中教育为主），且年轻力壮的人群。由此造成了农村最为需要的具有一定知识的劳动力大量流失，人口流出的贫困地区脱贫更加困难。与此同时，这样的人口流动结构以及较高的家庭教育投入，对于贫困地区开展高中教育以及职业教育也会产生负面的影响。其他方面对于贫困地区青壮年流动到城市后引发的流出地社会问题前已述及。

第三章　我国贫困地区的开发式扶贫[①]

改革开放以来，通过实施《国家八七扶贫攻坚计划（1994—2000年)》和《中国农村扶贫开发纲要（2001—2010年)》，中国贫困人口大幅度下降，贫困地区经济实力不断增强。为实现国家提出的2020年全面建设小康社会的目标，在下一个10年扶贫工作中，要坚持政府扶持和自力更生相结合、就地开发与易地搬迁相补充、开发式扶贫和救助式扶贫相衔接的原则，加快集中连片地区，特别是西部连片贫困地区的脱贫与发展。为突出研究重点、深化研究内容，本章将着重探讨开发式扶贫的基本思路、主要任务和对策等。根据国务院贫困地区经济开发领导小组的界定，开发式扶贫即"在国家必要的扶持下，利用贫困地区地下地上丰富的资源，进行开发性的生产建设，逐步形成依靠自己力量发展商品经济的自我发展能力，解决温饱，摆脱贫困"。因此，本章将突出贫困地区的脱贫及自我发展能力建设方面的研究，而不过多涉及劳动力转移培训、生态移民、易地搬迁等扶贫方式的内容。

一、中国开发式扶贫发展历程及评价

20世纪80年代，中国农村的贫困问题成为举世瞩目的焦点。从那时起，中国政府致力于扶贫开发，减贫速度和规模堪称世界第一。在此过程中，开发式扶贫发挥了举足轻重的作用，成效斐然。本部分将在梳理开发式扶贫历程的基础上，总结我国开发式扶贫取得的经验。

（一）中国开发式扶贫发展历程

改革开放以前，中国没有专门的反贫困措施，政府发展农业生产和

---

① 报告完成于2010年7月。

提高人口福利的举措只能被纳入广义的反贫困范畴。改革开放以后，为加快摆脱贫穷落后的局面，政府采取了有针对性的政策措施。本部分以扶贫工作的重要举措为节点，将其分为四个阶段。

1. 改革带动阶段（1978—1985 年）

党的十一届三中全会以后，中国开始加快改革开放进程。以家庭联产承包责任制为主的农村经济体制改革，迅速遍及全国农村，成为农村经济的主体。这种由农民自主创新、自发进行的改革，满足了农民对土地的强烈渴望，扩大了农民生产经营自主权，极大地调动了农民的生产积极性。同时，乡镇企业在东南沿海各省农村"异军突起"，并逐步向中西部地区的农村梯级推进，吸纳了大量农村剩余劳动力。这两项改革使该时期成为中国历史上减贫效果最为显著的阶段。生活在 200 元（1985年价格）贫困线以下的农村人口从 2.5 亿人下降至 1.25 亿人，平均每年减少 1786 万人，相应的贫困发生率由 30.7% 减少到 14.8%，年均递减速度为 9.4%。如果按照世界银行的估计，这一时期的减贫效果更为显著，即 1984 年农村贫困人口已经下降到 8900 万人，每年减贫 1800 万人。

同时，中国政府开始尝试除民政救济以外的扶贫活动。1980 年，中央财政设立"支援经济不发达地区发展资金"；1982 年，根据三西地区的实际情况，为加快甘肃河西地区和宁夏引黄灌区商品粮基地建设，从根本上改变甘肃中部和宁夏西海固地区的贫困落后面貌，原中央财经领导小组决定对三西地区进行专项农业建设，并列入国家计划，每年拨款 2亿元（三西农业专项建设资金，简称三西资金），连续拨十年，并提出了"有水走水路，无水走旱路，水旱路都不通另找出路"的建设方针和"兴河西、河套之利，济中部、西海固之贫"的扶贫开发路子，1992 年到期后，国务院决定三西农业专项建设资金再延长投放十年；1984 年，开始实行以实物形式的"以工代赈"建设贫困地区基础设施，同年 9 月 30日，中共中央、国务院发布《关于帮助贫困地区尽快改变面貌的通知》，并且划定沂蒙山区、闽西南、闽东北地区、努鲁尔虎山区、太行山区、吕梁山区、秦岭大巴山区、武陵山区、大别山区、井冈山区和赣南地区、定西干旱山区、西海固地区、陕北高原区、西藏高原区、滇东南山区、横断山区、九万大山区、乌蒙山区和桂西北地区等 18 个重点地带进行重点扶持。

这一阶段扶贫的主要特点是：受益于农村经济体制改革和乡镇企业的发展，农村贫困得到有效缓解。同时，国家扶贫开始提上议事日程，并且在局部地区采取了一些措施，为日后有计划、有组织、大规模的扶贫开发奠定了坚实的基础并积累了丰富的经验。

2. 开发推动阶段（1986—1993 年）

1984 年，《中共中央关于经济体制改革的决定》发布后，企业改革、价格改革、宏观经济管理改革、收入分配制度改革、涉外经济体制改革等迅速开展起来。自 1984 年起，改革的重点转向城市，整个改革的中心环节是国有企业。虽然粮食价格体制改革在此期间也有所推进，但由于改革不彻底，生产粮食无利可图，20 世纪 80 年代中后期粮食生产再次陷入停滞状态。同时，随着价格体制改革的推进，消费价格指数和粮食价格波动加剧，农民生产粮食积极性受挫。受这些外界因素的影响，本阶段，农村减贫速度明显放缓，个别年份甚至出现了反弹。8 年间，农村贫困人口从 1.25 亿人减少到 8000 万人，平均每年减少 640 万人，年均递减 6.2%；贫困人口占农村总人口的比重从 14.8% 下降到 8.7%。这些都远逊于前一阶段的成就。

在这个阶段，率先开放的沿海地区逐渐拉开了与其他地区的差距，农村发展不平衡的问题也凸显出来，农村贫困人口聚居集中，呈现出明显的区域性特征。1986 年 3 月，全国人大六届四次会议将"老少边穷"地区迅速摆脱经济和文化落后的状态作为一项重要内容，列入《国民经济和社会发展第七个五年计划》，中国政府消除贫困的正式行动由此进入实质性阶段。同年，中国首次根据"以县为单位，1985 年农民人均纯收入低于 150 元"的标准确立了 331 个贫困县，并成立了贫困地区经济开发领导小组（现更名为国务院扶贫工作领导小组办公室），负责组织、领导、协调、监督、检查全国贫困地区经济开发工作，在制度上建立常设机构以保证扶贫工作的规范有序进行，开启了中国有计划、有组织的大规模开发式扶贫的大门。而 1987 年 10 月 30 日国务院《关于加强贫困地区经济开发工作的通知》、1988 年 2 月 27 日国务院《关于表扬部分扶贫成绩突出部门的通报》与 1984 年 9 月 30 日国务院《关于帮助贫困地区尽快改变面貌的通知》三个文件，最早对农村反贫困的指导思想、行动措施、组织领导等做出了明确的规定，成为该阶段扶贫的纲领性文件。

1991 年 5 月，国务院批准《关于"八五"期间扶贫开发工作部署的报告》，确定扶贫开发的基本目标是加强基本农田建设，提高粮食产量，使贫困地区的多数农户有稳定的解决温饱问题的基础。

这一阶段扶贫的主要特点是：建立了扶贫开发领导组织，构筑了开展扶贫工作的基本框架，对扶贫工作起到了引领与导向作用。但由于农村经济发展比较缓慢，减贫效果不如前一阶段显著。

3. 扶贫攻坚阶段（1994—2000 年）

1992 年 10 月，党的十四大明确提出中国经济体制改革的目标是建立社会主义市场经济体制后，经济体制改革的步伐明显加快，出台了一系列具体的改革计划与措施，阻碍经济发展的各种藩篱被逐步打破，城镇化进入快速发展时期。1994—2000 年，城镇化率提高 7.71 个百分点，年均增加 1.3 个百分点，比前一阶段年均多 0.8 个百分点。农村人口加快向城镇转移的过程，也是农村贫困人口不断减少的过程。同时，1993—1996 年间，政府大幅度提高农产品的收购价格，使之更接近市场价格，大大减轻了加在农民身上的隐性赋税，农村家庭人均收入增长率达到9%，也极大地减少了农村贫困人口数量。7 年间，农村贫困人口从 8000万人减少到 3200 万人，平均每年减少 685 万人，年均递减 14.2%；贫困人口占农村总人口的比重从 8.7% 下降到 3% 左右。经过 7 年的扶贫攻坚，贫困问题从普遍性、区域性、绝对性向点、片、线分布和相对贫困演变。

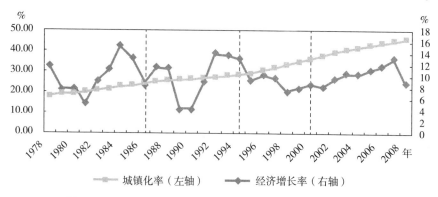

图 3-1　1978—2008 年全国经济增长率和城镇化率变化趋势

同时，在具体的扶贫政策方面，1993 年 9 月国务院批准制定并实施了《国家八七扶贫攻坚计划》，决定集中人力、物力、财力，动员社会各界力量，力争用 7 年左右时间，到 2000 年基本解决当时全国农村 8000 万贫困人口的温饱问题。这个计划是中国历史上第一个有明确目标、明确对象、明确措施、明确期限的扶贫纲领性文件。同时，国务院贫困地区经济开发领导小组更名为国务院扶贫开发领导小组。1996 年 9 月，中央扶贫开发工作会议做出了《中共中央、国务院关于尽快解决农村贫困人口温饱问题的决定》。该决定要求下一步扶贫开发工作要继续坚持开发式扶贫方针，把种植业、养殖业和以当地农副产品为原料的加工业作为扶贫开发的重点，认真抓好科技扶贫和计划生育工作，坚持到村入户。同年，以农民人均纯收入低于 400 元为标准，在全国确定了 592 个贫困县。

这一阶段扶贫的主要特点是：进一步完善了扶贫开发组织建设，并制定了具体的行动纲领，使得年均减少的贫困人口比前一阶段有所上升。但由于受经济增长"软着陆"及东南亚经济危机的影响，年均贫困人口减少量呈现不断降低的趋势，其中，1996—2000 年间贫困人口只略有减少。

4. 扶贫开发阶段（2001 年以后）

进入 21 世纪，国家更加关注"三农"问题和区域协调发展。2004年，中央一号文件时隔 18 年后再次回归农业。此后的 9 年间（2004—2012 年），连续发布了以农业、农民和农村为主题的中央一号文件，对农民增收、农村改革和农业发展做出具体部署。不但制定实施了以"四减免、四补贴"为主要内容的一系列支农惠农政策，而且大幅度增加了对农村路、水、电、气等基础设施和教育、卫生等公共事业的投入，部分领域改革力度甚至超出了 20 世纪 80 年代（1982—1986 年）中国农村改革史上的五个"一号文件"。与此同时，国家积极促进区域协调发展，先后出台了支持西部大开发、东北振兴、中部崛起等系列政策，使得中西部地区与东部地区经济增长差距呈现逐步缩小的趋势。"三农"和区域发展方面的利好政策，对中国减贫做出了重要贡献。特别是 2001 年下半年以来，中国宏观经济进入新一轮景气周期，也有助于贫困人口的减少。

在扶贫工作方面，2001 年，国务院颁布实施的《中国农村扶贫开发纲要（2001—2010 年）》明确提出：尽快解决少数贫困人口温饱问题，进一步改善贫困地区的生产生活条件，巩固扶贫成果。扶贫工作的瞄准对象也从 592 个贫困县调整为覆盖了 83% 的贫困人口的 14.8 万个贫困村，并且确立了以整村推进、劳动力转移培训和产业化扶贫为重点的扶贫思路。2003 年修订的《农业法》增加了许多关于扶贫开发方面的内容，为依法扶贫创造了条件。2008 年，党的十七届三中全会通过了《关于推进农村改革发展若干重大问题的决定》，提出"实行新的扶贫标准，对低收入人口全面实施扶贫政策"。从 2009 年开始，中国绝对贫困标准和相对贫困标准合二为一，以农村低收入标准线作为贫困线的标准。

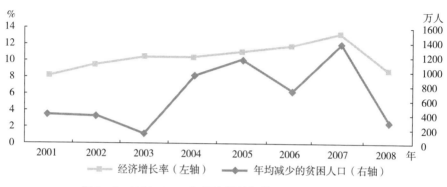

图 3 - 2　2001—2008 年经济增长与贫困人口减少的关系

这一阶段扶贫的主要特点是：针对减贫速度减慢、贫富差距悬殊等问题，政府提出构建和谐社会的理念，并进一步提高扶贫标准，缩小瞄准对象，确立了整村推进、产业化扶贫和劳动力培训转移三个思路。但由于经济增长对减贫的作用越来越小，本阶段年均减少的贫困人口在四个阶段中最少。

（二）开发式扶贫的主要经验

改革开放以来，中国实施了有组织、有计划、大规模的扶贫开发，采取了一系列针对贫困人口和贫困地区的专项政策，形成了"解放思想，开拓创新""政府主导，社会参与""开发扶贫、自力更生"的扶贫开发经验。

1. 解放思想，开拓创新

中国开发式扶贫的过程，就是思想解放的过程，开拓创新的过程。邓小平有句名言："贫穷不是社会主义""坚持社会主义，首先要摆脱贫穷落后状态"。改革开放初期，中央政府就把甘肃的河西、定西和宁夏的西海固作为中国扶贫开发的重点。20世纪80年代中期，随着农村经济的蓬勃发展，贫困人口大幅度下降，国家划定18个集中连片的重点区域作为扶持的重点对象。1986年国家扶贫机构成立后，首次确定以县为基本单位作为扶贫的对象。1993年，国家实施"八七"扶贫攻坚计划后，针对贫困人口相对集中的现象，明确了以592个县为瞄准对象，以种植业、养殖业和相关的加工业、运销业为重点的扶贫方针和途径，并规范了中央财政、信贷和以工代赈资金的使用用途和范围。2001年，根据贫困人口相对分散的局面，《中国农村扶贫开发纲要（2001—2010年）》确立了以整村推进、劳动力转移培训和产业化为重点的扶贫思路。可以说，扶贫发展的历程就是扶贫瞄准对象、扶贫内容、扶贫机制不断创新变化的过程。同时，在该过程中，中国经济体制改革不断深化所产生的效益外溢也对中国减贫做出了重大贡献。

2. 政府主导，社会参与

"七五"计划以来，扶贫开发一直就是我国国民经济和社会发展中长期规划的重要内容及各级政府的重要职责。以1986年贫困地区经济开发领导小组为基点，逐步建立健全了从中央到地方的扶贫工作领导机构，形成了分级负责、以省为主的省长（自治区主席、市长）负责制的管理体制，并明确要求扶贫开发工作应坚持"责任到省、任务到省、资金到省、权力到省"的原则。不仅如此，还逐渐明晰了扶贫领导机构的权责。例如，1993年，《国家八七扶贫攻坚计划》就明确提出扶贫领导机构负责制定扶持贫困地区和贫困人口的政策，组织社会各方面的力量参与扶贫等。到目前为止，已组织东部6个省、3个直辖市和6个计划单列市对口帮扶西部11个较贫困的省份；组织272个中央国家机关、民主党派、社会团体、国有大型企业定点帮扶481个国家扶贫工作重点县，还有不少非公有制经济和民间力量也尽其所能，开展形式多样的扶贫济困事业；多个国际组织、非政府组织合作，引进包括参与式扶贫规划、政府资源向非政府组织开放、支持非政府组织在扶贫领域进一步发挥作用等一大批新的发展理念和经验。

3. 开发扶贫，自力更生

从中国有组织地开展扶贫工作以来，一直将"造血扶贫"作为工作的重点，努力改善基本的生产生活条件，发展经济，增加收入，提高贫困地区自我发展能力。《国家八七扶贫攻坚计划》实施后，国家加大了对农村基础设施建设、农田水利建设的支持力度，提高了贫困地区的发展能力。同时，通过支持贫困农户发展种植业、养殖业和小型加工业项目，开辟了贫困农户增收的新渠道；通过组织各类职业技术培训，提高了贫困农户的技能。并且，在"整村推进"过程中，赋予贫困农户参与权，鼓励和支持贫困群众在政府和社会各界的帮助下，克服等、靠、要思想，艰苦奋斗，依靠自身的努力，改变落后面貌。

二、开发式扶贫存在的主要问题

尽管我国开发式扶贫已取得很大成就，但扶贫开发的任务依然很重。特别是在当前开发式扶贫出现了一些新的特点，需要引起高度关注。只有正确认识这些特点和正视面临的困难，才能更准确地把握形势。

（一）扶贫的瞄准机制不够健全

改革开放以来，中国扶贫的瞄准对象发生了几次变化。1982 年，为加快甘肃河西地区和宁夏引黄灌区商品粮基地建设，从根本上改变甘肃中部和宁夏西海固地区的贫困落后面貌，原中央财经领导小组决定对三西地区进行专项农业建设，并提出了"有水走水路，无水走旱路，水旱路都不通另找出路"的建设方针和"兴河西、河套之利，济中部、西海固之贫"的扶贫开发路子。1984 年，中共中央、国务院发布的《关于帮助贫困地区尽快改变面貌的通知》划定了沂蒙山区、闽西南、闽东北地区、努鲁尔虎山区、太行山区、吕梁山区、秦岭大巴山区、武陵山区、大别山区、井冈山区和赣南地区、定西干旱山区、西海固地区、陕北高原区、西藏高原区、滇东南山区、横断山区、九万大山区、乌蒙山区和桂西北地区 18 个地带进行重点扶持。1986 年，首次根据"以县为单位，1985 年农民人均纯收入低于 150 元"的标准确立了 331 个贫困县。1996年，又以农民人均纯收入低于 400 元为标准，在全国确定了 592 个贫困县。进入 21 世纪以来，又根据新的标准，划定了 14.8 万个贫困村作为重点扶持对象。

相比较而言，以贫困村为基本单元，分批分期实施整村推进扶贫开发是扶贫开发以来，贫困人口瞄准比较精准的阶段，但仍存在改善的空间。有些地方为了减少工作量，降低成本，在很多具体项目上没有体现贫困户优先和向贫困户倾斜的原则。在集资、投工投劳等方面，多简单地采取按人头分摊；在项目补助上，多是人人有份，甚至相对富裕户得到的数额比贫困户还要多；在信贷扶贫方面，贫困户因还贷能力差，往往得不到贷款，或者远低于相对富裕户等。正是在这种背景下，以世界银行为代表的机构提出了由贫困地区向贫困人口转变的新思路。该提法在理论上比较可行，但在实践中也存在一些需要解决问题。特别是"十二五"期间，全国初步建立起涵盖救灾救济、医疗保险、养老保险、"五保"制度和低保制度在内的比较完备的反贫困政策体系后，因病致贫、因病返贫、因灾致贫、丧失劳动能力等特困人口的最低生活将得到制度上的保障，扶贫工作的重点将从解决贫困人口的温饱向巩固温饱转变，扶贫的重点人群也将从绝对贫困人口向相对贫困人口转变。这一方面使得开发式扶贫精准瞄准贫困人口更加困难，另一方面也使得贫困地区的发展与巩固贫困人口温饱问题的联系更加紧密。只有将贫困人口与贫困地区的发展看作是一个具有互补性的有机整体，才能使二者在相互促进中得到不断提升。

（二）开发式扶贫资金使用效率相对较低

由于在推进扶贫工作的过程中遵循先易后难的原则，基础条件较好的地区基本都已经脱贫，剩下的都是生态环境恶劣、自然资源匮乏、交通不便、劳动力素质偏低、生产生活条件较差的地区。这些地区脱贫的难度大、成本高。2008 年，山区贫困发生率为 7.8%，远高于平原、丘陵的 2.4% 和 3.0%。在贫困人口分布中，居住在山区的占 51.9%，有 76% 的贫困群体长期居住在自然条件恶劣、"一方水土养活不了一方人"的地方。根据 2010 年 12 月国务院发布的《全国主体功能区规划》以及本书第一章划分的集中连片贫困地区，我国很多贫困地区都位于限制开发区域内，部分贫困地区处于禁止开发区域内。这类地区，一方面不适合大规模的开发，另一方面开发成本不断提高，扶贫资金的效益不断下降。如图 3 - 3 所示，2005 年以来，重点扶贫县的投资总额一直在增加，但重点贫困县贫困人口减少的速度却比较缓慢。

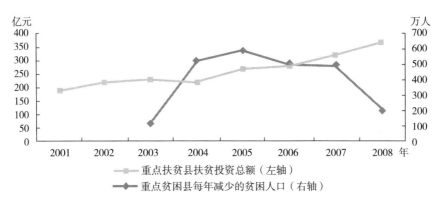

图 3 – 3　2001 年以来重点扶贫县扶贫投资总额与每年减少的贫困人口的关系

此外，由于财政扶贫资金管理方面的问题，资金使用的效率也比较低下。具体表现在三个方面：首先，扶贫资金挪用现象严重。一方面，贫困地区的地方政府，特别是县、乡政府由于自身的财政困难，难以维持政府的正常运转，从扶贫款项中挪用资金用于平衡本地财政预算的现象多有发生；另一方面，现行的财政扶贫资金管理监督制度存在漏洞，也为地方政府挪用资金提供了便利。其次，扶贫资金管理较为混乱。财政扶贫资金的管理涉及如计划、财政、扶贫等多个职能部门，多部门共同管理增加了协调的成本和难度；同时各部门的审批程序和办法也自成体系，使得整个扶贫资金的管理效率很难提高。最后，扶贫项目的确立缺乏科学性。根据《财政扶贫资金管理办法》，扶贫项目的确立过程是在封闭状况下进行的，由远离基层的省一级审批确立，农民决定权小，导致一些扶贫项目并没有立足于贫困农民最根本的需求，难以解决贫困农民最根本的难题。

（三）扶贫政策与其他政策衔接不够

扶贫政策与支农政策衔接不够。"十一五"以来，国家积极推进社会主义新农村建设，采取了一系列支持农村发展的政策措施，如取消农业税、增加农民补贴、推进城乡公共服务均等化、加快农村道路、电网、饮水设施、沼气等基础设施建设等，对改善贫困地区农村面貌发挥了重要作用。但是，由于我国政府部门职能划分过细，在支农计划下达方式以及项目管理办法上政出多门，支农项目重复交叉、各自为政的问题比较突出。如农村土地复垦整理项目，国土部门可以申报，发改部门也可以申报，农业部门也有立项。不同渠道的支农资金在资金使用、项目布局、建设内容等方面不同程度地存在交叉重复，如农田水利建设项目在农业开发和水利两个部门存在重复，水土保持项目在水利、林业两个部门均有安排，扶贫开发中的基础设施建设项目在农村小型基础设施建设、以工代赈及公路建设项目中有相同的建设内容。与此同时，由于我国现行的扶贫开发模式和财政支农资金管理模式，水利、林业、财政、扶贫、农业综合开发等各涉农部门，都是定点、定项目下拨支农资金，专款专用，不允许资金转移地点、转换使用方式，客观上又造成了资金的条块分割，加大了贫困地区资金整合的难度。重复交叉和整合难度大的问题降低了财政资金的使用效率。虽然有 27 个政府部门参与扶贫开发，但由于各部门都从事与本部门密切相关的业务，如农业部在五陵山区的扶贫重点就是农业开发，卫生部在四川省的扶贫重点是地方病控制和基层卫生医疗机构的建设，水利部的扶贫重点是人畜饮水安全、农村水电建设等，扶贫开发的整体效果并不理想。

扶贫政策与区域政策衔接不够。尽管目前还没有形成专门系统的区域政策体系，但在国家有关区域发展战略和国家重点区域规划中，都有明确的区域发展政策措施。特别是"十二五"时期，随着西部大开发的不断深入以及配合主体功能区实施的各项政策陆续出台，区域政策越来越重要。由于目前我国的扶贫政策还着重于解决农村贫困人口问题，对区域政策关注度不够，与区域政策对接的主动性也不够。其实，从我国贫困人口的分布看，基本都与自然历史文化因素有关。如西北地区贫困人口集中分布的地区基本都缺水，西南地区贫困人口集中分布的地区基本都是人多地少的地区和少数民族聚集区，中部地区贫困人口相对集中的区域很多都处于洪水多发的农业区。如果能够通过区域政策针对性地解决这些区域的部分制约因素，对降低贫困发生率将发挥重要作用。

（四）特殊贫困地区开发与生态保护的矛盾比较突出

在国家划定的 14.8 万个贫困村中，贫困人口占乡村总人口的 33%；在石山区、荒漠区、高寒山区、黄土高原区和地方病高发区、人口较少的民族地区、"直过区"和 42 个沿边境的扶贫重点县，这一数字超过

40%，以上地区大部分是少数民族聚居区。从区域分布看，贫困的分布也呈现出不同的特征：东部地区农村贫困人口呈零散点状分布，中部地区主要以村为单元分布，西部地区是以乡镇甚至是以县为单元的片状分布。其中，西部集中连片的贫困地区或者是生态脆弱区，或者是生物多样性保护区，或者是重要的水源区，开发受到严格的限制。《全国主体功能区规划》明确指出，国家级自然保护区、风景名胜区、森林公园、地质公园和世界文化遗产等1300多处国家禁止开发的生态地区要严格禁止各类开发活动；西部地区青藏高原生态屏障、黄土高原—云贵高原生态屏障、大江大河重要水系等生态系统、关系全国或较大范围区域生态安全的国家限制开发的生态地区，要保护和修复生态环境。但在实践中，有些地区为摆脱贫困落后的局面，都加大了资源的开发力度，有些地方大气污染、水污染以及水土流失问题已十分严重。一方面要通过自身努力摆脱贫困，另一方面要加强生态环境保护，矛盾非常突出。

三、开发式扶贫面临的新形势

随着科学发展观与构建和谐社会的全面贯彻落实，改善民生成为社会各界高度关注的议题，各项惠民工程也逐步开展起来。为实现2020年全面建设小康社会的目标，今后一段时期内，国家将以基本公共服务均等化为突破口，深化社会领域改革，使经济发展的成果惠及全体人民，并努力促进区域协调发展，这些都构成了开发式扶贫面临的新形势。

（一）农村基本公共服务体系加快推进发挥了救济式扶贫的作用

进入21世纪以来，在以人为本理念的指导下，国家出台了一系列包括建立农村最低生活保障、农村医疗保险、医疗救助和农村养老保险等惠民利民政策。2001年，浙江省在全国率先以法规的形式将农民列入社会保障的范围，开启了建立农村社会保障体系的大门。2007年7月，国务院印发了《关于在全国建立农村最低生活保障制度的通知》，意味着我国农村最低生活保障制度进入全面实施阶段。截至2010年底，全国农村有低保对象7539.5万人，超出2009年农村贫困人口3579.1万人。2003年，国家提出要建立政府组织、引导、支持，农民自愿参加，个人、集体和多方筹资，以大病统筹为主的农民医疗互助供给制度，减轻农民因疾病造成的经济负担，并于同年起选择试点，取得经验后逐步推开。到2010年，已基本实现在全国建立覆盖农村居民的新型农村合作医疗制度的目标。截至2011年，参加新农合的人口约8.32亿人，参合率超过97%。同时，从2003年开始，各省、自治区、直辖市选择2～3个县（市）作为示范点，通过示范指导推进农村医疗救助工作的开展。2005年，全国基本建立起规范、完善的农村医疗救助制度。2011年，农村医疗救助共救助贫困农村居民6297.1万人次，资助参加合作医疗4825.3万人次。2009年，国务院下发的《关于开展新型农村社会养老保险试点的指导意见》明确指出"2009年试点覆盖面为全国10%的县（市、区、旗），以后逐步扩大试点，在全国普遍实施，2020年之前基本实现对农村适龄居民的全覆盖"。此外，农村教育"一费制"和"两免一减"等都极大地减轻了农民的负担，提高了农民的收入。尽管这些政策是针对广大农民，而不是专门面向贫困地区的贫困人口，但它们已经开始为贫困人口构筑了一道保护网，使贫困人口从中受益。

今后一段时期，我国将在"十五""十一五"农村社会保障建设已取得成效的基础上，坚持惠民、富民的方针，以促进基本公共服务均等化为导向，以缩小城乡社会保障体系标准的差距为突破点，着力保障和改善民生，积极推动社会发展让全体人民分享改革发展的成果。在最低生活保障方面，国家将不断提高保障标准和覆盖面，保障低保户最低生活标准；在农村医疗保险方面，将逐步增加给付水平，大幅度降低农民个人医疗花销负担，减少农民因病致贫、因病返贫的可能性；在医疗救助方面，除了继续资助农村"五保"、农村低保、农村重点优抚对象参加新型农村医疗合作外，也将适当提高特殊病种医疗费的标准；在农村养老保险方面，将以提升覆盖面为重点，让该制度尽可能多地惠及农村适龄居民。以此为基础，初步建立涵盖开发式扶贫、救灾救济、医疗保险、养老保险、"五保"制度和低保制度在内的比较完备的反贫困政策体系。其中，开发式扶贫政策着重解决贫困地区和贫困人口的温饱问题、脱离贫困和自我发展能力问题。而其他反贫困制度重点解决因病致贫、因病返贫、因灾致贫、丧失劳动能力等特困人口的最低生活保障问题。

（二）新农村建设不断深化使得"三农"问题有所缓解

为全面贯彻落实科学发展观，促进城乡协调发展，保证占人口大多数的农民参与发展进程、共享发展成果，2005年党的十六届五中全会提出要按照"生产发展、生活宽裕、乡风文明、村容整洁、管理民主"的要求，扎实推进社会主义新农村建设。新农村建设的"二十字"蓝图，重点明确，内涵丰富："生产发展"是新农村建设的中心环节，是实现其他目标的物质基础；"生活宽裕"是新农村建设的目的，也是衡量新农村建设工作的基本尺度；"乡风文明"是农民素质的反映，体现农村精神文明建设的要求；"村容整洁"是展现农村新貌的窗口，是实现人与环境和谐发展的必然要求；"管理民主"是新农村建设的政治保证，显示了对农民群众政治权利的尊重和维护。2006年，中央又以一号文件的形式，出台了《中共中央　国务院关于推进社会主义新农村建设的若干意见》。随后，国家陆续采取了一些重大政策措施支持农村的发展，并已取得较大成效。例如，2006年，农业税取消后，农民直接和间接的减负达1600亿元。同时，政府对农民的直接补贴也逐年上升，2011年已经达到1406亿元。农村道路、电网、饮水设施、沼气等基础设施建设有了明显变化。从道路建设看，全国87%的行政村通达客运班车。从电网建设看，除西藏外，其他地区都已在电网覆盖范围内，大电网的电可以直接进入农户。从安全饮水设施看，截至2012年底，3.4亿农民的饮水不安全问题已基本解决。此外，农村义务教育、公共卫生、文化事业、社会保障等方面也取得了显著进展。

今后一段时期内，新农村建设将遵循"以城带乡、以工促农、城乡互动、协调发展"的基本思路，加快城乡融合、实现一体化发展。在生产发展方面，将逐步由分散、粗放型农业转向效益农业、设施农业；在生活宽裕方面，将逐渐从依赖家庭经营、农业经营收入为主转向工资性收入、财产性收入与农业经营收入并重的新格局；在乡风文明方面，将更加注重农民文化素养、技能水平和思想道德水平的提高；在村容整洁方面，将慢慢从单一抓示范点转向连点成线成片推进；在管理民主方面，将更加关注农民的参与。以此为基础，实现农民增收、农业增效、农村繁荣的目标。值得指出的是，新农村建设并没有专门瞄准贫困地区和贫困人口，它只是搭建了农村发展的重要平台，奠定了农村经济发展的基础，是扶贫工作的重要补充。

（三）西部大开发不断深入将助推西部贫困地区的发展

1999 年国家首次提出西部大开发战略，并着手制定和实施系统的促进西部地区发展的政策。"十五"计划明确提出"实施西部大开发战略，加快中西部地区发展，合理调整地区经济布局，促进地区经济协调发展"的指导方针，并按照西部、中部、东部的先后次序，对各地区的发展方向做出了总体安排。这种表述方式有着深刻的含义，即从根本上调整了"七五"计划以来按东、中、西梯度推进的区域发展战略取向。十年中，西部地区迎来了经济发展最快的时期，与东部地区经济发展差距扩大的趋势得到初步遏制。2000—2009 年，西部地区生产总值年均增长 11.9%，高于全国同期增速，地区生产总值占全国的总量从 17.1% 上升到 18.5%。经济的快速增长，为西部地区创造了更多的就业机会。从基础设施建设看，国家大力支持西部地区交通、水利、能源、通信、市政等基础设施建设，效果显著。西部地区的公路里程从 2000 年的 53.3 万公里增加到 2009 年的 147.7 万公里。青藏铁路的通车，填补了我国唯一不通铁路省份的空白。西部地区 12 个干线机场和 30 个支线机场实施了大规模改扩建，新建 21 个支线机场，缩短了西部地区与其他地区的距离。另外，西气东输、西电东送、国道主干线西部路段和大型水利枢纽等一批重点工程相继建成，完成了送电到乡、油路到县等建设任务。从生态建设看，国家实施了天然林保护工程、退耕还林、退牧还草等一系列生态工程，强化了西部生态屏障。十年中，累计实现退耕还林 4 亿亩、天然林保护 13.9 亿亩，占全国森林的 60%，新增森林面积 9500 万亩。此外，国家还实施了草原保护与建设、青海三江源自然保护区等生态环保项目。西部大开发的十年，也是贫困人口加快减少的十年。十年中，西部贫困发生率下降 10.5 个百分点，贫困人口从 2001 年的 5535.3 万人，减少到 2008 年的 2648.8 万人。

根据中央的统一部署，新一轮的西部大开发战略将以增强自我发展能力为主线，以改善民生为核心，更加注重基础设施建设、生态建设和环境保护，着力提升发展保障能力。在交通建设方面，全面加强铁路、公路、民航、水运建设，扩大路网规模，提高通达能力。在水利建设方面，加大工程措施力度，重点解决西南地区工程性缺水、西北地区资源性缺水问题。在油气管道和输电通道建设方面，除了要提升运送能力外，还要增加资源产业油气供给规模，支持地方发展深加工产业。在生态环境保护方面，重点建设"五大重点生态区"，扎实推进"十大生态建设工程"，建立健全生态补偿机制。在改善民生方面，中央将加大对西部地区的均衡性转移支付力度，逐步缩小西部地区地方标准财政收支缺口，用于教育、医疗、社保、扶贫开发等方面的专项转移支付重点向西部地区倾斜；中央投资项目将重点向西部地区民生工程等领域倾斜。在鼓励特色优势产业发展方面，对有条件就地加工转化的能源、资源开发利用项目给予优先审核批准，对西部地区鼓励类产业企业按15%的税率征收企业所得税。同时，为加快西部地区产业发展，将编制产业转移规划，制定相关的政策，安排产业转移引导资金，引导东中部地区企业有序转移，鼓励东中部地区与西部地区共建产业园区。以此为契机，加快西部地区的发展，并按照党的十七大提出的"加大对革命老区、民族地区、边疆地区、贫困地区发展的扶持力度"的要求，全力实施集中连片贫困地区开发攻坚工程。因此，新一轮西部大开发战略，将有效改善西部地区的发展环境，对集中连片的西部贫困地区带来重大机遇，有利于实现到2020年"绝对贫困现象基本消除"的扶贫奋斗目标。

（四）主体功能区的建立对扶贫提出新要求

国家"十一五"规划纲要提出，要根据资源环境承载能力、现有开发密度和发展潜力，统筹考虑未来我国人口分布、经济布局、国土利用和城镇化格局，将国土空间分为优化开发、重点开发、限制开发和禁止开发四类主体功能区。2010年6月，国务院常务会原则通过《全国主体功能区规划》，并明确了四类区域的范围、发展目标、发展方向和开发原则。该规划指出，国家级自然保护区、风景名胜区、森林公园、地质公园和世界文化遗产等1300多处国家禁止开发的生态地区要严格禁止各类开发活动；青藏高原生态屏障、黄土高原—云贵高原生态屏障、东北森林带、北方防沙带、南方丘陵山地带和大江大河重要水系等生态系统、关系全国或较大范围区域生态安全的国家限制开发的生态地区，要保护和修复生态环境。按此划分，我国很多贫困地区都位于限制开发区域内，部分贫困地区处于禁止开发区域内。在这类区域的发展权受到限制后，需要结合主体功能区建设的要求，重新确定该区域扶贫开发的扶持领域、重点等。

因此，新形势下的扶贫开发应赋予新的理念和内涵，着力实现三个转变：在扶贫的思路上，由专项扶贫开发向综合扶贫开发转变；在扶贫的目标上，由解决贫困地区和贫困人口温饱问题向提高贫困地区和贫困人口自我发展能力、自我反贫能力建设转变；在扶贫的方式上，由注重点上开发向点面结合、以面带点、以点促面转变。

四、开发式扶贫的总体思路

我国开发式扶贫发展的历程表明，专门针对贫困地区、贫困人口的政策只有与其他相关制度密切配合时，才能充分有效地发挥反贫困的作用。通过分析我国开发式扶贫面临的新形势，本书认为要重点突出以下几方面的基本思路。

（一）建立健全更加精准的瞄准机制，实施扶助贫困地区和贫困人口双推动战略

针对贫困人口越来越分散化的态势，我国扶贫的瞄准对象也从最初的 18 个片区到 592 个国家级贫困县，再到现在的 14.8 万个贫困村。目前，有研究机构（如世界银行）和学者指出，我国的扶贫瞄准对象应更加精确，由贫困地区向贫困人口转变。从专项扶贫的角度看，瞄准机制越准确，短期内效果无疑会更好，但从长远的角度看，如果以单一农户为主体的资源配置格局不打破，又有可能制约农户收入的持续增长和贫困区域经济的发展。

前面的分析已经表明，在农村各种社会保障体系已初步建立，国家加快推进基本公共服务均等的时候，扶贫已经不是解决温饱问题，而是巩固温饱问题，其关键还在于贫困人口自我反贫能力和发展能力的建设。根据阿马蒂亚·森的理论，自由在发展过程中起着"工具性"或"实效性"的作用。因此，"扩展自由是发展的主要手段"。他着重强调了政治自由、经济条件、社会机会、透明性保证和防护性保障五种"工具性自

由"。从我国开发式扶贫和参与式扶贫的实践看，政治自由、社会机会和防护性保障方面都取得了较好的成效，但经济条件和透明性保证还有待加强。西部地区之所以成为我国贫困人口数量最多、贫困发生率最高的地区，一方面是参与贸易和生产的机会少，另一方面是信息基础和信息公开性相对较差。西部地区占我国国土面积的71.5%，但铁路、公路路网单薄，综合交通设施总里程仅占全国的1/3，运输网络密度只有全国平均水平的1/2，全国未通公路的乡镇大多集中在西部地区。交通条件不便，增加了交易成本，限制了西部地区，特别是西部贫困地区的对外贸易和生产发展，许多资源和能源优势没有转化为经济优势。尽管国家采取多种措施积极扩大内需，但由于人均收入水平总体偏低，西部地区的市场规模偏小，本地内部的贸易量也非常有限。不能参与贸易和生产，不能接近市场，对外界信息反应不敏感，就不能抓住市场机会，脱贫也会比较困难。

从我国的反贫困实践看，区域经济增长对缓解贫困的作用也比较大。世界银行原行长保罗·沃尔福威茨2005年10月访问中国时说："众所周知，中国在过去20年是亚洲增长最快的经济体，并在此期间帮助4亿多人口脱离了每天1美元的贫困线"。一般认为只有当贫困发生率下降到5%以下的时候，经济增长对贫困的缓解作用才比较小。按照1196元的贫困标准，2008年，我国贫困发生率在1%以下的省份有8个；在1%～5%之间的省份有15个，5%以上的有贵州、西藏、青海、甘肃、宁夏、新疆、云南等8个省份。贫困发生率最高的是甘肃省，为21.3%。从四大战略区看，西部地区贫困发生率为7.8%。因此，采取切实有力的措施加快有条件的贫困地区发展，将更有助于贫困人口脱贫。特别是对少数民族地区，加快当地经济发展，在本地提供非农就业机会尤为重要。国家统计局的资料表明，与国家扶贫工作重点县相比，民族扶贫县第一产业劳动力的比重较大。另外，由于少数民族地区地处偏远、文化程度低、语言不通、生活习俗差异等因素，外出打工的难度大。加快本地经济发展，从宏观上看，区域经济增长能够缓解贫困，从微观上看，区域经济发展后，为贫困人口创造了参与贸易和生产的可能性，扩展了贫困人口的选择自由。

专栏 3 - 1　　　　　　　　　**沂蒙山区脱贫的经验**

曾被国务院列为重点扶持对象的临沂市的 7 个贫困县，1995 年整体脱贫时农民人均纯收入达到 1544 元，2008 年增长到 4582.7 元，是 1984 年的 12 倍，临沂老区脱贫的成功实践引起了世人瞩目。其主要经验和做法之一就是在发展市场经济中消除贫困。从 20 世纪 80 年代开始，该地区市场建设就已经起步，经过近 30 年的快速发展，如今已成为闻名全国的商品集散地。2009 年，城区市场交易额达 820 亿元。专门从事农产品交易的市场达 1010 处，其中年交易额过亿元的有 13 处。苍山县鲁南、沂南县鲁中蔬菜批发市场年成交量均超过 20 亿斤，成交额达 20 亿元以上，跻身全国 50 家鲜活农副产品批发市场前 10 位。市场建设的大发展为沂蒙老区人民提供了更多增加收入的机会。据统计，全地区有近百万农民围绕市场从事各种经营活动。同时市场的发展还带动了交通运输、金融、餐饮、宾馆等相关行业的发展，吸纳了更多的剩余劳动人口就业。不仅如此，区域经济也从市场发展中受益，从而为政府的扶贫工作提供了更为雄厚的财力基础。2009 年，临沂市的地区生产总值达到 2110.18 亿元，排在山东省 17 个地市的第 8 位。

国家也注意到贫困地区的发展对缓解贫困的作用。按照中央的统一部署，在贫困人口集中、贫困地区连片的西部地区，将综合运用财政、税收、投资、金融、产业、土地、价格、生态补偿、人才等政策措施支撑其发展，并将全面实施集中连片特殊困难地区的开发攻坚工程。因此，要超脱整村推进、产业化扶贫和劳动力培训转移等专项扶贫的观念，以加快区域经济发展为突破口，创造更多的贸易机会和生产机会，并不断完善以透明规则下的竞争为基础的市场机制，将贫困地区的发展与贫困人口的发展打造成具有互补性的有机整体。

（二）突出扶贫开发的重点，针对贫困地区的特点采取差异化政策措施

前面的分析已经表明，中国农村贫困人口的分布呈现点（14.8万个贫困村）、片（特殊贫困片区）、带（沿边境贫困带）的分布格局。同时，由于贫困地区独特的自然地理位置、生态环境、历史进程、民族文化等因素，生态脆弱地区、革命老区、少数民族地区、边境地区是贫困人口集中分布的典型区域。2010年，山区的贫困人口占全部贫困人口的比重达到51.9%，贫困发生率比全国平均水平（4.2%）高3.6个百分点；147个革命老区扶贫县贫困发生率比全国平均水平高5.3个百分点；少数民族地区贫困人口占全国农村贫困人口的52.5%，贫困发生率比全国平均水平（4.2%）高13.4个百分点；42个边境扶贫县贫困发生率是全国平均水平的5.1倍，是扶贫重点县（11.9%）的1.8倍。

从空间地理分布上看，中国的贫困地区大部分集中在中西部高原山区、高寒山区、沙漠荒漠地区、喀斯特石漠化地区、黄土高原水土流失严重地区、大江大河的源头地区等生态脆弱及国家生态屏障区域。这些地区在《全国主体功能区规划》中基本都属于限制开发区域。例如，《全国主体功能区规划》中明确划定的限制开发区域，就有滇黔桂等喀斯特石漠化防治区、川滇干热河谷生态功能区、甘南黄河重要水源补给生态功能区、四川若尔盖高原湿地生态功能区、藏西北羌塘高原荒漠生态功能区等，这些生态脆弱区域与国家生态保障区域是贫困人口集中分布的地区。按照《全国主体功能区规划》的要求，这些地方的主要任务是保护优先、适度开发、引导超载人口有序转移，而不是发展。同时，国家将通过加大财政转移支付的形式和建立生态补偿机制保障该地区基本的支出。

与限制开发区域和禁止开发区域重点保护生态相比，少数民族地区最大的问题就是受教育程度和劳动力素质都相对比较低。例如，民族扶贫县中，不论是7~12岁还是13~15岁，就学率都低于国家扶贫县的平均水平以及革命老区贫困县和边境贫困县两类特殊类型地区的水平。在民族地区中，少数民族儿童的就学率更低。2008年，在对云南的调研中了解到，有些少数民族，如拉祜族、佤族、布朗族、独龙族、怒族等少

数民族人均受教育年限不足三年，多数县"普六"教育很难巩固，与"普九"的要求还有较大差距。少数民族地区人均受教育年限低，一方面与少数民族思想意识有关，另一方面是因为他们从上小学才开始学汉语，比汉族学生迟了五六年，课程学习有困难，影响了他们的学习积极性。在澜沧县调研时，当地主要领导忧心忡忡地说，如果这种现象不能得到改观，少数民族学生受高等教育的越来越少，不仅少数民族地区经济文化发展受影响，而且今后少数民族干部的选拔都存在问题。与儿童就学率低相对应，民族扶贫县的文盲、半文盲率不论是与全国扶贫县的平均水平比，还是与革命老区扶贫县和边境扶贫县等特殊类型地区相比，都是比较高的。国家统计局的调查也显示，少数民族会汉语的人口比例为73.7%，仍有近1/3的少数民族人口不会汉语。因此，对于少数民族扶贫县，关键还是要创新教育方式，提高少数民族人口的素质。

全国135个边境县总体经济发展水平落后于全国平均水平，42个国家级贫困县尤为突出。其中，西藏的全部边境县都为国家级贫困县，新疆32个边境县中14个为国家级贫困县，云南25个边境县中有16个为国家级贫困县，广西6个边境县中有3个为国家级贫困县。西北和西南边境地带都是贫困人口的集中分布地带，除了历史、自然条件、交通闭塞等原因外，一个重要因素是封闭，开发开放滞后。我国边境地区与周边国家大多数都山脉相连、江河同源，民族同宗。地缘和人文优势决定了边境地区参与国际区域合作开发，是对外开放之路。因此，必须要研究适应新形势的新思路、新方法、新机制，特别要采取一些重大政策措施，加快边疆地区的开发开放。1992年以来，国务院先后批准设立了广西的凭祥、东兴，云南的河口瑶族、畹町、瑞丽，新疆的伊宁、博乐、塔城，内蒙古的满洲里、二连浩特，黑龙江的黑河、绥芬河，吉林的珲春和辽宁的丹东14个边境经济合作区，2005年又批准设立了霍尔果斯口岸经济合作中心。为加快合作区建设，国务院制定了有别于沿海地区的政策体系，包括贴息贷款、税收优惠、财政定额返还等扶持政策。10多年来，边境经济合作区的主要经济指标年均保持20%~30%的增长速度，对促进当地经济发展起到重要作用。2007年，国务院《关于进一步促进新疆经济社会发展的若干意见》首次支持设立中哈霍尔果斯国际边境合作中心，这也是世界首例跨境经贸合作区。2009年11月，国务院批准的《中国图们江区域合作开发规划纲要——以长吉图为开发开放先导区》也提出"积极推进跨境经济合作区建设",这表明边境经济合作区将是我国提升边境地区经济开发开放的又一突破口。广西的凭祥—同登跨境经济合作区和芒街—东兴跨境经济合作区以及与越南交界的中越河口—老街跨境经济合作区、中老磨憨—磨丁跨境经济合作区和中缅姐告—木姐跨境经济合作区已开展了大量的前期研究,国家应进行重点支持。2010 年,国家发展改革委西部司在工作安排中明确提出:"积极推动广西东兴、云南瑞丽、新疆喀什、内蒙古满洲里等重点开发开放试验区建设,编制西部地区沿边开发开放规划。支持有条件的沿边地区增设边境经济合作区,探索在条件成熟的地区设立跨境经济合作区,提高边境地区口岸基础设施建设水平。"支持有条件的边境地区开发开放,将为贫困边境县的发展带来更多机会。

(三) 积极发展特色优势产业,支持贫困地区产业化发展

根据我们的研究,全国农村贫困户中纯农户占 60% 左右,农户兼业户占 15% 左右,两者的比重比全国平均水平高出 20 个百分点。与此相对应,贫困户的收入中种植业,特别是传统种植业的收入占全部收入的比重高达 49.8%,远高于全国农民平均水平,而工资性收入、财产性收入等其他收入的比重则远低于全国平均水平。从农民人均拥有耕地的数量看,贫困农户比全国平均水平低 0.7 亩。如果不转变传统的种植模式,不支持有条件的贫困地区农业产业化的发展,维持贫困人口收入增长将有很大困难。

农村居民收入的构成也表明,从全国平均水平看,工资性收入的比重和二三产业等其他收入的比重越高,贫困的可能性越小,相反,依靠传统种植业谋生,贫困的可能性较大。因此,增加贫困人口的收入,一方面要加快农业产业化发展步伐,另一方面要发展特色优势产业,支持城镇化发展。国内有许多依靠发展特色优势产业脱贫的例子。例如,山东省临沂市的平邑县曾是国家级贫困县,当地农民依托国家重点扶持的长毛兔养殖和水蜜桃种植两大优势产业已彻底摆脱贫困。近年来通过"龙头企业 + 基地 + 农户"的组织模式,加速了长毛兔养殖产业化的步伐;通过"专业市场 + 农户"的组织模式,极大地推进了水蜜桃种植产

业化的步伐，目前全县水蜜桃已占领了上海市场 70% 的份额。农业产业化的快速推进也促进了当地城镇化的发展步伐，县城城区人口规模达到 20 万人，已经成为能够带动周边农村发展的中小城市。该县的九间棚村，曾是远近闻名的贫困村，这些年来通过与中国科学研究院植物所合作，研发出优质的金银花品种——"九丰一号"，在山坡间贫瘠的土地上进行种植，大大增加了农民的收入。2009 年，该村农民人均纯收入超过 9000 元。除依托优势农产品外，资源富集的贫困地区通过资源的开发利用脱贫的例子也非常多。例如，陕北地区、内蒙古的鄂尔多斯地区等都是因开发煤气资源而脱贫，广西河池地区的巴马县也在旅游开发的过程中，实现了地区经济的发展和农民增收。这些成功的例子，都为我国贫困地区脱贫提供了可供借鉴的经验。

（四）理顺相关体制机制之间的关系，与其他政策形成大扶贫格局

理顺体制主要包括三方面的内容：一是中央与地方的关系，二是政府各部门之间的关系，三是政府部门与非政府组织之间的关系。从中央与地方的关系看，要调整中央和地方各级政府之间的关系。《国家八七扶贫攻坚计划》中已经有所调整，第十三条明确规定"从 1994 年起，将分一年到两年把中央用于广东、福建、浙江、江苏、山东、辽宁 6 个沿海经济比较发达省份的扶贫信贷资金调整出来，集中用于中西部贫困状况严重的省、自治区。今后，上述 6 省的扶贫投入由自己负责，并要抓紧完成脱贫任务"。这表明除沿海发达省份外，其余省份的扶贫投入都是由中央、省（自治区、直辖市）、地市和县共同投入。从 2008 年在云南普洱市和西双版纳州调研的情况看，贫困地区的地市、县大部分要靠上级财政转移支付才能保障政府的正常运转，地方根本没有财力满足各类项目的配套需求。目前的项目地方资金配套制度，使得这类地区的发展面临更大的困难，申请项目则需要大量的地方配套资金，无法保障地方财政资金的正常运转和项目的顺利实施，如果不申请项目，则错失发展机会。国家新一轮的西部大开发已经表示，对于中央安排的公益性建设项目，取消西部地区县及县以下和集中连片特殊困难地区公益性项目市地级配套资金。建议国家借鉴该经验，强化中央和省（自治区、直辖市）

两级政府在扶贫开发中的责任。从政府各部门之间的关系看，要进一步整合资源，发挥扶贫资金和涉农资金的最大效益。建议借鉴广西在河池地区东兰、巴马、凤山三县扶贫的经验，在扶贫资金向集中连片地区倾斜的基础上，整合扶贫资源，强化领导力量，搞好整体规划，集中攻坚实施，加快贫困地区交通、水利等基础设施建设和教育、卫生等公共服务的建设。从扶贫政策与区域政策、主体功能区政策的关系看，要充分发挥区域政策和主体功能区政策的作用，针对不同类型问题地区制定差异化的政策。从政府部门与非政府组织之间的关系看，要进一步发挥非政府组织的作用，调动社会一切积极因素参与扶贫。国际经验尤其是发展中国家的经验表明，作为一种不同于市场和政府的"第三种力量"，非政府组织在扶贫中具有不可替代的功能。实践证明，非政府组织能够动员政府无法动员的国内外多种资源；能够通过竞争、创新、示范提高扶贫资源使用效率；能够对多样化、快速变化的社会需要迅速做出反应；非政府组织还是扶贫制度创新的重要力量；也是培育公民社会的助推剂。为此，政府一方面要积极培育本土的非政府组织，另一方面也要加强与国际非政府组织的合作。

专栏 3–2　　　广西整合扶贫资源的案例

广西河池地区的东兰、巴马、凤山是集革命老区、少数民族、大石山区和库区于一体的连片特困地区。2003 年初到 2005 年 8 月，全自治区 10 多个部门集中投入 22 亿元，完成了交通、教育、水利和饮水、卫生和人口、文化建设、广播电视、民政福利、市场建设等 12 类 34 大项 75312 个项目，取得了明显的经济、社会和生态效益。初步形成了以中草药、板栗、八角、食品加工和乡村旅游为特色的产业。特别是配合国家"东桑西进"战略的实施，种桑养蚕已经成为贫困群众增收的主要来源。农民人均纯收入从 2002 年的 1177 元增加到 2008 年的 2428 元，增长 106.29%，高于自治区平均水平（53.8%）。

扶贫机制重点完善三方面内容：一是扶贫监督机制，二是扶贫评估机制，三是扶贫政策与其他相关制度的协调机制。从扶贫监督机制看，要建立决策权、执行权、监督权整体分离制度，形成有利于权利相互制约的管理体制。当前，要有专门部门的决策机构统筹规划，明晰不同贫困地区的发展方向，协调扶贫资金的使用。做决策的过程中，应借鉴国内外成功的扶贫模式，根据贫困地区的资源状况、自然环境、人口素质、风俗习惯、宗教信仰及生产力发展水平，加强对扶贫项目的可行性论证，增强决策的科学性。

五、促进开发式扶贫的政策建议

通过对政府各种扶贫政策的梳理和分析，并结合国内外扶贫的经验与启示，从本国国情出发，我们认为，近年来我国的扶贫模式已悄然改变：越来越多的非政府组织（NGO）、企业正积极参与到扶贫项目中，一改以往扶贫工作靠政府一手"包办"的局面；在扶贫思路上，以区域经济开发为主，促进贫困地区可持续发展的"造血"式扶贫正取代以往单纯救济型的"输血"式扶贫，成为中国扶贫战略的核心。因此，今后我国的扶贫工作应重点从以下几个方面入手。

（一）充分发挥政府的组织和引导职能，加大扶贫开发力度

国内外扶贫开发的实践证明，任何时候都离不开政府的组织与引导。围绕开发式扶贫的总思路，今后政府在开展反贫困的工作中应强调：

1. 针对贫困地区制定相应的倾斜和优惠政策

如针对所有尚未解决温饱问题的贫困户，可免除粮食订购任务；根据扶贫开发的特点和需要，可适当延长扶贫贷款的使用期限，放宽抵押和担保条件；对所有尚未解决温饱问题的贫困户，按照《农业税条例》的有关规定，可适当减免农业税和农业特产税。针对贫困地区的开发扶贫，应逐步加大对贫困地区的转移支付的力度，各有关省、自治区应尽快建立和完善二级转移支付制度，为贫困地区提供更大的财务支持；对贫困地区的新办企业和发达地区到贫困地区兴办的企业，可适当免征企业所得税。进一步减免集中连片贫困地区市、县配套资金比例，真正让贫困地区享受到国家扶贫优惠政策。以贫困村为基本单元，制定参与式扶贫规划，集中人力、物力、财力，综合扶持，实现贫困人口、贫困村

整体脱贫。整合各种资金来源渠道，大幅度提高整村推进中的资金投入。要加快制度创新，减免整村推进中贫困户资金配套的比重。加大对贫困地区均衡性转移支付力度，逐步缩小贫困地区地方标准财政收支缺口，用于教育、医疗、社保、扶贫开发等方面的专项转移支付重点向贫困地区倾斜。科学划分贫困地区类型，详细分析贫困地区致贫原因，结合目前的区域政策和主体功能区政策，制定不同类型区域的发展政策。

2. 进一步加强贫困地区的基础设施建设

在坚持开发式扶贫与开放式扶贫有机结合、充分整合行政资源和调动社会资源的基础上，搞好贫困地区的基础设施建设：实现村村之间通公路，在行政村主要居民点之间建水泥路等方便农民生产生活的人行便道，同时逐步建立完善乡村道路管养机制。加大贫困地区的水利建设力度，集中力量打造标准化村级供水工程，实现基本解决贫困地区饮水安全问题。在贫困农村大力推广沼气、秸秆气化等清洁能源，带动改厨、改厕、改圈、改水等工程，最终改善贫困地区卫生条件和人居环境等，实现基本解决贫困地区行路难、饮水难、上学难、就医难等问题。以贫困乡、村为单位，加强基本农田建设、水利设施建设、农村生态建设等，改善农民的生产和生活环境，提高农民抵御自然灾害的能力，预防因灾返贫现象的进一步发生。

3. 扩大"以工代赈"工程的实施范围

加大以工代赈项目和资金的投放数量，有步骤地加强贫困地区小流域的综合治理、荒山荒坡的改造和小城镇建设等，改变贫困地区的生产条件和落后面貌；此外，建议将贫困地区社会事业建设适当纳入以工代赈范围。如将贫困乡村垃圾和污水治理、乡村医院和校舍建设等小型基础设施建设纳入以工代赈支持范围。

4. 建立生态补偿机制

国家应从生态保护功能定位的角度出发，在财政转移支付方案中，对限制开发区域和禁止开发区域的生态保护因素给予考虑，即在均等化的财政转移支付下，设立生态保护的财政转移支付系数，以为生态保护建立相对稳定的资金来源，切实保障该地区生态建设的需要。此外，还可以探索小区域范围内的生态补偿机制，开展下游地区对上游地区、开发地区对保护地区、生态受益地区对生态保护地区的生态环境补偿机制。

地方政府要继续加强生态环境保护的建设力度，切实巩固生态环境保护的成果，继续为维护区域的生态安全努力。同时，要继续加大贫困地区退耕还林还草力度，并延长补助政策时限。

（二）依托当地资源大力推进产业化扶贫，提升贫困地区产业结构

立足贫困地区资源优势，因地制宜突出产业发展重点，培植支柱产业，促进贫困农户不断增加收入，逐步摆脱贫困。

1. 发展特色优势产业

鼓励贫困地区特色优势产业发展，对有条件就地加工转化的能源、资源开发利用项目给予优先审核批准，对贫困地区鼓励类产业企业按15%的税率征收企业所得税。积极支持贫困地区发展旅游业。国际上普遍认为，旅游业每直接就业1人，社会可新增5个就业机会。旅游扶贫不仅催生了贫困地区农村的商品流、信息流、资金流，带动基础设施大改善，促进贫困地区农村经济的快速增长，带动农民脱贫致富，而且对其政治、文化、社会、环境也有着显著的积极影响。

2. 积极承接产业梯度转移

在加快县域产业升级，发展资本、技术、知识密集型产业的同时，发挥贫困地区资源相对丰富、劳动力成本低、具有承接产业梯度转移的区位优势，促进一些劳动密集型产业项目向西部贫困地区转移，不断壮大县域经济实力。编制产业转移规划，制定相关的政策，安排产业转移引导资金，引导东中部地区企业有序转移，鼓励东中部地区与西部贫困地区共建产业园区。

3. 大力推进农业产业化

通过发挥贫困地区资源禀赋和成本低、价格廉等比较优势，扶持支柱产业，逐步形成"一村一品、多乡一业"的县域经济特色产业体系；着力培植壮大一批龙头加工企业，推广龙头企业、合作组织与农户有机结合的多样化组织形式，让农民从产业化经营中得到更多的实惠；同时引导和鼓励具有市场开拓能力的大中型农产品加工企业，到贫困地区建立原料生产基地，形成"公司＋农户""中介组织＋农户""专业化市场＋农户""农民经济组织＋农户"的产业化经营模式。

4. 加强贫困地区市场体系建设

帮助贫困地区建立商品生产基地，带动贫困农户进入市场；积极推行订单农业、信息农业、网络农业，通过组建行业协会、培育农民经纪人和农产品营销大户，多渠道、多形式与市场对接。超前谋划产品供销信息服务，搭建市场信息平台，并加强与全国各地农产品交易市场的信息联网，带动优质农产品基地加快发展。鼓励和支持企业和合作社经常参加各种形式的农产品展销会、博览会、推介会和贸易洽谈会，加大对内外宣传力度，促进农户小生产与大市场的有效衔接，提高产品的销售量和市场占有率。

（三）继续培育壮大非政府组织，使其成为政府扶贫的有力补充

通过财政税收等手段动员社会力量参与扶贫，采取"官助民办"的方式，积极扶持非政府组织开展扶贫开发工作，从而实现变政府一元化扶贫主体为社会多元化扶贫主体。

1. 加大对民间扶贫组织的扶持力度

在思想舆论方面，各级政府应充分发挥组织领导、宣传协调等指导作用，改善和优化民间扶贫机构运营的外部环境，最终形成有利于非政府组织扶贫事业的社会环境，促使非政府组织发展壮大；在资金政策方面，通过财政税收等手段鼓励金融机构为非政府组织提供信贷支持，并为相关民间扶贫组织提供税收减免政策，使扶贫基金能够扩充其财政实力。政府可出让部分扶贫资源，由非政府组织承担起自身比较擅长的扶贫项目和具体事务，探索建立一种既减少政府扶贫项目的成本，又能有效激发非政府组织扶贫热情的良性循环机制。

2. 完善非政府组织扶贫的运营机制

如大力推广股份合作制，可通过相关制度对成员股份的转让和撤出进行有效约束，做到既能按照进退自由的原则保障成员维护自身利益，又能确保组织资金的稳定。

3. 建立健全非政府组织扶贫的相关法规政策

建议在《社会团体登记管理条例》和《民办非企业单位登记管理暂行条例》等法规的基础上，尽快制定专门针对非政府组织扶贫活动的法

律政策，用法律的形式明确非政府组织的地位、职能、作用和组织形式等，为非政府组织的运行提供规范化依据，并且切实维护非政府组织的一切合法权益。

4. 加强非政府组织的自我管理和能力建设

由于我国的非政府组织生存发展存在着客观上的不足，所以尤其要克服其自身存在的缺陷。通过加强非政府组织从业人员的培训，鼓励内部良性竞争，拓宽筹资渠道，提高服务质量，建立行业自律机制，从而提高透明度和社会公信力，确立非政府组织的整体形象和公益地位。

5. 进一步争取国际组织向中国提供援助性扶贫项目

为保证这类项目的顺利执行，国家要适当增加配套资金比例，对于集中连片贫困地区，要减免市县政府的配套。同时，要加强对国际组织扶贫项目的管理，努力提高外援贷款项目的经济效益，增强还贷能力。

(四) 明确小额信贷扶贫的相关职能，进一步完善其组织制度

为解决贫困人口温饱问题，我国采取了多种有效的扶贫措施，其中小额信贷扶贫到户的措施，以其直接、简便、无须担保的特点，深受贫困群体的欢迎。但目前也存在着一些困难和问题：一是有的金融部门为确保贷款资金安全，要求提供贷款担保，抬高了小额信贷门槛。许多贫困户无资产可供担保，使得这部分本应该流向贫困户的生产扶贫资金转向一些有经济基础的农户或小康户。二是小额信贷还贷保证措施和制度不落实，导致项目受挫，危及小额信贷组织的生存。对此，建议：

1. 明确政府和信贷机构在小额信贷发展中的职能

政府应把管理的重点从资金使用方向、利率管制等方面转向加强贫困地区市场化建设和信用环境的培育上来。完善相关法律法规，通过制定专门针对农村小额信贷机构的金融政策和法律制度，明确小额信贷机构的扶贫职责；而各级小额信贷机构要积极争取省级部门的信贷资金，确保省级部门下达的扶贫小额信贷资金足额到位，并及时发放到贫困户手中，做到放得出、用得好、收得回，按照小额信贷发放管理的有关规定开展小额信贷工作，降低小额信贷门槛，适当增加贷款额度，延长贷款周期，使贫困户真正得到信贷。

2. 建立有效的小额信贷组织系统和管理制度

通过互助协作，加强技术服务系统的建设，提供产前、产中、产后服务，提高项目成功率，是形成小额信贷资金安全管理的有效机制。经验表明，如果能做到有效组织放款，借款人一般都能较好运用贷款，还款也就有了保证。对此，我们建议以县（市）级扶贫机构作为牵头单位，指定一家金融机构（农业银行或信用社）审核放贷，降低信贷门槛，以村两委为担保加五户联保，建立贷款信用卡，扶贫部门监督，提高贷款额度。如规定每户信用卡贷款额度为5000元，期限为2年，在贷款期限内，只要还清贷款本息，就可重新贷款，这样贫困户在选项目时，就可灵活地结合自身实际情况，项目可大可小，适应市场需求，市场需要什么就可生产什么。乡镇可抽调相关人员组成小额信贷工作队，负责协调管理，协助收贷全过程，以此确保小额信贷放得出、用得好、收得回，促进小额信贷良性循环。

3. 完善资金互助社

要采取以信用、农户联保方式为主、抵押贷款做补充的贷款模式，按照"民办、民管、民受益"的原则，实行社员民主管理，为本社社员提供资金互助服务。

4. 创新信用担保机制

探索开展蔬菜大棚、农村住房、农村土地收益、农村土地经营权抵押贷款业务，盘活农民手中的固化资产，缓解农民贷款难问题。积极探索小额无担保信用贷款、合作社社员互保、中介担保、龙头企业担保等担保方式，降低贷款门槛，简化贷款程序，畅通贷款渠道，有效开展金融服务。

5. 鼓励开展农业保险

按照"政府引导，市场运作，自主自愿，协同推进"的原则，加快推进农业保险试点工作，有效降低因人力无法抗拒的自然灾害、重大病害、意外事故等突发性灾害给农民群众造成的损失，全面提高政策性农业保险覆盖面。重点是要积极与保险公司合作，开展大棚蔬菜、小麦、玉米、棉花以及能繁母猪等品种的政策性农业保险，支持产业化发展。政府应通过对养殖业农户和种植业农户进行保费补贴的方式，鼓励商业性保险公司经营农业保险，探索农业政策性保险的商业运作模式。

6. 建立风险补偿基金

加快信贷风险损失补偿方式转变，将贴息资金转变为"奖补资金"，将补贴对象由农户转变为金融机构，金融机构的风险得到部分补偿，就能降低金融机构对扶贫开发对象的贷款利率，有利于扶贫开发对象获得金融服务。

（五）加大贫困地区的教育培训力度，着重提高贫困人口的综合素质

有关研究表明，贫困地区与其他地区之间的差距除了表现在经济收入上以外，更显著的是人的思想观念和教育水平的差距，以及由此引起的文化、劳动、技术素质和创业精神的差距。因此，进行贫困地区的人力资源开发，从长远看是反贫困的根本性措施。对此，我们建议：

1. 继续实施教育扶贫

认真组织实施"国家贫困地区义务教育工程"，结合当地的贫困特点和民族文化特点，有针对性地加大对贫困地区适龄劳动人口，特别是青壮年的教育培训力度，在保留传承少数民族文化精髓的同时，促进贫困人口由贫困地区向中心城镇转移。

2. 加大少数民族地区人才培养力度

加强对当地少数民族人才的培养，是保护和传承少数民族文化、保障少数民族地区持续健康发展的根本。除了保障当地少数民族的基础教育之外，还要制定出台少数民族地区人才发展专项政策，畅通少数民族人才培养渠道，帮助民族地区培养经济社会发展急需的企业经营管理人才、专业技术人才和各种技能人才，特别是在大中专招生政策上，对边疆少数民族贫困地区实行定向招生并相应降低收费标准，或是开设专门的少数民族班，加强培养少数民族干部，对于当地的公务员队伍，应相应提高各类少数民族参加的比例，给他们创造更多的参政、议政、执政的机会。充分发挥贫困地区干部群众的积极性、创造性。依靠自身力量改变贫穷落后面貌；发挥农技站的示范带动作用，加快推进农技推广，在人员、经费、制度上予以保障，为贫困地区和贫困人口提供多方面多样化的科技服务。

3. 加大培育和引进人才的力度

加强与科技部门、高等院校的联系与协作，划拨专项经费聘请科技人员做技术指导，或将本地作为高校对口专业的实习基地，充分利用当地科技人才；对到西部贫困地区投资的业主给予优惠和减免，以带动贫困地区经济发展。对已在或志愿到贫困山区工作的优秀人才，在工资福利待遇上给予一定的倾斜和照顾。

4. 加强对农民的各类技能培训

建立起制度化、规范化的农民实用科技培训，使他们成为有技能的劳动者，提高其种植水平和收益。大力实施"绿证"培训、阳光培训工程和跨世纪青年农民培训工程，多层次、多渠道、多形式开展实用技术培训。结合职业教育，根据县域经济发展规划，以支付学费的方式，委托高校定向培养贫困家庭子弟进行紧缺专业学习，对不能继续升学的初、高中毕业生和未就业的大中专毕业生，有计划地纳入职业教育范围。通过加强农民的转岗培训，把富余劳动力转移到第二、第三产业，增加农民工资性收入。通过加强贫困地区劳动力的职业技能培训，组织和引导劳动力健康有序流动。探索和创新就业模式，通过建立校企合作订单输出、企业出资定点就业、半工半读以工养读、就近培训就近安置等输出机制，确保参加培训的贫困劳力都能顺利就业，且工资待遇要高于未参加培训人员。积极引导社会力量投入农村实用技术培训，通过"股份合作""民办公助"等形式，吸引社会力量参与或合作举办农业职业学校。支持农业产业化龙头企业与职业学校加强合作，开展订单培训。鼓励各类农村专业协会、农业产业化龙头企业在税前按纯利润的 1.5% 提取农业人才培训教育经费，经费可列入成本。建立健全农村实用人才创业的各项优惠政策，对取得农民职称证书或职业资格证书的农村实用人才和技能型人才，在项目实施、人员招聘时，优先考虑；承包项目时，给予重点倾斜；优先接受农贷资金；优先享受贷款贴息；鼓励他们在农村跨地区开展科技承包、创业等；在土地流转上，享受优先、优惠和扶持。大力实施"回归工程"，动员和引导在外务工的、懂经营、善管理、有技术的农民返回本土创业。

第四章　贫困地区基本公共服务政策评价①

　　解决贫困问题是进一步深化改革、促进发展进而构建和谐社会面临的重要课题，也是我国农村改革发展的基本目标和任务。理论与实践表明：基本公共服务不到位、公共物品短缺是新时期贫困产生、积累以及代际传递的重要原因。然而，现阶段我国贫困地区的基础教育、公共卫生、社会保障等基本公共服务总体水平偏低、发展不平衡、效率低、水平趋同，因此，要实现党中央和国务院提出的"到 2020 年基本消除绝对贫困现象"这一宏伟目标，需要大力推进城乡基本公共服务均等化，切实完善贫困地区基本公共服务水平。本章拟通过对农村义务教育、农村公共卫生以及社会保障等基本公共服务政策进行梳理与评价，探究与分析基本公共服务与脱贫致富之间的内在关系，进而为做好今后特别是"十二五"时期的扶贫工作提供政策依据。

一、农村义务教育政策

（一）政策背景

　　进入 21 世纪以来，随着我国经济的发展，特别是随着中央财政收入快速增长，基本公共服务的均等化逐渐提上议事日程，相关的法律和政策也逐步出台和完善。农村义务教育作为基本公共服务的重要部分，在基本公共服务均等化进程中也得到了进一步重视和关注。2005 年 12 月，国务院发布《关于深化农村义务教育经费保障机制改革的通知》，明确将农村义务教育纳入公共财政体系及中央省级财政对农村义务教育的经费保障。2006 年 6 月 29 日颁布的新的《中华人民共和国义务教育法》中明

---

① 报告完成于 2010 年 9 月。

确规定：国务院和县级以上地方人民政府应当合理配置教育资源，促进义务教育均衡发展。这表明，实现农村义务教育的均等化，已成为当前农村社会对政府推进教育公平和社会公平，使广大人民共享发展成果的基本要求。

（二）政策内容

1. 推进农村义务教育管理体制改革

2005年11月，国务院发出《关于深化农村义务教育经费保障机制改革的通知》。通知指出，要按照"明确各级责任、中央地方共担、加大财政投入、提高保障水平、分步组织实施"的基本原则，将农村义务教育全面纳入公共财政保障范围，建立中央和地方分项目、按比例分担的农村义务教育经费保障机制。由第十届全国人民代表大会常务委员会修订通过并于2006年9月1日正式实施的《中华人民共和国义务教育法》着重强调了教育公平，明确指出了农村义务教育经费保障的基本内容，即由国务院和地方各级人民政府根据职责共同负担，省、自治区、直辖市人民政府负责统筹落实的体制。"两免一补"（免费提供教科书、免杂费及对其中的寄宿生补助生活费）在全国全面推开。

2. 保障教育经费及投入

2006年《中华人民共和国义务教育法》规定，农村义务教育所需经费由各级人民政府根据国务院规定分项目、按比例分担。2007年7月教育部《关于进一步做好农村义务教育经费保障机制改革有关工作的通知》（教财〔2007〕10号）规定：针对义务教育经费机制改革存在的问题，要求进一步严格规范农村义务教育阶段学校收费行为，禁止各种变相收费；要求进一步细化农村中小学预算工作；要求确保"一补"政策落实到位；要求依法保障义务教育阶段教职工合理收入，要求积极做好"普九"债务清理化解工作。保障机制改革资金约1100亿元，2008年农村义务教育经费投入资金达到578.3亿元，向全国所有农村义务教育阶段学生免费提供教科书，免除学杂费，中西部地区约1100万名家庭经济困难寄宿生享受寄宿生生活费补助。

3. 关注农村义务教育质量

为推进素质教育在农村的开展，国家努力为农村义务教育创造条件，配备教师，先后采取的措施有：专业师范类、高校定向招培、青年志愿者、"三支一扶"等，教师水平改善较大。到 2009 年秋季，全国义务教育阶段全面实施新课程，各省份基本上进入新课程。2010 年 5 月，国务院常务会审议通过《国家中长期教育改革和发展规划纲要》，规定严格执行义务教育国家课程标准、教师资格标准，深化课程与教学方法改革，配齐音乐、体育、美术等薄弱学科教师，开足规定课程，注重德育建设，增进学生体质，加强美育熏陶，塑造高尚情操，努力促进学生全面发展。以人为本的素质教育理念日益深入人心，义务教育均衡发展的局面逐渐形成，以素质教育理念为核心的教育质量保障体系正在形成，中小学素质教育呈现出良好的发展态势。

（三）政策评价

农村中小学就学率基本实现预期目标。小学净入学率一直平稳提高，从 1990 年到 2007 年平均每年提高 0.19 个百分点，升学率从 20 世纪 90 年代初期到中期上升速度较快，平均每年提高 3 个百分点。2008 年，全国小学净入学率达到 99.5%，初中毛入学率达到 98.5%。义务教育的实现以及对流动人口的管理，使得因穷困和外出农民工子女有条件读书，打破了因无钱读不起书和城乡差别的义务教育。

农村校舍与办学条件有了较大改善。校舍建设基本满足中小学生的需求，主要体现在危改工程和农村寄宿制学校建设工程两个方面。在中央 90 亿元危改专项资金的带动下，到 2006 年，危改工程总投资达到了 430 亿元，校舍危房率有一定程度的下降。农村寄宿制学校建设工程的投资也达到了 60 亿元。与此同时，农村普通初中每百名学生拥有的计算机台数、初中建网学校比例、体育器械配备达标校数、音乐器械配备达标校数比例、理科实验仪器达标校数、生均校舍面积均有较大幅度的提高，农村小学的办学条件和校舍条件也在逐渐改善，很多学校计算机配备实现了从无到有，音乐、美术、体育器械配备达标校数比例也有较大幅度提高。

尽管现行义务教育政策使得贫困地区的办学条件有了一定程度的改善，贫困家庭学生上学难的问题也有了很大缓解，但是，农村义务教育的健康发展仍然面临许多问题，主要表现在以下几个方面。

第一，经费投入还不能满足实际需求。同城市相比，农村义务教育经费的投入依然不足：我国农村中学生数量是城市的四倍，但使用经费却只有城市的38%。90%的文盲分布在农村。我国中小学在校生占全球的1/4，教育经费却只有1/145。农村公共教育呈现出"供给不足、供给低效及供给失效"的状况。此外，义务教育政策没有从根本上解决农村义务教育发展经费问题，农村规模比较小的学校经费尤为紧张。因此，如何进一步改进和完善以县为主的农村义务教育管理体制是当前农村教育改革最迫切的问题。

第二，学生辍学情况未得到有效改善。农民工子女、留守儿童教育情况令人担忧。调查发现，免费政策实施后，许多农村家庭子女并没有因为不用交学费而重返校园，辍学率并没有明显降低。经济因素并不是义务教育阶段学生辍学的主要原因，诸如户口、住房等非经济因素的影响可能更为直接。同样，农村留守儿童的辍学率也没有因此降低，反而出现了反弹。丁克贤（2009）对我国西部地区的甘肃、宁夏、青海三个省份的调查发现，农村留守儿童的辍学率占留守儿童总样本的29%，明显高于非留守儿童，且学生中途辍学现象严重。在调查导致留守儿童辍学的各种原因中，选择"家庭条件差"这一原因的被调查者竟占到被调查总体的75%；有66.7%的家长回答供养留守儿童上学有困难。可见，家庭经济条件仍然是导致留守儿童辍学的主要原因。

第三，教师待遇的缺失未得到有效关注。免费政策实施后，学校停收一切杂费与综合服务费，而且明确规定公用经费不能用于人员补贴和奖金等。免费政策实施后，缺乏相关的配套政策措施，并没有安排专项财政资金来保障教师的津补贴和"三险一金"等其他福利待遇。教师实际收入下降，影响了教师队伍的稳定性与积极性，在一些地区已经因此出现了教师流失现象。

第四，义务教育质量指标相对被弱化。我国义务教育处在不断发展的过程中，在过去的较长时间内，对于许多农村地区尤其是贫困农村地区来说，则主要是解决"有学上"和"有书读"的问题。当这一问题得到基本解决后，那么"上好学"与"读好书"就应作为主要的发展要求。目前很多农村的义务教育仍是传统的应试教育。应试教育的脱离实际、教师教育方法的有失偏颇等一系列影响教育质量的因素影响到学生学习积极性，从而导致辍学率提高。应着力提高农村初中教师整体水平，培养学生学习兴趣，并解决好农村教育"出口"问题。师资力量也是衡量义务教育质量的一个重要指标。中西部贫困地区的师资力量一直是义务教育实施的薄弱环节。

第五，农村义务教育投资的非均衡性依然明显。农村义务教育投入的非均衡性主要表现在三个方面：一是农村义务教育投资存在地区差异。农村义务教育经费收入来源结构的地区差异明显，中西部地区对财政预算内教育经费的依赖程度较大；生均教育经费支出的地区差异明显，发达地区的生均经费支出明显高于落后地区；生均预算内经费支出的地区差异明显，发达地区的生均预算经费支出明显高于落后地区；生均预算内事业费支出、公用经费支出的地区差异明显；教育经费支出结构的地区差异突出且地区差异还在不断扩大。二是城乡二元结构影响下的义务教育投资城乡差异显著。三是在农村义务教育与其他各级教育的经费支出方面存在明显差异。

二、新型农村合作医疗政策

（一）政策背景

受 20 世纪 80 年代农村经济体制改革的影响，有过辉煌历史的传统的农村合作制度急剧萎缩，农村地区卫生防疫系统变得十分脆弱，农民的生命质量和健康状况受到严重威胁。为此，2002 年 10 月，中共中央、国务院下发《中共中央、国务院关于进一步加强农村卫生工作的决定》，根据全面建设小康社会和社会主义现代化建设第三步战略目标的总体要求，进一步明确新时期农村卫生工作的指导思想和目标。即坚持以农村为重点的卫生工作方针，从农村经济社会发展实际出发，深化农村卫生体制改革，加大农村卫生投入，发挥市场机制作用，加强宏观调控，优化卫生资源配置，逐步缩小城乡卫生差距，坚持因地制宜，分类指导，全面落实初级卫生保健发展纲要，满足农民不同层次的医疗卫生需求，从整体上提高农民的健康水平和生活质量。到 2010 年，在全国农村基本建立起适应社会主义市场经济体制要求和农村经济社会发展水平的农村卫生服务体系和农村合作医疗制度。2003 年 1 月 10 日，国务院办公厅转发了卫生部、财政部和农业部联合发出的《关于建立新型农村合作医疗制度的意见》，要求各省、自治区、直辖市先行试点，随后逐步推开，到2010年实现全国基本建立新型农村合作医疗制度的目标。

(二) 政策内容

1. 加大政府支持力度。新型农村合作医疗明确规定，中央财政对中西部地区除市区以外的参加新型农村合作医疗的农民每年按人均10元给予补助，地方财政对参加新型农村合作医疗的农民每年按人均不低于10元给予补助，进一步完善了个人缴费、集体扶持和政府资助相结合的筹资机制。另外，为加快推进新型农村合作医疗试点工作，自2006年起，中央财政对中西部地区除市区以外的参加新型农村合作医疗的农民由每人每年补助10元提高到了20元，地方财政也相应增加10元。财政确实有困难的省（自治区、直辖市），2006年、2007年可分别增加5元，在两年内落实到位。

2. 突出以大病统筹为主。以往的农村合作医疗，除少数地区外，大多将保障的重点放在门诊或小病上，即"保小不保大"或者"保医不保药"，而新型农村合作医疗将重点放在迫切需要解决的农民因患大病而导致贫困问题上，对农民的大额医药费用或住院医药费用进行补助，保障水平明显提高。

3. 提高统筹层次。改变了过去以乡、村为单位开展合作医疗的做法，要求以县为单位统筹，条件不具备的地方可从乡统筹起步，逐步向县统筹过渡，增强了抗风险能力和监管能力。

4. 明确了农民自愿参加的原则，赋予了农民知情权和监管权，提高了制度的公开、公平和公正性。

5. 由政府负责和指导建立组织协调机构、经办机构和监督管理机构，加强领导、管理和监督。

6. 建立医疗救助制度。通过民政部门和扶贫部门资助贫困农民参加新型农村合作医疗，照顾到了贫困农民的特殊情况。开展试点工作，一定要认清和把握新型农村合作医疗制度的新特点，避免盲目性，避免走弯路，确保试点工作一开始就步入正确的轨道，顺利、健康地发展。

（三）政策评价

新型农村合作医疗制度是在中央政府的统一领导下有计划、有步骤地由试点到推广的农村医疗制度，大大地强化了政府行为，加大了政策的支持力度，保持了政策的稳定性与连续性，提高了保障水平，增强了抗风险能力，初步具有社会保险特征；保障了农民的卫生健康，有效地缓解、遏制了农村居民"因病致贫、因病返贫"的势头，减轻了农民的经济负担，带动、促进了农村卫生事业的整体发展。

然而，新型农村合作医疗要想真正做到保障农民的卫生健康，遏制农民因病致贫、返贫的现象，还必须注意以下几个方面的问题：

一是配套医疗服务体系的建设不完善，质量和效率低。新型农村合作医疗的开展不仅取决于制度本身的设计是否合理，还取决于与制度密切相关的医疗服务机构，如医疗技术服务质量和服务态度及农民看病吃药、医疗报销的方便程度等。长期以来，农村过少的医疗卫生支出、医疗卫生专业人员缺乏、医疗卫生服务网络不健全、医疗设备落后等极不完善的医疗卫生服务体系，无法满足农民多层次的医疗需求，农民"小病不出村，大病不出乡，重大疫病不出县"的愿望难以实现。

二是药品市场管理体系亟待完善。严格规范药品市场的管理，控制医药费用过度上涨，是中央与各级政府应该承担的责任。很多地方的定点医疗机构的药价相对于私人诊所要高，使得农民报销后的实际支出跟不参合时相差无几，这样不仅会打击农民参合的积极性，而且医疗机构通过高药价"卷走"了合作医疗基金，使得合作医疗的政策效果大打折扣。

三是医院收费需要进一步规范。新型农村合作医疗最主要的目的还是保大病，而大病的治疗费用一般都比较高，医院的利润也比较高。有的医院因此产生寻租行为，通过提高住院治疗的费用来赚取超额利润。这样，不仅农民要付出更多的住院费用，而且本属于农民的合作医疗基金大量地进入医院的金库。也有的医院为了使病人的医药费达到起付线而小病大治，严重地损害了农民的利益。医院的寻租行为及道德风险对合作医疗的良好发展产生了障碍，我们必须重视这些问题的存在。

四是费率设计有待于更科学更合理。新型农村合作医疗的公平性具有明显的外部性。水平公平上，要求具有相似经济能力的个人或家庭支付相同的健康保险费；垂直公平上，要求经济能力好的家庭比经济条件差的家庭缴纳更多的险费。采取统一费率，实际上对低收入人群是"累退"的。低收入人群普遍受教育程度和信息获取程度低于中高收入人群。这使得真正在健康风险冲击面前最为脆弱的贫困人群被新型农村合作所排斥，这是筹资方面的不公平性，这种不公平可以通过加强宣传来解决。此外，有调查发现，在医疗补偿上，富裕人群相对于贫困人群占有较大的份额，较为富裕的乡镇住院补偿占的比例较高，这也是新型农村合作医疗不公平性的一个体现。

五是参合人员的逆向选择依然存在。逆向选择将导致高危人群愿意参加新型农村合作医疗，体弱多病者驱逐年轻健康者的逆向选择现象，降低了农民群众的互助共济意识，达不到风险共担的目的，并最终影响新型农村合作医疗的参合率。

三、新型农村养老保险政策

（一）政策背景

1992年，民政部主持开展了农村社会养老保险，但由于多方面的原因，这个计划没有收到良好的效果。近年来，为了应对人口老龄化的挑战，国家和地方都在探索新的农村养老保险制度。在地方层面，形成了一批有特色的农保制度，如宝鸡模式、苏南模式、青岛模式等。在国家层面，2006年8月劳动和社会保障部选择北京市大兴区、安徽省六安市霍邱县、山西省吕梁市柳林县、山东省菏泽市牡丹区、福建省南平市延平区、四川省巴中市通江县、云南省楚雄自治州南华县7个县市作为试点。2009年9月，国务院颁布了《国务院关于开展新型农村社会养老保险试点的指导意见》（以下简称《指导意见》），新农保工作开始在全国范围内展开。本书将1992年的农村养老保险制度定义为旧农保，把2000年以后，国家和地方开展的农保制度定义为新农保。

（二）政策内容与评价

与旧农保相比，各地和中央的新农保在制度设计上有所差异，但主要有如下特点与优势。首先，新农保体现了社会保障的福利性，政府和集体在提供资金方面有所作为，加大了财政补贴。其次，在参保对象和参保年龄上有所拓宽，做到了应保尽保。最后，"新农保"缴费渠道广、额度大，有较多的补贴，提高了农民的保障水平。但是，新农保在制度设计和实施过程中依旧存在如下问题。

1. 农民的缴费意愿

凡是涉及自愿参保的项目，比如说农村新型合作医疗、商业性农村养殖业、种植保险等，都面临着如何长期维持农民参保意愿的难题。农村社会养老保险也是如此。受传统观念的影响和生存环境的限制，农民更重视眼前利益。尤其是年轻人对长期性养老保险的兴趣和热情普遍很低，对新农保制度是否维持长期缴费意愿有很大不确定性，即使参保，中途退保的可能性也很大。同时，对于个人账户资金安全和保值增值的担心，对管理绩效、服务方式的评价，对新农保制度的信任等，都会严重影响农民的参保意愿。因此还需要有创新的机制，不断探索和积累经验，努力破解难题。

2. 资金筹集

新农保制度设计中的最大特点，是通过建立各项财政补贴机制，构建普惠式的农民养老金制度。这一共同筹资原则的确定正是吸取了旧农保农民负担过重、集体补助无法落实、政府扶持政策长期不到位的经验教训。在中央政府的强力推进下，中央财政补助资金到位不难，省级以下财政的补贴资金如无刚性约束，在制度运行后能否补助到位，贫困地区市县财政能否继续补贴，是否有财力继续补贴，具有相当大的不确定性。当前，很多地方的农村集体经济本身已无经营实体，村集体几乎没有收入来源，集体补助实施起来难度不小。同时，对于地方财政对新农保的补贴，东部沿海地区的财力比较好，执行起来没有问题。但是在中西部欠发达地区，财政收入本不宽裕，涉及上亿农民的财政补贴，地方财政就有可能会出现运转困难。因此，中央和地方财政投入的比例安排，发达地区与欠发达地区中央财政投入比例，都要通过试点工作的探索进行改进。

3. 基金的保值增值

我国社保基金有效管理和保值增值问题长期以来未能实现突破。对于强制性保险计划，参保人员无权选择。但对于自愿参保的新农保而言，基金的安全管理、有效营运、保值增值，就不能不是关键性约束条件。新农保个人账户资金的管理和运作依然按照旧农保的基金管理模式进行，缺乏创新，基金的保值增值难。随着新农保制度的扩大和推广，基金规模越来越大，如何系统地管理和运作是个难题。此外，个人账户中有地方财政补贴资金注入，使其资金保值增值风险责任复杂化。个人账户资金如果完全是参保者缴费，则基金的保值增值由政府运作，政府承担责任。当前个人账户资金既有个人缴费，也有政府补贴，政府是筹资者的一部分，则基金风险责任难以确定。

4. 制度的衔接

新农保制度在运行中不可避免会涉及与旧农保制度的衔接，与农民工养老保险的衔接，与农村低保制度的衔接，与农村计划生育家庭奖励扶助政策的衔接，在一些地方还涉及与城镇养老保险制度的衔接。在转化过程中涉及一系列如缴费标准、缴费费率、计算年限以及各制度模式不同等问题。如何实现有效衔接，是新农保制度运行中必须妥善解决的问题。既要努力实现对各类参保人员的经济保障，又要尽力减少管理漏洞，尽量避免出现管理真空，防止出现衔接不当引发不稳定因素。实现各项保障制度的有效衔接重在制度建设，技术支撑也是必要条件。新农保制度的有效衔接是实现其社会政策目标的重要条件。

5. 新农保管理制度

如何实现新农保制度的长期有效管理，这是难度最大的问题。尤其是农村人口众多，居住分散，流动性大，在新农保与其他制度相交织的条件下，其管理难度更不应低估。新农保制度的管理绩效，是制度运行的关键性约束条件，关系到新农保制度的成败。旧农保制度的失效，与管理缺位不无关联。因此，如果在乡村没有设立社保管理机构，或机构设置与人员配置不合理，将会严重影响新农保制度的实施效果及可持续发展。我国社会保障改革长期以来重政策、轻管理的被动局面必须根本扭转，基层管理制度的创新和再造，是新农保制度有效运行的前提条件，必须予以高度重视。同时，社保机构能力建设和人才培养也是新农保制度可持续发展的关键因素。

6. 一些细节方面的问题

新农保意见在细节上有许多值得商榷的地方。比如说《指导意见》

规定"中央确定的基础养老金标准为每人每月 55 元""地方政府应当对参保人缴费给予补贴，补贴标准不低于每人每月 30 元"。这些都是新农保制度最大的亮点，也是吸引农村居民参保的重要政策。但从提高农村居民的养老金待遇的角度看，这一政策不太具有吸引力，只能从心理、从感情上调动广大老百姓的参保积极性。再比如，新农保意见还规定，农村年满 60 岁的老人要想享受国家的普惠养老金，一般其符合参保条件的子女也应参保。如果老人有子女不愿意参加养老保险，老人就无法享受到普惠养老金。这样捆绑的结果，容易使农村年老的父母与子女产生矛盾，稀释新农保带来的好处。

四、农村最低社会保障制度

（一）政策背景

1992 年，山西省左权县开展了农村低保制度试点工作。1995 年 12 月，广西壮族自治区武鸣县颁布的《武鸣县农村最低生活保障线救济暂行办法》已有农村低保制度的雏形。1996 年底，民政部印发《关于加强农村社会保障体系建设的意见》，推动了农村低保制度的发展。2007 年 7 月，国务院颁发《关于在全国建立农村最低生活保障制度的通知》，农村低保制度全面实施。

（二）主要内容

《关于在全国建立农村最低生活保障制度的通知》规定了构建低保制度的目标，即稳定、持久、有效地解决全国农村贫困人口的温饱问题，并要求各地实行人民政府负责制，按属地管理，要从各地实际情况出发，确定合理的保障标准和保障对象，不断完善低保制度，并与其他制度相衔接。其主要内容有以下几个方面。

1. 保障对象与保障标准

低保对象是家庭年均纯收入低于当地最低生活保障标准的农村居民，主要是因病残、年老体弱、丧失劳动能力以及生存条件恶劣等原因造成生活常年困难的农村居民。低保标准由县级以上地方人民政府按照能够维持当地农村居民全年基本生活所必需的吃饭、穿衣、用水、用电等费用确定，并随物价和人民生活水平调整而调整。

2. 低保制度的管理

（1）申请、审核和审批。申请农村最低生活保障，一般由户主本人向户籍所在地的乡（镇）人民政府提出申请；村民委员会受乡（镇）人民政府委托，也可受理申请。受乡（镇）人民政府委托，在村党组织的领导下，村民委员会对申请人开展家庭经济状况调查、组织村民会议或村民代表会议民主评议后提出初步意见，报乡（镇）人民政府；乡（镇）人民政府审核后，报县级人民政府民政部门审批。乡（镇）人民政府和县级人民政府民政部门要核查申请人的家庭收入，了解其家庭财产状况、劳动力状况和实际生活水平，并结合村民民主评议，提出审核、审批意见。在核算申请人家庭收入时，申请人家庭按国家规定所获得的优待抚恤金、计划生育奖励与扶助金以及教育、见义勇为等方面的奖励性补助，一般不计入家庭收入，具体核算办法由地方人民政府确定。

（2）民主公示。村民委员会、乡（镇）人民政府以及县级人民政府民政部门要及时向社会公布有关信息，接受群众监督。公示的内容重点为：最低生活保障对象的申请情况和对最低生活保障对象的民主评议意见，审核、审批意见，实际补助水平等。对公示没有异议的，要按程序及时落实申请人的最低生活保障待遇；对公示有异议的，要进行调查核实，认真处理。

（3）资金发放。最低生活保障金原则上按照申请人家庭年人均纯收入与保障标准的差额发放，也可以在核查申请人家庭收入的基础上，按照其家庭的困难程度和类别，分档发放。要加快推行国库集中支付方式，通过代理金融机构直接、及时地将最低生活保障金支付到最低生活保障对象账户。

（4）动态管理。乡（镇）人民政府和县级人民政府民政部门要采取多种形式，定期或不定期调查了解农村困难群众的生活状况，及时将符合条件的困难群众纳入保障范围；并根据其家庭经济状况的变化，及时按程序办理停发、减发或增发最低生活保障金的手续。保障对象和补助水平变动情况都要及时向社会公示。

3. 资金的筹集与管理

农村最低生活保障资金的筹集以地方为主，地方各级人民政府要将农村最低生活保障资金列入财政预算，省级人民政府要加大投入。地方各级人民政府民政部门要根据保障对象人数等提出资金需求，经同级财政部门审核后列入预算。中央财政对财政困难地区给予适当补助。

地方各级人民政府及其相关部门要统筹考虑农村各项社会救助制度，合理安排农村最低生活保障资金，提高资金使用效益。同时，鼓励和引导社会力量为农村最低生活保障提供捐赠和资助。农村最低生活保障资金实行专项管理，专账核算、专款专用，严禁挤占挪用。

（三）农村最低生活保障制度的地方模式

农村最低生活保障制度在推广过程中，因地制宜，标准各异，形成了有特色的地方模式。主要有如下四种模式。

（1）上海模式。上海市为典型，包括浙江萧山、杭州、东阳和江苏无锡等地，是我国沿海经济发达地区经济实力和社会保障水平较高的个体体现，其特点是：①管理松散，没有专门文件或规章，无统一的保障线；②保障标准较高，以现金为主；③区自行制定保障标准，自行承担，自行操作；④低保工作属于扶贫工作体系。

（2）烟台模式。烟台为典型，包括青岛、威海等地，较适合农村经济发展较好的地区，其特点是：①市级政府确定保障线底线，各区（县）结合实际情况，可自行调节保障标准；②市、县（市）、乡（镇）、村四级分级分担保障资金；③低起步，逐步铺开保证面；④政府资金保障和集体实物保障相结合。

（3）长沙模式。湖南长沙为典型，包括宁乡县等地。基本属于发展中地区，其特点是：①县级政府确定保障线底线，各乡镇自行调节；②资金承担比例视各乡经济状况而定，超出底线部分县财政不予承担；③以实物保障为主，保障标准按当地人均年需口粮折算，缺乏科学性，但有较强的针对性。

（4）浙江模式。主要以浙江各市县为主，其特点是：①与城市居民一样享有最低的生活保障权；②资金来源完全由政府承担，主要来自县市两级，省级财政对有困难的县市区酌情补助；③管理程序科学规范；④救助方式灵活多样。

（四）农村低保制度存在的不足之处

经过几年来的努力，农村最低生活保障制度已经在全国范围内推行起来，使农村居民的基本生活得到了保障，从而对维护社会稳定、促进农村经济体制改革的深入起到了积极作用，取得了良好的社会效果。但是在制度的实施过程中，也存在不少问题，主要体现在如下几个方面。

（1）对农村低保的认识存在误区。目前很多人认为低保工作是党和政府的一项德政工程，可有可无，可多可少；还有些政府部门认为低保工作固然重要，但是由于经济发展落后，财政资金不足，所以爱莫能助；还有人认为同是弱势群体的农村居民与城市居民相比，前者至少还有土地作为赖以生存的保障，而城市三无人员、下岗工人等一旦失去工作就失去了经济来源。因此，城市低保工作更为迫切，从而忽视了农村低保工作。上述种种误区无疑都影响农村低保政策的顺利实施，损害农民的利益。

（2）农村低保对象界定上存在困难。不同于城镇居民，农村居民的收入有其自身的特点，使得在收入界定上存在一定困难。首先，收入难以货币化。由于农村居民收入中粮食等实物收入占相当比重，在价值换算过程中，存在较大的随意性。其次，收入的不稳定性。除了农作物收成的季节性和自然灾害的影响较大外，随着城市化进程的加快，外出务工人员增加也加大了收入的不稳定性。

（3）低保资金难以落实到位。资金问题是困扰我国农村居民最低生活保障工作开展的核心问题。尽管我国各地已普遍将低保资金列入财政预算，由各级财政统一负担，但由于缺乏相关的政策法规依据和约束手段，一些地方仍有部分资金难以落实，甚至出现保障金列而不支、列而少支的现象。主要有两个方面的原因：主观层面上，部分基层政府部门对农村低保工作的重要性认识不足，造成资金的挤占挪用。客观层面上，低保资金来源渠道单一，完全依靠财政投入。一些特别需要提供最低生活保障的地区或者贫困人口较多的地区，又往往是经济欠发达地区，财政收入更是十分有限。因此，在这些地区的实际工作中经常出现"僧多粥少"的局面，有些地方出现了以资金定保障人数的现象。事实上，越是经济条件不好的地方，农民的生活越贫困，开展低保工作的意义越重大。资金不足已严重影响了此项制度的推行，个别地方已出现滑坡现象。

（4）农村低保制度区域发展不平衡。从低保制度的建立和实施来看，存在着明显的区域发展不平衡状况。主要表现在两个方面：第一，我国低保制度的建立同经济发展状况一样，呈现出从东部经济发达地区和大城市向中西部落后地区辐射的趋势，即东部已经建立相对完善的低保制度，而西部则明显滞后，缺乏统一性。第二，农村低保的保障水平"东高西低"，在已经实施低保的地区，因经济发展水平不同而造成了保障水平的差异。

（5）农村低保工作缺乏法律保障和政策依据。尽管在 2007 年 7 月国务院颁布了《关于在全国建立农村最低生活保障制度的通知》（国发〔2007〕19 号），农村的最低生活保障较之过去有了长足的进步。一些经济发达的地区，农民的最低生活保障正在逐步走上规范化、制度化的轨道。但整体上仍然没有超越行政指导的范畴，没有从立法上来保障农民作为国家公民所应享有的受保障权利，使得我国农村最低生活保障工作长期处于无法可依的状态，落实起来难度较大。况且，农村最低生活保障制度建设是一项系统工程，还需要一系列的改革措施相配套，而相关的配套政策措施也相对滞后，没有落实到位。

（6）保障范围窄，保障标准低。开展低保工作的地方，确定的低保对象一般是无劳动能力、无生活来源及无抚养人的孤老残幼，以及因少劳力、低收入造成生活困难的家庭，因灾、病及残疾致贫的家庭，主要保障对象实际上就是农村绝对贫困人口，并没有覆盖到实际生活水平下降但未达到最低生活保障线的相对贫困人口。农村低保标准普遍较低，基本上是保证有饭吃、有衣穿、有柴烧的低水平生存条件。农村贫困人口的初级医疗、教育等问题根本就没有纳入低保的范畴予以考虑。同时，农村最低生活保障工作试点，从一开始就没有专门的机构和人员，保障对象、范围的确定，保障的方式，保障对象家庭收入的计算，保障金的发放、变更、筹集与管理，以及相关部门职责，没有明确的规定，缺乏相应的制度约束，以致工作的随意性大、操作不规范，应保不保、错保漏保的情况较多。

五、农村社会救助政策

我国农村社会救助制度的建立与发展开始于中华人民共和国成立初期。在计划经济时期，经过几十年的波折发展，我国基本上形成了比较完整的农村社会救助体系。这套体系的主要内容包括五保供养制度、特困户救济制度、临时救济制度、灾害救助制度、最低生活保障制度、农村医疗救助制度等。

我国五保制度始于20世纪50年代。1994年，国务院颁布了《农村五保供养工作条例》，2006年又颁布了新的《农村五保工作条例》。该条例的颁布，实现了农村"五保"从农民集体互助共济向财政供养为主的转变，"五保"供养制度成为真正意义上的社会保障制度。2003年，为了贯彻落实《中共中央、国务院关于进一步加强农村卫生工作的决定》文件精神，民政部、卫生部和财政部联合发布《关于实施农村医疗救助的意见》，拉开了农村医疗救助制度建设的序幕。2003年，针对全面铺开农村最低保障制度的困难，民政部下发了《关于进一步做好农村特困户救济工作的通知》，提出在不具备建立农村低保条件的中西部贫困地区，要按照国务院的精神建立农村特困户生活救助制度。随后，大多数尚未建立农村低保的贫困地区基本上都实施了农村特困户生活救助制度。2007年7月，国务院颁发了《关于在全国建立农村最低生活保障制度的通知》，农村低保制度全面实施。另外，为探索救灾管理机制，20世纪90年代初，民政部提出了救灾工作分级管理、救灾资金分级负担的理念，并于2006年1月出台了《国家自然灾害救助应急预案》，明确救灾工作的四级响应规程。

以上各项政策在不同时期、不同程度上都发挥了各自的功效，但是，由于各项政策出发点、目标、标准都有很大差别，并没有整合成为一个完整统一的社会救助政策，各项制度在面对贫困这一现状时既有重叠交叉也存在覆盖不全的问题，导致资源浪费，政策效果也不明显。

近年来，我国不断加强对困难群众的救助救济力度，在一定程度上改善了农村困难群众的基本生活。在救助体系逐步健全和救助工作日益完善的同时，我们也应清楚地看到，目前农村社会救助工作中还存在许多不足之处，农村社会救助体系建设任重而道远。

1. 社会救助政策存在交叉与冲突

由于社会救助政策的设计没有在宏观上把握全局，造成了政策的交叉与冲突。一是救助政策的交叉。如特困户与"五保户"政策之间存在交叉。两种政策的不同之处在于保障对象的甄别标准不同。特困户政策是对"不救不得活"的农民进行生活救助。"五保户"政策的对象是依照无法定抚养人、无劳动能力和无生活来源这三个条件界定的。而在现实生活中，存在着一部分农民既可以是特困户也可以是"五保户"。这样一来，造成农村社会救助政策的重复覆盖。二是救助政策的冲突。同为农村社会救助，保障水平的标准和资金来源却不同。特困户的保障目前由各地实行定期定量救济，救济水平只能保障最低生活。而"五保"供养的实际标准，则是不低于当地村民的一般生活水平。由于"五保"对象多是孤老残幼单独生活，各方面消费较高，所需要的供养费用较多。因此，"五保"对象的供养水平一般高于特困户。

2. 没有统一协调的政策、法律依据

由于农村社会救助尚不完善，社会保障尚未立法，更没有形成法律体系，农村社会救助工作无法可依、无章可循，致使农村社会救助资金管理缺乏约束。资金使用存在风险大、无法解决来源和使用专一性问题，因而出现过地方政府挪用该项资金，甚至经手扶贫救助资金的官员贪污救助款的情况。

3. 社会救助的实施结果出现不公

首先，由于简单地采取了平均施助的做法，没有考虑到救助对象家庭规模和家庭成员类型的不同而导致的需求差异，这就造成了救助不公，没有做到按需救助。其次，没有充分考虑贫困边缘人群的客观需求，各项社会救助过分集中瞄准贫困人群，使得贫困边缘人群与贫困人群得到的社会支持明显失衡。最后，还有人采取欺骗隐瞒的方式骗取社会救助，使得少数不该享受低保待遇的人享受了低保。以上种种情况不仅表明现行的社会救助在实施过程中没有完全达到预期的促进社会公正的目标，而且引发了一些社会成员对于现行社会救助制度的负面评价。

4. 农村社会救助的资金严重不足

资金短缺是制约农村社会救助工作开展的主要瓶颈，也是阻碍农村经济社会发展的重要因素。目前，由中央财政直接投入农村社会救助的资金主要有救灾资金、医疗救助资金、"五保"转移支付资金，由各级政府投入的有"五保户"供养资金、农村敬老院资金、特困户补助资金、农村低保资金、临时性救济金等。由于农业税取消和地方政府特别是贫困地区政府财力薄弱，地方政府的资金筹措能力和协调能力大为下降，农村社会救助资金缺口越来越大。而且往往是越贫困的地方贫困人口越多，救助需求越大，所需救助资金也越多，由此产生恶性循环，资金问题始终无法得到彻底解决。

5. 社会救助管理分散

我国农村社会救助的现状不仅是城乡分割，还有条块分割、多头管理、各自为政。不同内容的救助安排在相关部门，条块之间既无统一的管理机构，也无统一的管理办法，形成"多龙治水"的管理格局。由于这些部门所处地位和利益关系的不同，在社会救助资金的管理和决策上经常发生矛盾。此外，农业是自然风险与市场风险相互交织的弱势产业，我国农民的生产又是以户为单位，具有相当大的分散性，农民的生产和生活风险也在不断提高，这决定了农民对农村社会保障有着强烈的依赖性，并且农村经济市场化程度越高，这种依赖性就越大。农村社会救助在农民的生活风险来临时应该起到"安全网"的作用。

第五章　临沂市贫困地区脱贫致富的经验及启示①

2010 年 7 月 5 日至 7 月 12 日，"十二五"时期贫困地区脱贫致富问题研究课题组赴山东省临沂市就沂蒙山区脱贫致富的经验开展调研。课题组首先到临沂市，就临沂市区域经济发展、扶贫等问题与有关部门进行了座谈，随后深入到沂南县、蒙阴县、平邑县、费县和苍山县等地区，通过实地考察和部门座谈，获得了丰富的资料，对贫困地区脱贫致富的路径有了较深刻的认识，本章以调研县作为案例进行分析，以期为其他贫困地区脱贫致富提供建议参考。

一、临沂市扶贫开发的主要成效

过去的沂蒙山区，方圆数百里，山峦叠嶂，形成了无数道天然屏障，素有"四塞之崮，舟车不通，土货不出，外货不入"之说，经济社会发展严重滞后。中华人民共和国成立后，临沂人民响应党的号召，迎难而上，艰苦创业，国民经济和社会各项事业都有了很大发展，涌现出了历家寨、王家坊前、高架柳沟等享誉全国的先进典型，是 20 世纪 60 年代全国农业先进地区之一。但是由于自然和历史等多种原因，经济发展速度相对缓慢，到 1984 年底，沂水、沂南、蒙阴、平邑、费县、苍山、临沭 7 个县被国务院和山东省政府列为重点扶持的贫困县，是全国 18 个集中连片贫困地区之一。1985 年以来，在各级政府的大力支持下，经过连续多年的不懈努力，到 1995 年，沂蒙老区在全国 18 个集中连片扶贫地区中率先实现了整体脱贫，取得了一系列成效。

---

① 报告完成于 2010 年 9 月。

（一）农民收入实现较快增长，贫困人口大幅下降

改革开放以来，临沂市被国务院确定的 7 个国家级扶贫县，农民人均纯收入实现了较快的增长。如表 5-1 所示，1978—2009 年间，7 个县的农民人均纯收入从 82 元增长到 2009 年的 5805 元，年均增长 14.73%。2001 年，沂南、沂水、苍山、费县、平邑、蒙阴、临沭以及莒南陡山库区再次被山东省政府列入《山东省农村扶贫开发规划（2001—2010 年)》后，2001—2009 年间，扶贫开发重点县的农民人均纯收入保持了年均 11.69% 的增长速度，高于同期全国平均水平 1.47 个百分点。

2009 年，7 个县的贫困人口为 32.52 万人，贫困发生率为 4.74%，虽高于全国同期 3.8% 的平均水平，但远低于全国 592 个贫困县 11.9% 的贫困发生率。从纵向比较看，贫困人口下降的幅度非常快。例如，1984 年，蒙阴县贫困人口有 12 万人，2009 年减少到 2.5 万人；沂南县 1984 年贫困人口有 44.2 万人，2009 年下降到 4.96 万人。从 7 个县内部看，贫困发生率比较高的县，贫困人口大多数集中在偏远山区。

表 5-1 1984 年国务院确定的临沂市 7 个国家级贫困县的基本情况

名称	农民人均纯收入（元）			贫困状况	
	1978 年	2001 年	2009 年	2009 年贫困人口（万人）	贫困发生率（%）
沂南县	114	2406	5783	4.96	5.39
沂水县	110	2406	5803	7.48	5.75
苍山县	69	2387	5803	3.14	2.57
费县	54	2323	5796	5.44	5.33
平邑县	84	2396	5824	7.92	8.00
蒙阴县	76.3	2452	5824	2.5	3.97
临沭县	67	2413	5804	1.08	1.48

资料来源：各县提供的基本资料。

（二）农业基础设施有较大改善，发展条件逐步夯实

长期以来，临沂市贫困地区非常注重农业基础设施建设。早在 1957 年，毛泽东主席就为莒南县厉家寨开山辟岭、加强农田水利设施题过

词——"愚公移山，改造中国，厉家寨是一个好例"。2001年，被山东省列为扶贫开发重点扶持县后，7个县的农业基础条件得到较大改善。截至2008年，累计新增基本农田面积12.56万亩，新上各类水利项目9458处；开发治理小流域32个，治理土地面积32.87%万亩；新建及整修生产道路6204.2公里。通过加强以农田水利为重点的基础设施建设，进一步改善了农业生产基础条件，增强了抗御自然风险能力，促进了农业产业结构优化调整，为加快区域农业主导产业发展提供了保证。

（三）特色优势产业初步确立，发展后劲较为充足

一直以来，临沂市贫困地区都非常关注特色产业培育，先后发展速生林、苹果、桃、核桃、板栗、大枣、茶果等经济林47.52万亩，有机瓜菜面积60.15万亩。苍山、沂南成为远近闻名的"山东南菜园"，平邑的金银花，临沭的杞柳，费县的板栗，沂水、蒙阴的果品，临沭的茶叶，费县的核桃，蒙阴、平邑的长毛兔养殖，都各具特色、初具规模。1984年平邑县被确定为国家重点扶贫县，当地结合其山地土地贫瘠的具体情况，在地方镇九间棚村的山地种植金银花。调研时了解到，目前平邑县金银花的产量占全国60%以上。近年来，九间棚村又与中国科学院植物研究所合作设立博士后流动站，从事金银花良种的繁育和推广，成效明显。蒙阴县把长毛兔养殖作为农民脱贫致富的重点产业培育，现在已成为全国第一养兔大县，一条从良种培育到生产加工的产业链正在形成。特色优势产业的确立，不仅提高了产业竞争力，而且促进了农业增效、农民增收。

表5-2　1984年国务院确定的临沂市7个国家级贫困县特色产业的基本情况

名称	主导产业	备注
沂南县	黄瓜、西红柿、萝卜、白菜、豆角、辣椒等有机蔬菜；肉鸭、肉猪养殖；电动车、空心砖；旅游	山东省重要蔬菜生产基地县
沂水县	苹果、山楂、板栗、核桃、柿子、桃、杏、雪枣、大樱桃、生姜、中药材等；食品加工、制鞋、机械	沂蒙山区最大的销售集散地
苍山县	大蒜、牛蒡、大姜、黄瓜、辣椒、西红柿、茄子、冬瓜、西瓜、白菜、莴笋；铁矿采选、新能源、新型建材；商贸流通、旅游	鲁南、苏北最大的蔬菜集散中心和净菜加工配送中心

续表

名称	主导产业	备注
费县	核桃、板栗、山楂、黄梨、柿子、地瓜、西瓜、豆角、长茄、西红柿；木业家具、能源建材、医药化工	江北最大的板栗生产基地；全国核桃十强县
平邑县	土豆、大蒜、金银花、寿桃、果品罐头、长毛兔等；机械、化工、建材、食品、黄金	金银花产量占全国的 60% 以上
蒙阴县	蜜桃、苹果、板栗、中药材、长毛兔；纺织、酿造、机械、建材；商贸、旅游	中国蜜桃之都，全国第一养兔大县
临沭县	杞柳、有机葡萄、土豆、韭菜、花生、彩色薯；优质肥料、机械制造、钢管加工、新型建材、五金工具、节能灯具、生物制药；商贸、旅游	中国柳编之都，柳编制品出口额占全国的 25%；复合肥年生产能力占全国的 20%

资料来源：根据各县提供的资料整理。

（四）县域综合实力不断增强，发展基础日趋稳固

通过扶贫开发，7 个县的三次产业结构不断优化，经济发展呈现出新的活力与生机，培育了新的税收来源，增强了县乡财力。7 个县的地方财政收入和人均地方财政收入分别由 2001 年的 17.24 亿元、263.3 元增加到 2008 年的 32.88 亿元、328.8 元，各县的地区生产总值和人均地区生产总值都翻了一番，重点乡镇在各县的位次也都前移了 2 位以上。

二、临沂市贫困地区脱贫的主要做法

临沂市的贫困地区在脱贫的过程中，围绕为贫困人口提供生产和贸易的机会等目标，结合各地区自身的发展基础和条件，探索出许多好的做法。

（一）加强基础设施建设，改善生产生活条件

临沂市在促进贫困地区脱贫的过程中不断加强基础设施建设，改善道路、水利、农业设施等生产生活条件，为贫困地区发展奠定了重要的基础。

"七五"时期，临沂市经过深入调研、反复考察论证，编制了公路建

设长远规划和分期实施计划，确定了"统筹规划、合理布局、突出重点、先急后缓"的交通建设指导思想。按照这一思想，"八五"期间，实现了乡乡通油路。"九五"期间，开展高速公路、铁路、民航建设，初步构筑起了立体大交通格局。先后建成京沪、日东高速公路及沂蒙公路、沂河路等重点工程。这些重大交通干线的建设，加快了临沂市向南融入长三角地区、向北对接山东半岛城市群的步伐，使其能接受两大经济区的辐射。"十五"期间，基本实现村村通硬化路。截至 2009 年底，贫困地区行政村道路硬化率达到 97.4%。"十一五"期间，进行了绕城快速、绕城高速规划建设。交通条件的改善，为增强贫困地区的对外交流合作发挥了重要作用，为扩大贫困地区农特产品销售范围和促进贫困地区劳务输出创造了条件。

推动传统水利向现代水利转变是临沂市促进贫困地区发展的又一重要举措。截至 2009 年底，已完成贫困地区全部病险水库的除险加固工作；河道治理也基本完成，主要河道的调蓄能力得到完善；灌区建设稳步推进，有效灌溉面积大幅度提高。基本形成了具有防洪、除涝、灌溉、供水等综合效益的工程体系，为经济社会发展、改善民生提供了有力的支撑和保障。课题组在沂南县依汶镇脱贫致富的典型村——后峪子社区调研时了解到，该村先后投资 180 万元，建大型水利工程 5 处、蓄水池 10 个，埋设地下管道 6400 米，修筑防渗渠 4000 米，解决了山坡地的灌溉问题，随后，又依托有利的灌溉条件种植李子、核桃等特色农产品，实现了全村的整体脱贫。

近几年来，随着蔬菜种植面积的逐步扩大，7 个县又积极支持农业设施建设。课题组在沂南县苏村镇调研时了解到，该镇在扶贫开发的过程中，充分发挥扶持资金的"种子"作用，凡是建大棚种蔬菜的贫困户，每户给予 2000 元的补助，同时由政府出面协调信用社 1 万元以内的贷款。这一政策极大地激发了农民发展大棚的热情，直接带动农户投资 3000 多万元，实现了"扶贫资金投资 125 万元，带动投入 3000 万元，菜农增收 1 亿元"的目标。同时，各县进一步完善了资金报账制度，按照扶贫资金管理办法，按项目严格管理，杜绝了资金的乱支乱用。

（二）积极开展农民培训和劳务输出，不断提高农民收入

重视对农民的教育培训在临沂市有光荣的传统。早在 1955 年 12 月，毛泽东主席就为高家柳沟村题词"这个经验（青年团支部创办记工学习班）应当普遍推行"。1982 年 10 月 10 日，联合国教科文组织亚太地区五国代表到高家柳沟村考察，他们称赞："中国新一代农民找到了摆脱贫困的金钥匙。"该经验在曼谷全民教育大会上进行了介绍。进入 21 世纪以来，临沂市贫困地区结合国家"阳光工程""雨露计划"等惠民工程，实施建档立卡，加强对劳动力的培训，共组织 50.57 万人参加农民实用技术培训、劳动力转移培训，使有劳动能力的低收入户都至少有一人掌握了 1~2 门实用技术。2006—2009 年期间，全市共培训贫困劳动力 5270 人，转移劳动力 5000 人，使劳动力培训转移户当年实现脱贫。课题组在平邑县调研时了解到，目前，该县已建立起以职业技术培训中心为龙头，以民办职业培训学校、职教中心、农广校、农机驾校、乡镇农技站等职业培训机构为主阵地，以电焊、电工、车钳、保安、缝纫、蔬菜、水产、果树、畜牧、农机 10 大专业 18 个培训专题为主要内容的农民职业技能培训和农村实用技术培训体系。

农村富余劳动力的有效转移，已成为贫困人口增收的有效途径。近年来，临沂市的贫困地区在加强输出网络、劳务基地管理和服务等体系建设的基础上，把培育市场、发展劳务中介组织、实现社会输出作为推进劳务输出工作的着力点来抓，逐步建立起以县劳动保障局为龙头，乡镇劳动保障事务所为载体，社会劳务中介机构为补充的劳动力转移就业体系。课题组在费县调研时了解到，该县除了在县城建立人力资源服务大厅外，各个乡镇均建立了劳动保障所，各个行政村也设立了劳动保障协理员，保障农民就业服务的顺利开展。同时，该县积极与京津、长三角、珠三角、华北油田、青岛开展对外劳务合作，创立劳务品牌，不断提升就业质量。

除开展"订单式""定向式""蓄备式"培训转移外，还通过产业向外扩张有组织地输送劳动力。课题组在苍山县调研时了解到，目前，在长三角地区和珠三角地区，大到上海、广州、杭州等大城市，小到长江中下游地区的乡镇驻地，都有苍山人经营蔬菜，仅在上海市经营蔬菜的

苍山人就达 8 万人，年销蔬菜量占上海市蔬菜总量的 25% 以上。在南方大中城市形成了众多的"苍山蔬菜一条街"和"苍山蔬菜直销市场"。此外，流通大军还通过比较完善的市场网络，将全国各地的农副产品运往这些大中城市，满足城市各个季节、各个层次的消费需要，形成了苍山人独特的"买全国、卖全国"的流通格局。通过组织引导，全县 117 万人中就有 20 万农民脱离土地搞运销（其中上海 10 万人，江苏 3.5 万人，浙江 2 万人，广东 1 万人，福建 0.5 万人，其他省份 3 万人），形成了"16 万农民下江南，8 万农民占上海"的壮观景象。这种情况在其他县也都普遍存在。

（三）加强专业市场建设，提升农业产业化水平

临沂市的专业市场建设起步于 20 世纪 80 年代，截至 2009 年，市场对临沂市地区生产总值的贡献已达到 30% 以上，成为全市经济的重要支柱和特色产业。其中位于市区的临沂商城集中建有大型批发市场 99 处，经营人员达 15 万人，日上市商品 3 万多个品牌系列，围绕市场搞服务的达 30 万人，从事加工的达 100 万人。其中板材、化工、家电、建材、汽配等批发市场规模均居全国前列。成为苏、鲁、豫、皖地区最大的人流、物流、资金流和信息流中心，形成了"南有义乌、北有临沂"的商贸格局。目前，临沂市仅各类农产品市场就有 1010 处，年交易额过亿元的有 13 处。苍山县的鲁南、沂南县鲁中蔬菜批发市场年成交量均超过 20 亿斤，成交额在 20 亿元以上，跻身全国 50 家鲜活农副产品批发市场前十位。

专业市场的建设，带动了加工业、物流和仓储业的发展。目前，临沂市共有 3000 多家企业直接进驻批发市场销售自己的产品，销售额达到 50 多亿元。市内的建陶、五金、化工等行业就是由于批发市场的拉动，获得了长足发展。课题组在苍山县调研时了解到，截至 2009 年，全县拥有各类专业批发市场 28 处，建立蔬菜配送中心 230 家，年配送蔬菜 18 亿斤。全县蔬菜加工企业发展到 350 家，恒温库 280 多座，规模以上企业 160 家，其中省级龙头企业 6 家，市级 20 家，年加工贮藏能力达 60 万吨，形成了 FD 冻干、AD 烘干、速冻、保鲜、腌渍、油炸、调理食品七大系列上百个产品，产品销往全国 20 多个省份，并吞吐周边省市县的大

量蔬菜，成为鲁南、苏北最大的蔬菜集散中心和净菜加工配送中心。平邑县建立起以流峪、郑城两镇为中心的120多个金银花中药材市场，实行检验、质量追诉、责任追究等一系列市场准入制度，建成了占地273亩的中国金银花物流港，着力构筑完善的金银花销售体系。目前，全县以金银花为主的中药材流通大户发展到200多户，金银花年交易额达4亿多元，占全国交易量的70%。

农产品专业市场的发展，也带动了特色农产品基地建设。目前，临沂市培育发展各类特色农产品基地36个，带动76.5万农民发展生产，年增加收入15亿元。费县芍药山乡立足青石山区特点，发展核桃产业，到2008年，栽植面积达到8万亩，人均3.6万亩，人均林果收入3700元，全部进入盛果期后预计年可达1200万公斤，产值2.4亿元，人均收入超过1万元。沂水县泉庄乡扶贫开发三年间共开发荒山栽植林果3.1万亩，使全乡林果总面积达到6万亩，其中果品标准化面积达到4万亩。全乡果品总产量达到1.2亿公斤，产值达1.44亿元，人均林果收入为4500元，成为远近闻名的林果专业乡镇。平邑县依托山地丘陵发展金银花产业，截至2008年底，种植金银花40余万亩，年产500余万公斤，产值达3.27亿元，人均收入近3000元。

从某种意义上说，专业市场的建设，不仅为农民创造了更多的就业机会，而且延伸了产业链，提升了农业产业化水平，增加了农民收入。

（四）完善互助资金合作组织试点，提高扶贫资金使用效益

自2007年起，国家和山东省安排临沂市开展贫困村村民发展互助资金试点工作，临沂市委市政府高度重视，强化组织领导，严密组织实施，加强监管服务，试点工作进展顺利。截至2009年底，临沂市共成立互助资金合作组织144个（其中中央级16个、省级66个、市级62个），覆盖201个低收入村，有5.2万个农户自愿加入互助组织，占试点村总户数的65%。根据临沂市互助资金合作组织的章程，村民按1000元一个份额加入协会，其中，全额资助户由财政扶贫资金资助1000元；部分资助户由财政资助500～600元，会员出资400～500元；全额出资户由会员自愿出资入会资金1000元。一般情况下，每户每次借款3000元以下，特殊情况下最多不得超过5000元；借款期限一般为3～6个月，最多不得超过1

年；借款需 2 户以上会员进行担保，利率参考银行的标准制定。互助合作组织设有理事会和监事会，分别负责日常管理和内部监督。目前，全市互助资金总量为 5622.21 万元，已经有 36 个互助合作组织持续运转 1 年以上，已经借贷 7452 户（次），累计借款 3178.72 万元，资金周转 2.12 次。户均借款 4572 元，户均收益 2626 元，收益率为 57.4%，还款率为 100%，显现出旺盛的生命力。

课题组在蒙阴县调研时了解到，该县自 2008 年开展互助资金试点工作以来，在 10 个贫困村建立了国家级、市级试点，并分别成立了 9 个互助资金协会，其中国家级 5 个、市级 4 个。10 个贫困村共 2709 户，9 个互助资金协会吸纳会员 2087 户，其中全额资助户 225 户、部分资助户 1838 户、自愿全额出资户 24 户。部分资助户，由财政资助 600 元。9 个互助资金协会互助资金总额为 225.92 万元，其中国家财政扶贫互助资金注入 150 万元，会员出资 75.92 万元。2009 年度互助资金试点工作考评结果显示，该县省以上试点被评为全省优秀等次，市级试点位列全市并列第 4 名。截至 2009 年底，9 个互助资金协会累计发放借款 283.585 万元，资金周转率达 1.26 次；累计借款会员 578 户，累计按期还款会员 257 户，还款金额为 127.325 万元，按期还款率达 100%；借款会员获得收益 79.9 万元，户均收益 0.31 万元。9 个互助资金协会互助资金使用率高，资金周转快，发挥了较高的使用效益。在与会员的座谈中，大家普遍反映互助资金协会借款方便、快捷，手续简单，对互助资金协会的运行、管理和互助资金的使用效果很满意，会员满意率达 100%。2009 年，国家级 5 个协会分别对所有会员和协会管理、监事人员发放了会员补贴和误工补贴，会员补贴标准最高的为 33 元/户，最低的为 25 元/户，共发放 3.58 万元；理事会和监事会成员误工补贴共发放 2.01 万元，其中，有一个互助资金协会专做互助资金，本金 0.05 万元，其他转入 2010 年度借款使用费 0.2 万元。

三、临沂市脱贫致富的典型案例

山东省临沂市平邑县地方镇的九间棚村，位于龙顶山西南部海拔 640 米高的山上，四面悬崖，山高涧陡，自然环境恶劣，村民生活十分艰苦，曾是远近闻名的贫困村。1978 年时，该村粮食平均亩产仅 100 公斤。其村旧址为天然形成的奇特巨大的石棚，长 30 米，深 10 米，高 3 米，棚内原有石龙、石虎、石牛等自然景观。后一刘姓夫妇至此，穴居石棚，刀耕火种，繁衍子孙，砌石为墙分为九室，故名九间棚。1956 年，将九间棚、马家岭、平顶山、贾家棚 4 个自然村组建为九间棚行政村。1978 年，全村的经济总收入为 4.6 万元。1984 年至 1989 年的 6 年间，九间棚为彻底改变贫困落后的面貌，积极开展以架电、修路、整山、治水为主的基础设施建设。一个不足 200 人的小山村，6 年间投工项目 10 万多个，投资 23 万多元，搬动土石 2 万立方米，架设高压输电线路 8000 米，筑盘山公路 11.5 公里。同时，建成 1 座扬程达 102.5 米的窝龙泉扬水站，铺设石砌渠 4000 米，修筑输水管道 8000 米，建蓄水池 38 个，农作物灌溉实现了高山水利化。课题组在九间棚调研期间了解到，在两年内，该村拟投资 400 万元，再建设两座小型水库，以提高农作物有效灌溉保障率。1986—1989 年的 4 年间，结合农田水利设施的修建，该村在乱石山上整出林地 30 公顷，全部栽上果树，使人均达到 120 棵，是 1978 年人均 8 棵果树的 15 倍。1991 年，九间棚确立了"立足山上农林果，出山进城办企业"的新的发展思路，投资 2300 多万元，先后建立九间棚花岗岩石厂、工程机械配件厂、塑料厂、金银花茶厂等工农业发展项目，形成了"工业农业齐头并进，山上山下同步发展"的良好格局，从此开始了九间棚人的第一次创业。1996 年，为激活集体经济的经营管理体制和机制，九间棚开始实施改革。年初，村集体将村办企业经过公开竞标，拍卖给村民转换成私营企业；11 月，将山上零星果园重新收归集体，再按山上实有的户数，重新划分为基本均等的 37 份，公开竞标，承包到户，按年收取承包费，其中 15% 返还给各户。1999 年，九间棚村同北京顺义区九王庄村委会签订了 420 亩果园承包合同，建起了北京九间棚农业科技园，开启了九间棚村的第二次创业。2000 年 9 月，"九间棚农业科技园有限公司"在平邑县城正式揭牌，400 多亩的科技园基地也在本县保太镇落成。公司依托中国科学院、农科院、林科院等科研单位，重点抓平邑县的优势资源金银花的改良、繁育、示范、推广。很快，在中国科学院植物研究所的帮助下，"九丰一号"问世了。这个四倍体的新品种，根深、茎粗、叶厚、花大，亩产量提高了 1.5 倍，有效成分绿原酸含量提高了 30%。2004 年 12 月 5 日，山东省科技厅组织科技成果鉴定，专家们认为：这项研究达到金银花育种研究的国际领先水平。为推广新品种金银花，九间棚村的书记兼公司董事长刘嘉坤牵头成立了平邑县和临沂市两级金银花协会。2005 年 5 月 19 日，又在北京发起成立了中国经济林协会金银花专业委员会。目前，公司已发展成由北京、保太、五龙湖、平邑、地方、山西晋城、河北涞源 7 大园区组成的集农业科学研究、农业技术推广、农副产品生产加工于一体的综合性研发基地。科技园主要经营以金银花为主的中药材、以黄金犁为主的鲜果、以仁用杏为主的干果、以速生杨为主的绿化苗木和名贵花卉。在加快农业产业化发展的同时，九间棚村还依托生态农业基础好的优势发展旅游业，促进农业与旅游、农业与生态的融合。20 世纪 90 年代中后期，该村投资 60 万元建成面积达 5000 平方米的聚龙山庄旅游接待站 1 处，促使旅游业逐步发展起来。经过多年的开发建设，九间棚景区已形成一定规模，旅游人数逐年上升，仅 2009 年就接待游客 44 万人次，门票及食宿、交通、购物、娱乐等旅游总收入达 1300 万元，纳税额达 25 万元。课题组在调研中了解到，2009 年，九间棚村 70 户人家、236 口人，创造了 1.2 亿元的产值，实现利税 260 万元，解决了 500 多人的就业。农民人均纯收入达到 9200 元，是当地农民人均收入的两倍，建成了远近闻名的小康示范村。同年，被中央文明委评为"全国文明村"。为了让经济发展成果惠及村民，自 1995 年开始，九间棚村 60 岁以上的村民每年可享受 360 元的退休金，并由村集体出资为 55 岁以下的村民交纳养老保险金，60 岁后可每年从保险公司领取 600 元的养老金。

九间棚村脱贫致富的经历是临沂市贫困地区脱贫的缩影，课题组认为，促进贫困地区发展一是要加快劳动力的培训和转移，二是要提升特色优势产业和农业产业化水平。九间棚村的经验表明，在产业化发展过程中，要突出三个主要阶段，积极开展相关工作：第一阶段，搞好农田水利等基础设施建设，改善农业生产条件，提高农作物产量；第二阶段，引进优良品种，加强农民实用技术培训，提高农产品品质；第三阶段，依托特色优势产业和专业市场建设，创新农业产业化经营模式，提升产业化经营水平。

四、临沂市贫困地区脱贫的几点启示

临沂市沂蒙山区 7 个县的脱贫经历，可以为我国集中连片贫困地区发展提供如下几点启示。

（一）积极发展特色优势产业，提升农业产业化水平

临沂市7个县基本都形成了特色非常鲜明的产业，如沂南和苍山的有机蔬菜、费县的核桃、平邑的金银花、蒙阴的长毛兔、临沭的柳编等，并且这些产业在国内或区域内都占有重要地位。同时，不断加大政府补贴的力度，建立"专业市场＋基地＋农户""专业市场＋龙头企业＋基地＋农户""协会（或合作社）＋农户"等农业产业化模式，促进农业增效和农民增收。在此过程中，为保证贫困户和贫困人口能分享发展的成果，又通过互助资金合作组织，将贫困农户（或贫困人口）纳入农业产业化体系，增加贫困人口参与生产的机会，极大地降低了贫困人口的数量。课题组在沂南县马牧池村调研时了解到，该村的贫困人口主要是因灾返贫、因病返贫和丧失劳动能力致贫。课题组认为，发展特色优势产业，提升农业产业化水平，是贫困地区加快发展的关键。

（二）突出扶贫开发重点，针对贫困地区的特点采取差异化的政策措施

临沂市1.72万平方公里的土地上，平原、丘陵、山区各占三分之一。平原和丘陵地区，生产条件相对较好，脱贫相对容易。山顶村和库区村由于地处偏远、环境恶劣、资源贫瘠，属于限制开发区域，立足当地无法致富。为此，临沂市委市政府决定对47个山顶村和库区村实施特困村整体搬迁。帮助搬迁村进行旧村复垦造地，调整产业结构，拓宽致富门路，使搬迁村迅速改变了落后面貌。国内贫困地区的发展，要结合国务院颁布的《全国主体功能区规划》，选择适当的发展道路。对于生态脆弱的限制开发区域要保护优先，适度发展特色优势产业，引导超载人口有序转移。同时，国家通过加大财政转移支付的形式和建立生态补偿机制保障该地区基本的支出。对于资源富集地区，要创造条件，合理开发资源，支持贫困地区发展。对少数民族集中地区，关键还是要创新教育方式，提高少数民族人口的素质。对于西北干旱缺水地区，要在积极推广节水产业的基础上，妥善解决限制经济发展的水利建设问题。对于边境贫困地区，要采取切实有效的措施，进一步提升边境地区开发开放的水平。

（三）努力创造条件，促进贫困地区与发达地区的融合发展

临沂市贫困地区之所以能在18个集中连片地区中率先脱贫，一个重要原因是该地区主动采取"南融北接"战略，将其自身的发展融入长江三角洲地区和山东半岛城市群这两大经济区内，增加了贫困地区特色产品和劳动力参与交易的机会，提供了解决贫困问题的重要路径。调研中了解到，这两个地区是临沂市贫困地区绝大多数农产品的主要销售地和劳动力的主要输入地。因此，贫困地区的发展要主动与邻近的发达地区绑定在一起，以基础设施建设为先导，以商品和要素市场的一体化建设为突破口，促进贫困地区与发达地区的融合发展。建议各级政府在制定区域规划时，能够将二者统筹考虑，一体化规划，实现以富带贫，共同发展。

（四）完善反贫困政策体系，基本消除绝对贫困现象

针对因病返贫、因灾返贫和丧失劳动能力致贫的情况，临沂市积极开展农村大病医疗保险、农业政策性保险和农村养老保险试点（主要在平邑县）工作，目前，初步建立起了涵盖救灾救济、医疗保险、养老保险、"五保"制度和低保制度在内的比较完备的救济式扶贫政策体系，构建了社会安全网络的框架，基本消除了绝对贫困现象。而对于有劳动能力的贫困人口，则通过教育培训和劳动转移等方式，解决他们的温饱问题和自我发展能力，效果比较明显。贫困地区在解决贫困人口的问题上，可借鉴临沂市的经验，区分不同的情况，采取有针对的措施，对不同的贫困人口分别采取救济式扶贫和开发式扶贫。

第六章 贵州省贫困地区发展问题研究[①]

贵州省是我国西南省份比较典型的贫困地区。它一方面是我国少数民族聚集区，另一方面又是南方喀斯特地貌特征非常突出的地区。研究贵州省贫困地区的发展问题，对西南省份集中连片贫困地区的发展具有重要的借鉴意义。本章将在系统分析贵州省贫困地区现状的基础上，结合下一阶段贫困地区发展面临的新形势，提出加快贵州省贫困地区发展的基本思路。围绕这一基本思路，针对贵州省贫困地区发展中遇到的问题，本章最后从八大方面详细阐释了加快贵州省贫困地区发展的政策建议。

贵州省是我国西南地区少数民族聚集区，也是贫困人口相对集中的省份。2009 年，贵州省贫困人口达 555.3 万人，占全国贫困人口的 15.4%，居全国第一；贫困发生率为 16.5%，仅次于甘肃省的 21.3%，是全国扶贫开发和西部大开发的重点地区和难点地区。深入研究新形势下加快贵州省贫困地区发展的思路和政策措施，不仅对提升贵州整体经济实力有积极作用，而且对促进我国西南石漠化贫困地区发展也具有重要的借鉴意义。

一、贵州省贫困地区发展的现状和问题

贵州省的贫困地区，与国内其他贫困地区一样，都面临着生产生活条件恶劣、因灾致贫、因灾返贫及因病致贫等突出问题，除此之外，其还有一些比较特殊的现状问题。

（一）现状特点

贵州省贫困地区突出的特点表现在民族地区贫困问题突出、贫困地

---

① 报告完成于 2010 年 10 月。

区资源禀赋差异较大、贫困地区产业化发展初见成效和贫困地区跨省转移劳动力比重高四个方面。

1. 民族地区贫困问题突出。贵州是一个多民族的山区省份，全国 55 个少数民族中，贵州有 48 个，世居的少数民族有苗、布依、侗、彝、水、回、仡佬、壮、瑶、满、白、蒙古、羌和土家等 17 个，少数民族人口占全省总人口的 37.8%。全省共有 3 个民族自治州、11 个民族自治县、254 个民族乡，民族自治地方土地面积占全省总面积的 55.5%。据国家民委对少数民族地区的农村贫困监测结果分析和国家统计局对全国 31 个省（自治区、直辖市）6.8 万个农村住户的抽样调查数据，2008 年全国农民人均纯收入为 4761 元，贵州农民人均纯收入为 2797 元，相差 1964 元。从 2008 年贵州省各地州的农民人均纯收入看，也存在较大的差距，贵阳市农民人均纯收入为 4818 元，三个民族自治地区分别为 2450 元、2445 元、2826 元，与贵阳市乃至全国均有较大的差距；贵州省 50 个贫困县，就有 34 个在民族自治地方。从贫困发生率看，黔东南州在全省的贫困发生率最高，2009 年达到 21%，黔西南州和黔南州的贫困发生率也高于全省平均水平。从贫困发生的县市覆盖面看，黔西南州下辖 1 市 7 县，除兴义市外，其余都是国家级贫困县；黔东南州下辖 1 市 15 县，除凯里市和镇远县外，其余都是国家级贫困县；黔南州下辖 2 市 10 县中有 6 个县是国家级贫困县。三个民族自治地区贫困人口占全省贫困人口的 34.47%。从贫困人口分布看，据贵州省扶贫办相关人员介绍，在全省贫困人口中，少数民族所占比例约为 70%。贫困问题与少数民族地区的发展问题相互交织。

表 6-1　　　　　　2009 年贵州省贫困发生率的基本情况

地区	贫困县	农村贫困人口（万人）	贫困发生率（%）
六盘水市	盘县、六枝特区、水城县	46.03	18.7
遵义市	正安县、习水县、道真县、务川县	69.78	10.9
铜仁地区	石阡县、德江县、印江县、沿河县、松桃县、江口县、思南县	68.58	18.9
毕节地区	大方县、织金县、赫章县、纳雍县、威宁县	125.28	18.9
安顺市	普定县、紫云县、关岭县、镇宁县	38.11	16.3

地区	贫困县	农村贫困人口 （万人）	贫困发生率 （%）
黔西南州	望谟县、晴隆县、兴仁县、普安县、册亨县、贞丰县、安龙县	49.22	16.9
黔东南州	从江县、施秉县、麻江县、台江县、天柱县、黄平县、榕江县、剑河县、三穗县、雷山县、黎平县、岑巩县、丹寨县、锦屏县	82.55	21.0
黔南州	荔波县、三都县、长顺县、独山县、罗甸县、平塘县	59.63	17.2
贵州省	50 个国家级贫困县	555.30	16.5

资料来源：《贵州省统计年鉴 2009》。

2. 贫困地区资源禀赋差异较大。根据"十一五"以工代赈扶贫规划所进行的研究，按照区域连片以及地形地貌、生态环境、经济发展水平与结构、扶贫开发方向等的相对一致性，可将贵州省贫困地区分为 7 个贫困区，其中 5 个一类贫困区（具体包括：西部中强度石漠化一类贫困区，威宁—赫章高原潜在、轻度石漠化一类贫困区，黔西南中强度石漠化一类贫困区，黔南轻度、中度石漠化一类贫困区，黔东少数民族良好生态一类贫困区）、1 个二类贫困区（黔北潜在、轻度石漠化二类贫困区）和 1 个三类贫困区（黔中轻度、中度石漠化三类贫困区），共涵盖全省有扶贫开发任务的 82 个县（区、市）。在这 7 个集中连片的贫困地区中，西部中强度石漠化一类贫困区和黔西南中强度石漠化一类贫困区，煤炭资源相对丰富，具有发展潜力；黔东少数民族良好生态一类贫困区，生态环境好，具备发展文化旅游业和特色农业的潜力；威宁—赫章高原潜在、轻度石漠化一类贫困区和黔南轻度、中度石漠化一类贫困区，生态脆弱，可供大规模开发的资源缺乏，发展潜力非常有限；黔北潜在、轻度石漠化二类贫困区，农业生产条件好，特色优势农业发展潜力大；黔中轻度、中度石漠化三类贫困区，经济较为发达，是贵州省工业化、城镇化重点发展地区（具体内容见表 6-2）。因此，要根据资源禀赋的差异，确定不同地区的发展方向及政策重点。

表6–2　　　　　贵州省7个集中连片贫困地区的基本情况

名　称	主要特点	包含的国家级贫困县
西部中强度石漠化一类贫困区	该区是省内高海拔地区，常年气温偏低；人口密度大，土地利用强度高；交通基础设施落后，生产生活条件较差；生态环境脆弱，水土流失严重；地处乌江源头，生态地位重要；贫困人口多，贫困面广，贫困程度深。该区是国家"开发扶贫、生态建设"试验区的主体，以煤炭为主的自然资源禀赋十分优越，是贵州省乃至西部地区"西电东送"的主战场，经济实力增长较快，具备一定的扶贫开发实力。	毕节地区3个县：大方县、织金县、纳雍县； 六盘水市3个县：盘县、六枝特区、水城县； 安顺市3个县：普定县、关岭县、镇宁县
威宁—赫章高原潜在、轻度石漠化一类贫困区	该区是全球湿地保护计划的重要组成部分，是贵州省生物多样性的代表，以湿地保护为主的生态建设与保护是该区可持续发展的主题。该区基础设施建设滞后，农民生产生活条件较差，人多地少、生态脆弱、贫困人口多、贫困程度深是其贫困的主要特征。	毕节地区2个县：威宁县、赫章县
黔西南中强度石漠化一类贫困区	该区有丰富的亚热带气候资源和煤炭资源，有处于全国领先地位的喀斯特石漠化治理模式和经验。该区既有"西电东送"带来的经济腾飞的机遇，也面临生态形势严峻的忧患，资源开发与环境保护的矛盾尖锐。	黔西南州6个县：晴隆县、兴仁县、普安县、册亨县、贞丰县、安龙县
黔南轻度、中度石漠化一类贫困区	该区交通、农田水利等基础设施薄弱，农民生产生活条件较差，是贵州省麻山、瑶山贫困人口集中区域的主要组成部分，可供大规模开发并形成经济优势的自然资源缺乏。	黔南州6个县：荔波县、三都县、长顺县、独山县、罗甸县、平塘县； 黔西南1个县：望谟县； 安顺市1个县：紫云县

续表

名　　称	主要特点	包含的国家级贫困县
黔东少数民族良好生态一类贫困区	该区生态环境良好，林业资源丰富，是我国南方林区的核心区；以少数民族风情和生态景观为主的旅游资源十分丰富；农业生产条件较好，具有立体农业开发和农、林、牧、渔综合发展的良好条件；交通等基础设施条件差，是影响该区域脱贫致富进程的一个"瓶颈"制约因素。	黔东南州11个县：从江县、施秉县、天柱县、榕江县、剑河县、三穗县、雷山县、黎平县、岑巩县、丹寨县、锦屏县
黔北潜在、轻度石漠化二类贫困区	该区生态环境良好，农业生产条件优越，是贵州省传统的粮食主产区，精耕细作的农耕传统历史悠久；农村基础设施较好，公路通达率高；农村人口素质相对较高；农业产业化经营、特色农业发展（如竹子、辣椒等）已取得一定进展。	遵义市4个县：正安县、习水县、道真县、务川县；铜仁地区7个县：石阡县、德江县、印江县、沿河县、松桃县、江口县、思南县
黔中轻度、中度石漠化三类贫困区	该区是贵阳经济圈的核心，城镇化水平高，经济较为发达，是泛珠江三角洲和南昆经济带的重要组成部分，是贵州省重要的交通枢纽及磷、铝、煤和高科技电子信息的生产基地。	黔东南州2个县：麻江县、台江县

　　3. 贫困地区产业化发展初见成效。一直以来，贵州省贫困地区都非常关注种草养羊、油茶、中药、蔬菜等特色产业培育，初步形成了以大娄山、苗岭、乌蒙山、武陵山为主的蔬菜产业带，以黔北地区的遵义市为主的茶叶产业带，以毕节地区为主的马铃薯产业带，以赫章为主的"百里核桃长廊"，以施秉县为中心的中药材种苗快繁中心和以高原地区为主的生态畜牧业。一批主导产品突出、经营规模适度、经济效益显著的产业大县脱颖而出，湄潭茶叶、从江椪柑、施秉中药材、绥阳辣椒、贞丰花椒等都在着力铸就品牌优势。适用于不同海拔高度的产业发展模式，如"晴隆模式""者楼模式""坪上模式"和"顶坛模式"在全省及全国范围内开始推广。根据贵州省"十二五"国民经济社会发展规划，特色优势产业的基地规模将进一步扩张，这无疑将加快贫困地区产业化发展。

表 6 – 3　　　　　　　　　　贵州省特色优势产业分布

产业名称	主要特色	"十二五"规划规模
蔬菜	形成大娄山、苗岭、乌蒙山、武陵山产业带	1500 万亩
茶叶	黔北地区的遵义市	500 万亩
马铃薯	形成毕节地区马铃薯产业带	1100 万亩
干鲜果	赫章已初步形成"百里核桃长廊"； 从江椪柑号称贵州水果第一品牌	1000 万亩
中药材	施秉县已建成全省最大的中药材种苗快繁中心	300 万亩
花卉	主要分布在贵阳及周边地区	50 万 ~ 100 万亩
生态畜牧业	确定 33 个草地生态畜牧业产业化科技扶贫示范县	—

专栏 6–1　贵州省特色优势产业发展模式

"晴隆模式"是在高海拔喀斯特地区发展种草养畜，因发源于晴隆县而得名。2001 年起，晴隆县在各级扶贫部门的支持下，实施种草养畜项目，产生较好经济、社会效益，并有效治理了生态环境。"晴隆模式"已在全省、全国推广。

"者楼模式"是在册亨县者楼镇低热河谷地区规模发展早熟蔬菜。目前，全县种植规模达到 4.2 万亩，并形成了以者楼河流域为重点的优质蔬菜基地，带动全县 2 万余菜农走向了致富路。

"坪上模式"是在中海拔地区种植大面积金银花，源于贞丰县珉谷镇坪上村。坪上村石漠化非常严重，从 20 世纪 90 年代中期以来种植金银花，目前已发展上万亩，不仅加快了农民脱贫致富的步伐，还有效治理了水土流失现象。

"顶坛模式"是在低海拔喀斯特地区的贞丰县顶坛片区种植花椒。顶坛片区是贵州有名的高温岩山地区，石漠化极为严重，现在，成片的石头已被一片片花椒林覆盖。如今，"顶坛模式"已在全国低海拔石漠化地区推广，仅黔西南州，花椒种植面积就达 14 万亩，每年农民可收入 6000 多万元。

4. 贫困地区跨省转移劳动力比重高。近几年来，在贵州省及贵州省贫困县，劳动力转移都呈下降趋势。2005 年，贵州省向其他地区输出劳动力 250153 人，2009 年下降到 156570 人，下降了 37.41%，其中向省外输出劳动力的数量也由 2005 年的 152844 人降到 2009 年的 96284 人，下降了 37.00%。50 个国家级贫困县 2005 年向其他地区输出劳动力 157073 人，2009 年下降到 114618 人，下降了 27.03%，其中向省外输出劳动力的数量由 2005 年的 105379 人下降到 2009 年的 77667 人，下降了 26.29%。贫困县向外输出劳动力的降幅低于全省平均水平，表明贫困县依然是向外输出劳动力的主体。

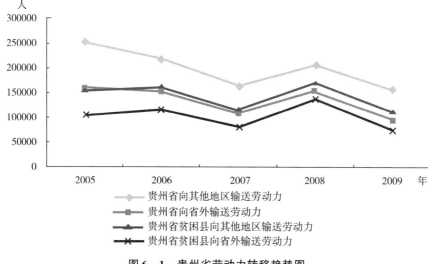

图 6-1 贵州省劳动力转移趋势图

从劳动力转移的地域看，跨省转移是贫困县劳动力输出的主要方式。2003 年以来，贫困县跨省转移劳动力占贫困县劳动力转移的比重基本维持在 70% 左右，最高的 2008 年达到 81.72%，最低的 2005 年也有 67.09%，2009 年达到 67.76%。从横向比较看，2003 年以来，除 2004 年外，贫困县跨省转移劳动力占贫困县劳动力转移的比重都高于贵州省跨省转移劳动力的比例，也远高于全国平均水平。根据国家统计局 2005 年全国人口抽样调查，当年全国流动人口为 1.47 亿人，其中跨省流动人口占全部流动人口的 32.5%，比贵州省当年平均水平低 31.6 个百分点，比贵州省贫困县 2005 年平均水平低 34.59 个百分点。这表明劳动力跨省流动是贵州省及贵州省贫困县非常突出的特点。

表 6 - 4　　贵州省及其 50 个国家级贫困县劳动力转移的基本情况　　单位:%

年份	贫困县人口占贵州省人口的比重	贫困县转移劳动力占全省转移劳动力的比重	贫困县跨省转移劳动力占全省跨省转移的比重	贵州省跨省转移劳动力占全省劳动力转移的比重	贫困县跨省转移劳动力占贫困县劳动力转移的比重
2003	—	66.76	68.34	69.72	71.37
2004	—	68.19	67.11	73.73	72.57
2005	—	62.79	65.72	64.10	67.09
2006	—	73.78	76.45	70.16	72.70
2007	—	70.30	75.10	67.01	71.58
2008	54.38	83.09	91.23	74.03	81.27
2009	49.65	73.21	80.66	61.05	67.76

资料来源: 根据《贵州省统计年鉴》整理。

(二) 主要问题

尽管贵州省的扶贫开发取得了很大成就,也形成了自身的特点,但贫困地区发展的任务依然很重。特别是在贫困问题和民族问题交织在一起的时候,更需要引起高度关注。只有正确认识这些问题,才能更准确地把握形势。

1. 贫困面大、贫困程度深。贵州省位于中国西南部喀斯特地貌的腹心区域,全省辖 4 个地级市、3 个自治州、2 个地区,共有 88 个县 (市、区、特区)。总面积为 17.6 万平方公里,总人口为 3900 多万人,其中农业人口占 82.5%。贵州省是全国唯一没有平原支撑的内陆山区农业省,山地和丘陵占全省面积的 92.5%,其中喀斯特出露面积占 71%。由于自然、历史、经济、社会等多方面的原因,贵州省贫困面大、贫困程度深,全省 88 个县 (市、区、特区) 中,有扶贫开发任务的有 83 个,其中国家扶贫工作重点县 50 个,全省 1444 个乡镇中,重点贫困乡镇 934 个,占乡镇总数的 64.5%,其中最贫困的一类乡镇有 100 个;重点贫困村 13973 个,占全省行政村总数的 54.3%,其中最贫困的一类村 5486 个。

2. 经济发展基础薄弱。贵州省贫困地区经济发展基础薄弱突出表现在"四低一小一少",即人均地区生产总值低、产业结构层次低、人口总体素质低、基础设施水平低、中心城市规模小和耕地资源少。

从人均地区生产总值看,2009年,全国人均地区生产总值为25575元/人,贵州省人均地区生产总值为10258元/人,仅为全国平均水平的40.11%。在有扶贫开发任务的3市2区3州中,人均地区生产总值最高的六盘水市仅14452元/人,最低的黔东南州为6705元/人,为全国平均水平的26.22%。

从产业结构看,2009年,全国第一产业占GDP的比重为10.6%,贵州省平均水平为14.2%,比全国平均水平高3.6个百分点。在有扶贫开发任务的3市2区3州中,除六盘水市外,其他地区第一产业占地区生产总值的比重都超过15%,最高的达到32.8%。表明贫困地区依然是典型的农业社会。

表6-5　　　　　　　　贵州省地州市的经济基本情况统计

地市	产业结构	人均地区生产总值（元/人）
贵阳市	5.2：40.7：54.1	24585
六盘水市	6.1：60.6：33.3	14452
遵义市	15.8：40.0：44.2	11322
安顺市	18.5：35.3：46.2	7630
铜仁地区	32.8：26.0：41.2	6748
黔西南州	18.1：37.0：44.9	9011
毕节地区	22.0：41.3：36.7	7111
黔东南州	24.2：30.3：45.5	6705
黔南州	20.5：38.7：40.8	7944
贵州省平均水平	14.2：37.9：47.9	10258
全国平均水平	10.6：46.8：42.6	25575

资料来源:《贵州省统计年鉴(2010)》。

从人口素质看,每十万人中,拥有大学教育程度的人口,贵州省仅比西藏高,在全国31个省份(香港、澳门除外)中列第30位;15岁及15岁以上不识字或识字很少的文盲人口,贵州仅比宁夏和云南高,在全国31个省份(香港、澳门除外)中列第29位。

从基础设施建设看,由于全省的贫困乡村和贫困人口主要分布在石山区、深山区、边远山区、高寒地区、地方病多发区和少数民族聚居区，自然条件恶劣，基础设施和社会事业发展滞后，吃水难、灌溉难、行路难、上学难、就医难、用电难、通信难等问题十分突出，还有相当多的贫困人口住茅草房、危房。以饮用水安全为例，贵州省7个集中连片贫困地区饮水困难的人口有1210.4万人，占全部人口的32.07%。

表6－6　　　贵州省7个集中连片贫困地区生产生活基本情况

名　称	总人口（万人）	饮水困难人口（万人）	不通路的村庄比例
西部中强度石漠化一类贫困区	848.85	261.8	—
威宁—赫章高原潜在、轻度石漠化一类贫困区	177.87	44	26%
黔西南中强度石漠化一类贫困区	286.27	93.4	—
黔南轻度、中度石漠化一类贫困区	312.62	101.19	23%的村不通汽车
黔东少数民族良好生态一类贫困区	335.42	120.57	—
黔北潜在、轻度石漠化二类贫困区	917.69	335.71	—
黔中轻度、中度石漠化三类贫困区	895.83	253.73	—

资料来源：根据《贵州省"做好扶贫开发工作促进贫困地区加快发展"主题调研报告》整理。

从中心城市的发展看，贵州省的贵阳市、六盘水市、遵义市和安顺市，除贵阳市和六盘水市外，其他城市市辖区人口、地区生产总值、工业总产值和地方财政收入占全市的比重都偏低，表明城市的带动能力还非常弱。

表6－7　　　贵州省4城市市辖区占全市经济总量的比重　　　　单位:%

城市名称	市辖区人口占全市的比重	市辖区地区生产总值占全市的比重	市辖区工业总产值占全市的比重	市辖区地方财政收入占全市的比重
贵阳市	59.50	78.67	59.34	71.43
六盘水市	15.74	37.79	87.31	51.13
遵义市	11.32	35.80	44.08	34.78
安顺市	31.09	41.19	20.33	28.80

资料来源：根据《中国城市统计年鉴（2008）》整理。

从耕地资源看，现有耕地少、质量差，后备耕地资源缺乏，非耕地资源开发利用不充分，中低产田占80%以上，农村人均耕地不足0.8亩，人均有效灌溉面积只有0.5亩，仅为全国平均水平的1/3左右。农村以传统的手工劳动和畜力耕作为主，农业生产机械化作业程度非常低，平均每亩耕地的农机动力、粮食产量、油料产量、农业增加值均远低于全国平均水平。由于资源不足，农业生产规模小，特色农业难以形成优势产业，依靠现有资源壮大农业的潜力有限。

3. 经济发展与生态环境保护的矛盾突出。贵州地处长江和珠江的上游，土地总面积为17.62万平方公里，其中，长江流域占65.7%，珠江流域占34.3%；是喀斯特面积分布最广、水土流失最严重、生态环境最为脆弱的西部省份之一。境内山高坡陡、沟壑纵横、喀斯特发育强烈、降雨年内分配不均且多暴雨，加上人为不合理的开发活动，水土流失十分严重。水土流失的特点主要表现为：坡耕地流失面积大、分布范围广、土壤侵蚀潜在危险程度高。全省水土流失面积达73179 km^2，占国土面积的41.54%，其中轻度流失面积为41415.3 km^2，占水土流失总面积的56.5%；中度流失22424.4 km^2，占30.7%；强度流失8016.9 km^2，占11%；极强度流失1322.4 km^2，占1.8%。贵州全省喀斯特面积为10.91万平方公里，占全省土地面积的61.9%，居全国之首。全省95%的县有喀斯特地形分布。全省石漠化在分布上，具有南部重、北部轻、西部重、东部轻的特点，程度较重的县（市）主要集中在黔西南州、六盘水市、安顺市和黔南州、毕节地区的部分区域。以县级行政单元分，石漠化面积占国土面积40%以上的有9个县，小于10%的17个县，其余均在10%~40%之间。在贵州50个国家扶贫工作重点县中，石漠化面积占国土面积20%以上的有30个县，而且凡是石漠化严重的地方，都是贵州最为贫困的地方。而这些地区大部分是少数民族聚居区。《全国主体功能区规划》已明确将桂黔滇喀斯特石漠化防治生态功能区列为限制开发区，要保护和修复生态环境。但在实践中，有些地区为摆脱贫困落后的局面，加大了资源的开发力度，加剧了生态环境压力。通过自身努力摆脱贫困与加强生态环境保护之间的矛盾非常突出。

4. 地方财政支撑能力不足。贵州省经济发展相对落后，财政入不敷出的问题比较明显。2001年以来，贵州省财政支出与财政收入的缺口越来越大。2001年，贵州省财政支出为2752000万元，财政收入仅1770400

万元，财政支出比财政收入多981600万元，财政支出为财政收入的1.55倍，到2009年，贵州省财政支出为13722700万元，比财政收入7795900万元多5926800万元，财政支出为财政收入的1.76倍。50个国家级贫困县2001年财政支出为638452万元，财政收入为190309万元，财政支出比财政收入多448143万元，财政支出是财政收入的3.35倍。到2009年，财政支出增长到4342262万元，而财政收入仅增加到835885万元，财政支出比财政收入多3506377万元，财政支出是财政收入的5.19倍。入不敷出的局面使得贵州省及贵州省贫困县很难有财力支持地方经济发展。因此，必须加大中央财政的支持力度。

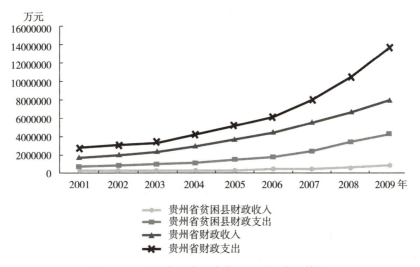

图6-2　贵州省及贵州省贫困县财政收支情况

二、贵州省贫困地区发展面临的新形势

随着科学发展观与构建和谐社会的全面贯彻落实，改善民生成为社会各界高度关注的议题，各项惠民工程也逐步开展起来。为实现2020年全面建设小康社会的目标，"十二五"时期，国家将以实现基本公共服务均等化为突破口，深化社会领域改革，使经济发展的成果惠及全体人民，并努力促进区域协调发展，这些都构成了贵州省贫困地区发展面临的新形势。

(一) 农村基本公共服务体系加快推进发挥了救济式扶贫的作用

进入 21 世纪以来,在以人为本理念的指导下,国家出台了一系列包括建立农村最低生活保障、农村医疗保险、医疗救助和农村养老保险等惠民利民政策。贵州省积极响应中央号召,近年来,不断加大投入、提高标准、扩大范围,全省农村低保资金投入从 2007 年的 6.57 亿元增加到 2010 年的 39 亿元,保障标准从 742.5 元提高到 1186 元,保障对象从 256.7 万人增加到 534.65 万人,年平均补助水平从 349.2 元提高到 533.24 元。不论是保障标准,还是保障对象数量,都与贫困县标准和贫困人口数量基本相同。2009 年,贵州省共有 2912 万农民参加新农合,参合率达 94.25%,有 66 个县实行门诊统筹,1130 万人获门诊补偿,补偿金额总计 2.38 亿元。同时,贵州已全面建立城乡医疗救助制度,加大对困难群体的救助力度,仅 2008 年就有 2.13 万困难群众得到救助。自全国 2009 年启动新型农村社会养老保险试点以来,贵州全省实施新农保的县达到 27 个,覆盖面为 30%,超出全国平均水平 7 个百分点。据统计,截至 2010 年 11 月底,贵州首批试点的 11 个县参保人数已达到 160 万人,参保率近 80%,其中 60 岁以上领取养老金人数为 46.8 万人,参保率为 95.45%。加上贵阳市自费试点县,贵州参保人数总计已达 191.09 万人。此外,农村教育"一费制"和"两免一减"等都极大地减轻了农民的负担,提高了农民的收入。尽管这些政策是针对广大农民,而不是专门面向贫困地区的贫困人口,但它们已经开始为贫困人口构筑了一道保护网,使贫困人口从中受益。

"十二五"期间,贵州省将在"十五""十一五"农村社会保障建设已取得成效的基础上,坚持惠民、富民的方针,以促进基本公共服务均等化为导向,以缩小城乡社会保障体系标准的差距为突破点,着力保障和改善民生,积极推动社会发展工作,让全体人民都能够分享改革发展的成果。在最低生活保障方面,将不断提高保障标准和覆盖面,保障低保户最低生活标准;在农村医疗保险方面,将逐步增加给付水平,大幅度降低农民个人医疗花销负担,减少农民"因病致贫""因病返贫"的可能性;在医疗救助方面,除了继续资助农村"五保"、农村低保、农村重点优抚对象参加新型农村医疗合作外,也将适当提高特殊病种医疗费的补助标准；在农村养老保险方面，将以提升覆盖面为重点，让该制度尽可能多地惠及农村适龄居民。以此为基础，初步建立涵盖开发式扶贫、救灾救济、医疗保险、养老保险、"五保"制度和低保制度在内的比较完备的反贫困政策体系。其中，开发式扶贫政策着重解决贫困地区和贫困人口的温饱问题、脱离贫困和自我发展能力问题。而其他反贫困制度重点解决因病致贫、因病返贫、因灾致贫、丧失劳动能力等特困人口的最低生活保障问题。

(二) 新农村建设不断深化使得"三农"问题有所缓解

为全面贯彻落实科学发展观，促进城乡协调发展，保证占人口大多数的农民在参与发展进程的同时共享发展成果，国家在 2005 年党的十六届五中全会上提出要按照"生产发展、生活宽裕、乡风文明、村容整洁、管理民主"的要求，扎实推进社会主义新农村建设。新农村建设的"二十字"蓝图，重点明确，内涵丰富："生产发展"，是新农村建设的中心环节，是实现其他目标的物质基础；"生活宽裕"，是新农村建设的目的，也是衡量新农村建设工作的基本尺度；"乡风文明"，是农民素质的反映，体现农村精神文明建设的要求；"村容整洁"，是展现农村新貌的窗口，是实现人与环境和谐发展的必然要求；"管理民主"，是新农村建设的政治保证，显示了对农民群众政治权利的尊重和维护。2006 年，中央又以一号文件的形式，出台了《中共中央　国务院关于推进社会主义新农村建设的若干意见》。随后，国家陆续采取了一些重大政策措施支持农村的发展，并已取得较大成效。受惠于这些政策，贵州省新农村建设也取得了显著效果。农民人均纯收入从 2005 年末的 1877 元增加到 2010 年的 3400 元左右，50 个国家扶贫工作重点县农民人均收入从 2005 年末的 1641 元增加到 2010 年的 2698 元。农村道路、电网、饮水设施、沼气等基础设施建设有明显变化。从道路建设看，村村通目标基本实现。从电网建设看，贵州农村基本都在电网覆盖范围内，大电网的电可以直接进入农户。从安全饮水设施看，"十一五"期间贵州省农村饮水安全工作得到了高效、快速的发展，解决了 1060 万人的饮用水安全问题。2011 年贵州省将新增解决 300 万农村人口的饮水安全问题，并力争在"十二五"期间，到 2014 年基本解决农村饮水安全问题。从农村清洁能源发展看，

"十一五"期间，贵州省每年建成农村沼气池 20 万口。此外，农村义务教育、公共卫生、文化事业、社会保障等方面也取得了显著进展。

"十二五"时期，贵州省新农村建设将遵循"以城带乡、以工促农、城乡互动、协调发展"的基本思路，加快城乡融合、实现一体化发展。在生产发展方面，将逐步由分散、粗放型农业转向效益农业、设施农业；在生活宽裕方面，将逐渐从依赖家庭经营、农业经营收入为主转向工资性收入与农业经营收入并重的新格局；在乡风文明方面，将更加注重农民文化素养、技能水平和思想道德水平的提高；在村容整洁方面，将逐步从单一抓示范点转向连点成线成片推进；在管理民主方面，将更加关注农民的参与。以此为基础，实现农民增收、农业增效、农村繁荣的目标。值得指出的是，虽然新农村建设并没有专门针对贫困地区和贫困人口，但它为贫困地区和贫困人口的发展搭建了重要平台，奠定了坚实的基础，是扶贫工作的重要补充。

（三）西部大开发不断深入将助推贵州贫困地区的发展

1999 年国家首次提出西部大开发战略，并着手制定和实施系统的促进西部地区发展的政策。"十五"计划时明确提出"实施西部大开发战略，加快中西部地区发展，合理调整地区经济布局，促进地区经济协调发展"的指导方针，并按照西部、中部、东部的先后次序，对各地区的发展方向做出了总体安排。这种表述方式有着深刻的含义，即从根本上调整了"七五"计划以来按东、中、西梯度推进的区域发展战略取向。十年来，西部地区迎来了经济发展最快的时期，与东部地区经济发展差距扩大的趋势得到初步遏制。根据中央的统一部署，新一轮的西部大开发战略将以增强自我发展能力为主线，以改善民生为核心，更加注重基础设施建设、生态建设和环境保护，着力提升发展保障能力。在交通建设方面，全面加强铁路、公路、民航、水运建设，扩大路网规模，提高通达能力。在水利建设方面，加大工程措施力度，重点解决西南地区工程性缺水、西北地区资源性缺水问题。在油气管道和输电通道建设方面，除了提升运送能力外，还增加了资源产业油气供给规模，支持地方发展深加工产业。在生态环境保护方面，重点建设"五大重点生态区"，扎实推进"十大生态建设工程"，建立健全生态补偿机制。在改善民生方面，中央将加大对西部地区均衡性转移支付力度，逐步缩小西部地区财政收支缺口，中央用于教育、医疗、社保、扶贫开发等方面的专项转移支付重点向西部地区倾斜；中央投资项目将重点向西部地区民生工程等领域倾斜。在鼓励特色优势产业发展方面，对有条件就地加工转化的能源、资源开发利用项目给予优先审核批准，对西部地区鼓励类产业企业按15%的税率征收企业所得税。同时，为加快西部地区产业发展，将编制产业转移规划，制定相关的政策，安排产业转移引导资金，引导东中部地区企业有序向西部转移，鼓励东中部地区与西部地区共建产业园区，并按照党的十七大提出的"加大对革命老区、民族地区、边疆地区、贫困地区发展的扶持力度"的要求，全力实施集中连片贫困地区开发攻坚工程。因此，新一轮的西部大开发战略，将有效改善西部地区的发展环境，对集中连片的西部贫困地区带来重大机遇。贵州省作为我国贫困人口最多的省份和我国2020年全面建设小康社会的难点地区和重点地区，将得到国家更多的支持。

（四）主体功能区规划对贵州省贫困地区发展提出新要求

国家"十一五"规划纲要提出，要根据资源环境承载能力、现有开发密度和发展潜力，统筹考虑未来我国人口分布、经济布局、国土利用和城镇化格局，将国土空间分为优化开发、重点开发、限制开发和禁止开发四类主体功能区。2010年6月，国务院常务会原则通过《全国主体功能区规划》，并明确了四类区域的范围、发展目标、发展方向和开发原则。《全国主体功能区规划》指出，国家级自然保护区、风景名胜区、森林公园、地质公园和世界自然遗产等禁止开发的生态地区，要严格禁止各类开发活动；桂黔滇喀斯特石漠化防治生态功能区，要封山育林育草，种草养畜，实施生态移民，改变耕作方式；以贵阳为中心，以遵义、安顺、都匀、凯里等城市为支撑的黔中地区，要努力建成全国重要的能源原材料基地、以航天航空为重点的装备制造基地、烟草工业基地、绿色食品基地和旅游目的地、区域性商贸物流中心。按此划分，贵州省很多贫困地区都位于限制开发区内，部分贫困地区处于禁止开发区内。在这类区域的发展权受到限制后，需要结合主体功能区建设的要求，重新确定该区域扶贫开发的扶持领域、重点等。

（五）贵州省扶贫开发推出新举措

2007 年以来，贵州省在印江自治县实施整合资金、连片扶贫开发试点，探索出了"印江经验"，随后探索出以山地农业扶贫开发为特点的"长顺做法"。2010 年，还启动实施了集团帮扶，目前，19 个集团帮扶项目进展顺利。2011 年，贵州省在《贵州省国民经济和社会发展第十二个五年规划纲要》中明确把"到 2015 年，按国家扶贫标准，贫困人口数量比 2010 年减少一半；到 2020 年基本消除绝对贫困现象"作为全面建设小康社会的重要标志。并且结合新一轮西部大开发和扶贫开发战略纲要调整的机遇，提出将重点实施"少生快富工程""阳光雨露工程""集中连片特殊困难地区扶贫攻坚工程""一户一策的惠民扶贫细胞工程"和"扶贫移民搬迁工程"五大工程。扶贫攻坚的重心也将从"整体扶贫"向重点区域、重点人群过渡。对武陵山区、乌蒙山区、苗岭山区和大娄山山脉等集中连片特殊类型贫困重点区域，实施大规模、区域性和产业化连片开发，并将扶贫开发和农村低保制度有效衔接，构建"大扶贫"格局。这些举措都将有助于政府将有限的资金投入到贫困地区，促进贫困地区经济社会发展。

三、加快贵州省贫困地区发展的基本思路

针对贵州省贫困地区面临的突出问题，结合下一阶段贫困地区发展面对的新形势，加快贵州省贫困地区发展的基本思路要突出以下几个方面的内容。

（一）建立精准的贫困瞄准机制，促进贫困地区和贫困人口协同发展

贵州省之所以成为我国贫困人口数量最多、贫困发生率较高的地区，一方面是参与贸易和生产的机会少，另一方面是信息基础和信息公开性相对较差。作为全国唯一没有平原支撑的省份，贵州丛岭连绵，是名副其实的"山国"，在 17.61 万平方公里的省域内，山地和丘陵的面积达92.5％。高低不平的地势地貌，极大地增加了贵州的开发难度，使得贵州的交通建设要付出比中国绝大多数地区都要高的成本代价，也因此制

约了贵州的开放和发展。尽管国家采取多种措施积极扩大内需，但由于人均收入水平总体偏低，贵州省的市场规模偏小，本地内部的贸易量也非常有限。不能参与贸易和生产，不能接近市场，对外界信息反应不敏感，就不能抓住市场机会，脱贫也会比较困难。

在今后的扶贫开发中，要超脱整村推进、产业化扶贫和劳动力培训转移等专项扶贫的观念，以加快区域经济发展为突破口，创造更多的贸易机会和生产机会，并不断完善以透明规则下的竞争为基础的市场机制，将贫困地区发展与贫困人口发展打造成具有互补性的有机整体。

（二）突出扶贫开发的重点，针对贫困地区的特点采取差异化政策措施

由于贫困地区独特的自然地理位置、生态环境、历史进程、民族文化等原因，生态脆弱地区、革命老区、少数民族地区是贫困人口集中分布的典型区域。从空间地理分布上看，贵州省贫困地区大部分集中在高寒山区、喀斯特石漠化地区、大江大河的源头地区等生态脆弱及国家生态屏障区域。这些地区在《全国主体功能区规划》中基本都属于限制开发区。按照《全国主体功能区规划》的要求，这些地方首要的任务是保护优先，适度开发、引导超载人口有序转移，而不是发展。同时，国家将通过加大财政转移支付的形式和建立生态补偿机制保障该地区基本的支出。

与限制开发区和禁止开发区重点保护生态相比，贵州省少数民族地区最大的问题就是受教育程度和劳动力素质都相对比较低。一项调查表明，贵州省 12～17 岁人群中仅有 80% 的男童和 50% 的女童读完小学，少数民族地区受教育水平则更差。贵州省第五次人口普查资料显示，少数民族地区粗文盲率为 15.37‰，高于全省 1.48 个千分点，高于非少数民族地区 2.5 个千分点；少数民族地区一般文盲率为 24.92‰，高于全省 4.15 个千分点，高于非少数民族地区 6.65 个千分点。接受初中以上教育人口比例低于全省平均水平 3.59 个百分点，低于非少数民族地区 5.75 个百分点，且接受初中以上教育和接受大专以上教育的一半以上人口主要集中在非少数民族地区。再从高等教育普及率分析，贵州省平均每万人中拥有大学文化程度的人口为 190 人，非少数民族自治地方为 246 人，少数民族地区仅为 110 人。贵州少数民族地区教育发展滞后，人口文化素质

较低已成为制约各少数民族地区经济发展的重要因素。少数民族地区人均受教育年限低，一方面与少数民族思想意识有关，另一方面是因为他们上小学才开始学汉语，比汉族学生迟了五六年，课程学习有困难，影响了他们的学习积极性。国家统计局的调查也显示，少数民族会汉语的人口比例为73.7%，仍有近1/3的少数民族不会汉语。因此，对于少数民族扶贫县，关键还是要创新教育方式，提高少数民族人口的素质。

表6-8　贵州省7个集中连片贫困地区的主要发展方向及政策重点

名　称	发展方向	政策重点
西部中强度石漠化一类贫困区	发展煤电产业和特色优势产业	支持煤电企业和特色优势产业发展；进一步控制人口增长
威宁—赫章高原潜在、轻度石漠化一类贫困区	保护生态环境，加快人口转移	建立生态补偿机制，加快劳动力培训转移
黔西南中强度石漠化一类贫困区	发展煤电产业和特色优势产业	支持煤电企业和特色优势产业发展；强化少数民族教育
黔南轻度、中度石漠化一类贫困区	保护生态环境，加快人口转移	加大石漠化治理；加快劳动力转移培训；强化少数民族教育
黔东少数民族良好生态一类贫困区	发展旅游产业和其他特色优势产业	加快对外通道建设，依托文化旅游发展其他特色产业；强化少数民族教育；建立生态补偿机制
黔北潜在、轻度石漠化二类贫困区	加快农业产业化步伐，促进城镇化发展	加强农田水利基础设施建设，加大农村实用技术培训力度
黔中轻度、中度石漠化三类贫困区	贵州省城镇化发展重点区域	构建合理有序的城镇体系，加快符合条件产业发展

（三）积极发展特色优势产业，支持有条件的贫困地区的工业化和城镇化发展

贵州贫困乡村产业结构普遍单一，主要以第一产业为主；在第一产业中，种植业比重过大；在种植业中，粮食比重过大。农业产业化水平低，农产品商品率不足50%。一些地方仍保持传统农业社会的基本结构，实行自给半自给的小农经济，生产方式落后，商品量很小。如果不转变传统的种植模式，不支持有条件的贫困地区农业产业化、工业化、城镇

化发展，维持贫困人口收入增长将有很大困难。

表 6 - 9 　　　　　　2008 年农村居民和贫困人口收入构成

收入名称	农村居民		农村贫困户	
	金额（元）	比重（%）	金额（元）	比重（%）
人均纯收入	4760.7	100	988.8	100
种植业收入	1427	30.0	492.6	49.8
工资性收入	1853.7	38.9	280.8	28.4
转移性收入	323	6.8	100.4	10.2
其他	1157	24.3	115	11.6

资料来源：根据《中国农村贫困监测报告（2009）》整理。

表 6 - 9 中农村居民的收入构成也表明，从全国平均水平看，工资性收入的比重和二三产业等其他收入的比重越高，贫困的可能性越小，相反，依靠传统种植业谋生，贫困的可能性就越大。因此，增加贫困人口的收入，一方面要加快农业产业化发展步伐，另一方面要发展特色优势产业，支持工业化和城镇化发展。国内有许多依靠发展特色优势产业脱贫的例子。例如，山东省临沂市的平邑县曾是国家级贫困县，当地农民依托国家扶贫时曾重点扶持的长毛兔养殖和水蜜桃种植两大优势产业已彻底摆脱贫困。近年来通过"龙头企业＋基地＋农户"的组织模式，加速了长毛兔养殖产业化的步伐；通过"专业市场＋农户"的组织模式，极大地推进了水蜜桃的产业化步伐，目前全县水蜜桃已占领了上海市场70%的份额。农业产业化的快速发展也促进了当地工业化和城镇化的步伐，县城城区人口规模达到 20 万人，已经成为能够带动周边农村发展的中小城市。该县的九间棚村，曾是远近闻名的贫困村，这些年来通过与中国科学院植物研究所合作，研发出优质的金银花品种——"九丰一号"，在山坡间贫瘠的土地上种植，大大增加了农民的收入。2009 年，该村农民人均纯收入超过 9000 元。除依托优势农产品外，资源富集的贫困地区，通过资源的开发利用脱贫的例子也非常多。例如，陕北地区、内蒙古的鄂尔多斯地区等都是因开发煤气资源而脱贫，广西河池地区的巴马县也在旅游开发的过程中，实现了地区经济的发展和农民增收。这些成功的例子，都为我国贫困地区脱贫提供了可供借鉴的经验。

同时，加强基础设施建设，并在有条件的贫困地区加快城镇化和工业化的进程，也是"以城带乡、以工促农"的需要。只有城镇发展了，才能带动周边的乡村更好发展。贫困地区要选择发展条件和基础比较好的城镇，集中人力、物力、财力将其打造成能辐射带动周边乡村发展的区域性中心城市，提升贫困地区的竞争力和自我发展能力。贫困地区不仅要发展特色优势产业，也要积极创造条件承接产业转移。只有工业发展了，政府才有更多的资金投入到农业生产中。因此，加快贫困地区城镇化和工业化的步伐，不仅是促进区域协调发展的问题，而且也可以促进贫困人口就地转移，增加脱贫的可能性。

（四）理顺相关体制机制之间的关系，与其他政策形成大扶贫格局

理顺体制主要包括三方面的内容：一是中央与地方的关系，二是政府各部门之间的关系，三是政府部门与非政府组织之间的关系。从中央与地方的关系看，要调整中央和地方各级政府之间的关系。《国家八七扶贫攻坚计划》中已经有所调整，第十三条明确规定"从 1994 年起，将分一年到两年把中央用于广东、福建、浙江、江苏、山东、辽宁 6 个沿海经济比较发达省份的扶贫信贷资金调整出来，集中用于中西部贫困状况严重的省、区。……今后，上述 6 个省的扶贫投入由自己负责，并要抓紧完成脱贫任务"。这表明除沿海发达省份外，其余省份的扶贫投入都是由中央、省（自治区、直辖市）、地市和县共同投入。从贵州省贫困地区的财政状况看，贫困地区的地市、县大部分要靠上级财政转移支付才能保障政府的正常运转，地方根本没有财力满足各类项目的配套需求。目前的项目地方资金配套制度，使得这类地区的发展面临更大的困难，申请项目则需要大量的地方配套资金，无法保障地方财政资金的正常运转和项目的顺利实施，如果不申请项目，则错失发展机会。针对贵州省的特殊情况，建议强化中央政府在扶贫开发中的责任。从政府各部门之间的关系看，要进一步整合资源，发挥扶贫资金和涉农资金的最大效益。建议贵州省借鉴广西在河池地区东兰、巴马、凤山三县扶贫的经验，在扶贫资金向集中连片地区倾斜的基础上，整合扶贫资源，强化领导力量，搞好整体规划，集中攻坚实施，加快贫困地区交通、水利等基础设施建设和教育、卫生等公共服务的建设。从扶贫政策与区域政策、主体功能

区政策的关系看，要充分发挥区域政策和主体功能区政策的作用，针对不同类型的问题地区制定差异化的政策。从政府部门与非政府组织的关系看，要进一步发挥非政府组织的作用，调动社会一切积极因素参与扶贫。国际经验尤其是发展中国家的经验表明，作为一种不同于市场和政府的"第三种力量"，非政府组织在扶贫中具有不可替代的功能。实践证明，非政府组织能够动员政府无法动员的国内外多种资源；能够通过竞争、创新、示范提高扶贫资源使用效率；能够对多样化、快速变化的社会需要迅速做出反应；非政府组织还是扶贫制度创新的重要力量，也是培育公民社会的助推剂。为此，政府一方面要积极培育本土的非政府组织，另一方面也要加强与国际上非政府组织的合作。

扶贫机制重点完善三方面内容：一是扶贫监督机制，二是扶贫评估机制，三是扶贫政策与其他相关制度的协调机制。从扶贫监督机制看，要建立决策权、执行权、监督权整体分离制度，形成有利于权利相互制约的管理体制。当前，要有专门部门的决策机构统筹规划贫困地区，明晰不同地区的发展方向，协调扶贫资金的使用。做决策的过程中，借鉴国内外成功的扶贫模式，根据贫困地区的资源状况、自然环境、人口素质、风俗习惯、宗教信仰及生产力发展水平，加强对扶贫项目的可行性论证，增强决策的科学性。

四、加快贵州省贫困地区发展的政策建议

根据加快贵州省贫困地区发展的基本思路，结合前面的现状问题及新形势，加快贵州省贫困地区发展要着重采取如下政策。

（一）强化中央政府在贵州省扶贫开发中的地位，加大扶贫开发力度

1. 强化中央政府在贵州省扶贫开发中的主体地位。针对贵州省财政支撑能力薄弱的状况，建议中央政府进一步加大对贵州省扶贫开发的投入力度。要按照新一轮西部大开发提出的建议，减免集中连片贫困地区市、县配套资金比例，真正让贫困地区享受到国家扶贫优惠政策。同时，加大对贫困地区均衡性转移支付力度，逐步缩小贫困地区地方标准财政收支缺口，用于教育、医疗、社保、扶贫开发等方面的专项转移支付重

点向贫困地区倾斜。另外，贵州省也应尽快建立和完善二级转移支付制度，为贫困地区提供更多的支持。

2. 制定支持贫困地区发展的优惠政策。借鉴美国等发达国家支持贫困地区发展的经验，结合主体功能区战略的实施，充分发挥区域政策在支持地方经济发展中的作用，科学划分贫困地区类型，详细分析贫困地区致贫原因，结合目前的区域政策和主体功能区政策，制定适合不同类型区域的优惠政策。

3. 建立生态补偿机制。结合主体功能区的建设，在财政转移支付方案中，对限制开发地区和禁止开发地区的生态保护因素给予考虑，设立生态保护的财政转移支付系数，以为生态保护提供相对稳定的资金来源，切实保障该地区生态建设的需要。此外，还可以探索小区域范围内的生态补偿机制，开展下游地区对上游地区、开发地区对保护地区、生态受益地区对生态保护地区的生态环境补偿机制。同时，要继续加大贫困地区退耕还林还草力度，并延长补助政策时限。

（二）加大贫困地区的教育培训力度，促进劳动力向外转移

1. 创新少数民族地区的教育方式。认真总结"双语"教育的得失，合理确定"双语"教育实施的时间、内容及师资保障等，着力搞好少数民族的基础教育。充分利用教育部"农村偏远学校远程教育项目"提供的支持，实施农村中小学现代远程教育工程，加快教育信息化建设。除强化少数民族的基础教育之外，还要制定出台少数民族地区人才发展专项政策，畅通少数民族人才培养渠道，帮助民族地区培养经济社会发展急需的企业经营管理人才、专业技术人才和各种技能人才，特别是在大中专招生政策上，对少数民族贫困地区实行定向招生并相应降低收费标准，或是开设专门的少数民族班，加强培养少数民族干部。对于当地的公务员队伍，应相应提高各类少数民族参加的比例，给少数民族干部创造更多的参政、议政、执政机会。制定各种优惠政策，并完善以知识资本化为核心的激励机制，积极推进技术入股、管理人员持股、股票期权激励等新型分配方式，积极引进和培养贫困地区发展所需要的各类人才。

2. 继续实施劳动力转移培训。结合"阳光工程""雨露计划""绿证"培训和跨世纪青年农民培训工程等惠民工程，实施"建档立卡"，着

力构建若干个有竞争力的培训专题，积极开展"订单式""定向式""储备式"培训。同时，要在加强输出网络、劳务基地管理和服务等体系建设的基础上，把培育市场、发展劳务中介组织，实现社会输出作为推进劳务输出工作的着力点来抓，逐步建立起以劳动保障部门为龙头，乡镇劳动保障事务所为载体，社会劳务中介机构为补充的劳动力转移就业体系。

3. 进一步完善职业教育体系。以支付学费的方式，委托高校定向培养贫困家庭子弟进行紧缺专业学习，将不能继续升学的初、高中毕业生和未就业的大中专毕业生，有计划地纳入职业教育范围。探索和创新就业模式，建立校企合作订单输出、企业出资定点就业、半工半读以工养读、就近培训就近安置等输出机制。

4. 加强农村实用技术培训。对取得农民职称证书或职业资格证书的农村实用人才和技能型人才，在项目实施、人员招聘时，优先考虑；承包项目时，给予重点倾斜；优先接受农贷资金；优先享受贷款贴息；鼓励他们在农村跨地区开展科技承包、创业等；在土地流转上，享受优先、优惠和扶持。大力实施"回归工程"，动员和引导在外务工的、懂经营、善管理、有技术的农民返回本土创业。积极引导社会力量投入农村实用技术培训，通过"股份合作""民办公助"等形式，吸引社会力量参与或合作举办农业职业学校。支持农业产业化龙头企业与职业学校加强合作，开展订单培训。鼓励各类农村专业协会、农业产业化龙头企业在税前按纯利润的1.5%提取农业人才培训教育经费，该经费可列入成本。

专栏6-2 十堰职业技术学院教育特色鲜明

十堰市职业技术学院基于工学结合人才培养模式的迫切需要，大力推进校企合作和社会服务平台建设，在校园内建业产业园，探索"双园"合作共赢的新模式，先后与东风实业、中国移动、亨运集团、东风双星等10多个大企业签署了战略合作协议；与中国联通十堰分公司、十堰广播电视有限公司和无锡夏普电子元器件有限公司开展了订单式人才培养；现有2个企业总部、1个企业研发中心入驻校园；亨运驾校十堰职院培训中心、亨运集团十堰职院汽车修理维修中心成功开业，该院与十堰星源科技有限公司共建的首个校内生产性现代制造技术实训基地也投入使用，欧亿公司汽车改装厂也开始生产。

通过校企合作，不仅为学生实训提供了条件，也缓解了企业招工难的问题。同时，对学校创新人才培养模式、促进专业的建设和发展等方面都发挥了重要作用。

（三）强化石漠化的治理，努力保护好贫困地区的生态环境

1. 积极争取各种相关资金。结合 2008 年国家发展改革委、国家林业局等六部门联合下发的《岩溶地区石漠化综合治理规划大纲（2006—2015 年)》，积极争取国家投入，并进一步整合天保工程、退耕还林工程、长江上游防护林体系建设、水土保持、耕地整理等多项资金，加大投入力度。

2. 努力探索多重治理模式。通过封山育林（草）和退耕还林（草）、植树造林等多种措施，加强植被建设。遵循自然规律，因地制宜，科学营造防护林、水土保持林和薪炭林，根据市场需要和当地的实际，大力发展特色经济林果，保护和增加植被。强化坡改梯和地头水柜的建设，防止水土流失，提高土地的产出率，努力实现人均半亩基本口粮田。在提高单位面积产量之后，逐步把其他不适合耕作的土地退下来还林。总结推广毕节地区、黔西南等地区的成功经验，探索生物治理、工程治理和自然恢复等多种石漠化防治模式。毕节地区按照"生态建设、扶贫开发、人口控制"的总体思路，推进工程建设，效果明显；黔西南低海拔地区种植花椒的"顶坛模式"、中海拔地区种植金银花的"坪上模式"、高海拔地区发展草地畜牧业的"晴隆模式"等生物治理模式，把生态修复和人工治理紧密结合起来，取得显著的生态效益、经济效益和社会效益。

3. 强化科技支撑。利用贵州科技大学等科研院所的资源，积极组织开展国家级和省级石漠化治理课题研究，强化科技支撑作用。

4. 开展沼气和节柴灶等农村能源建设，切实保护生态环境。

专栏 6-3　　　毕节治理石漠化模式简介

到 2009 年 5 月底，毕节地区石漠化治理工程已完成封山育林 38700 亩、人工造林 4.4 万余亩、人工种草 1 万余亩、坡改梯 4416 余亩，各项道路、水利、棚圈、青贮窖等工程建设已完成年度目标任务的 50% 以上，完成投资 3173 万元，到 6 月底可全面完成 11.4 万亩年度计划任务。

2008 年底，毕节地区成立了防治石漠化管理中心，开展石漠化治理试点工程，探索出 8 种石漠化综合防治模式，显现了初步效益。

毕节市采取混农林业模式，在鸭池镇石桥小流域种植核桃、凯特杏、金秋梨等特色经果林 2586 亩，林下种植牧草，引进奶牛、肉牛、莱茵鹅等养殖大户，以短养长促进农民增收。

大方县采取"公司 + 基地 + 农户"的运作模式，由县水泥一厂参与实施并提供优质刺梨（维 C 之王）苗，种植刺梨 900 余亩，种植核桃、板栗、李、梨、枣等特色经果林 4000 余亩。

黔西县结合生态旅游，把生态建设与民族风情旅游有机结合起来，并配套农田基本建设、棚圈、青贮窖、饲草机械、坡改梯、小型水利水保等基础设施建设，使乌江源化屋苗族风情园的生态环境得到进一步的改善。

织金县重点结合风景名胜区生态建设，在织金洞生态区裸结河小流域种植李、樱桃、桃和核桃等观花、观果经济林 1500 亩，种植以柳杉、女贞等常绿树种为主的防护林 2000 亩、封山育林 7000 亩，使风景区集观花、尝果、看景于一身，做到"三季有花有果、四季常绿、季季有景"。

金沙县采取林药结合的综合治理模式，在城关镇的乌箐河小流域石漠化区域栽植花椒、梨、核桃等特色经济林 5668 亩，林下栽植金银花 5239 亩。

纳雍县依托其贵州省有机茶生产重要基地的环境优势，与中央石漠化综合治理试点专项资金配套，在化作乡化作沟小流域营造了生态有机茶基地 3000 亩，建核桃、板栗基地 4000 余亩。

威宁自治县采取石漠化治理与特色经果林发展结合的模式，在迤那镇营造核桃经果林 4103 亩，配套实施封山育林 4788 亩、人工种草 2411

亩、坡改梯 1029.3 亩。

赫章县采取石漠化治理与生态畜牧业发展结合的模式，在威奢乡二台坡小流域实施人工种草 2760 亩，改良草场 375 亩，种植紫荆畜牧饲料林 2004 亩，配套栽植山苍子、续断等中药材，并整合 700 余万元生态畜牧业发展资金，购置基地母羊发放给农户养殖。

（四）进一步加强基础设施建设，改善贫困地区生产生活环境

1. 加快交通基础设施建设步伐。加快贵州省对外交通建设，促进贵州与成渝地区、珠三角地区的融合发展。在继续做好成都至贵阳铁路客运专线、重庆至贵阳铁路扩能改造、织金至毕节铁路、织金至纳雍铁路、铜仁至玉屏城际铁路、小碧至白云铁路和贵阳北站铁路建设的基础上，积极推进贵广、渝黔、成贵、沪昆客运专线等 10 条快速铁路建设，形成"一环十射"铁路网络。同时，继续实施"村村通"工程，努力改变集中连片贫困村庄不通公路的状况。

2. 加快水利基础设施建设。紧紧抓住国家实施《贵州省水利建设生态建设石漠化治理综合规划》的机遇，新建一批大中型骨干水源工程，实施完成乌江思林、"引黄入木"等一批引提水工程。全面完成现有病险水库除险加固。以骨干水源工程和大中型灌区为重点，加快完善水利灌溉配套设施，积极实施"五小"微型水利工程，加大中低产田土改造力度，大规模建设旱涝保收农田。大力实施农村饮水安全工程，全面解决农村饮用水安全问题。

3. 积极推进电力基础设施建设。加快"西电东送"主通道的建设，建成一批 500 千伏输变电工程，外送通道形成"两直六交"，省内电网形成"三横两中心"网格型电网，保证煤炭和水资源丰富的贫困地区的电力能顺利输送出来。

4. 加快信息基础设施建设。以公共信息服务综合平台建设为切入点，推进信息资源整合，加强贫困地区与外界的信息交流。近期内，要着重加强农产品交易电子平台、劳动力市场信息等平台的建设。

（五）重点培育几个区域性中心城市，发挥城市对农村的辐射带动作用

1. 合理化贵州省空间结构。加快培育以贵阳为中心，遵义、安顺、都匀、凯里为支撑，贵阳—遵义、贵阳—安顺、贵阳—都匀和凯里三大城市带为骨架，一批重要县城为节点的黔中城市群，建设成为全省城镇化的核心区。

2. 提升贵阳中心城市地位。调整优化城市核心区发展布局，增强产业配套和要素集聚能力，加强综合服务功能。进一步拓展城市辐射范围，加快贵阳—安顺一体化进程。

3. 积极培育遵义、安顺、都匀、凯里、毕节、水城等中心城市。推进遵义中心城区与周边城镇一体化发展步伐，把桐梓、绥阳、湄潭等县城培育发展成为卫星城市，加快遵义特大城市建设步伐。推进平坝、普定与安顺中心城区同城化发展，进一步壮大安顺的城市规模。都匀、凯里、毕节、水城要以经济开发区的建设为突破口，拉大城市框架，做大城市规模。

4. 积极发展黔西、织金、瓮安、金沙、惠水、长顺等重要节点城市。在强化石漠化治理和生态环境保护的基础上，以特色优势产业发展为支撑，努力培育几个重要节点城市。

（六）大力推进产业化扶贫，积极调整贫困地区产业结构

1. 大力发展特色优势产业。对六盘水、安顺、黔西南州等煤炭资源比较丰富的地区，国家对有条件就地加工转化的能源、资源开发利用项目要给予优先审核批准，对贫困地区鼓励类产业企业按15%的税率征收企业所得税。对安顺、黔东南州等旅游资源比较丰富的地区，要加快对外交通等基础设施建设，积极发展旅游业。对黔北农业生产条件较好的地区，要着力培育几个特色优势农产品，加快农业产业化发展。

2. 积极承接产业转移。结合国务院出台的《关于中西部地区承接产业转移的指导意见》，发挥贫困地区资源相对丰富、劳动力成本低的优势，积极承接产业转移。目前，要编制产业承接转移规划，制定相关的政策，安排产业转移引导资金，吸引东部地区企业有序转移。鼓励东部

地区与贵州省贫困地区以产业"飞地"的形式共建产业园区。

3. 加快农业产业化步伐。努力扶持支柱产业,逐步形成"一村一品、多乡一业"的县域经济特色产业体系;着力培植壮大一批龙头加工企业,推广龙头企业、合作组织与农户有机结合的多样化组织形式,让农民从产业化经营中得到更多的实惠;同时引导和鼓励具有市场开拓能力的大中型农产品加工企业,到贫困地区建立原料生产基地,形成"公司+农户""中介组织+农户""专业化市场+农户""农民经济组织+农户"的产业化经营模式。

4. 加强贫困地区市场体系建设。帮助贫困地区建立商品生产基地,带动贫困农户进入市场;积极推行订单农业、信息农业、网络农业,通过组建行业协会、培育农民经纪人和农产品营销大户,多渠道、多形式与市场对接。超前谋划产品供销信息服务,搭建市场信息平台,并加强与全国各地农产品交易市场的信息联网,带动优质农产品基地加快发展。鼓励和支持企业和合作社经常参加各种形式农产品的展销会、博览会、推介会和贸易洽谈会,加大对内外宣传力度,促进农户小生产与大市场的有效衔接,提高产品的销售量和市场占有率。

(七)加快金融制度创新,努力为贫困地区发展提供融资服务

1. 明确政府和信贷机构在小额信贷发展中的职能。政府应把管理的重点从资金使用方向、利率管制等方面转向加强贫困地区市场化建设和信用环境的培育上来。完善相关法律法规,通过制定专门针对农村小额信贷机构的金融政策和法律制度,明确小额信贷机构的扶贫职责;而各级小额信贷机构要积极争取省级部门的信贷资金,确保省级部门下达的扶贫小额信贷资金足额到位,并及时发放到贫困户手中,做到放得出、用得好、收得回,按照小额信贷发放管理的有关规定开展小额信贷工作,降低小额信贷门槛,适当增加贷款额度,延长贷款周期,使贫困户真正得到信贷的权利。

2. 建立有效的小额信贷组织系统和管理制度。通过互助协作,加强技术服务系统的建设,提供产前、产中、产后服务,提高项目成功率,是形成小额信贷资金安全管理的有效机制。建议以县(市)区扶贫机构作为牵头单位,指定一家金融机构(农业银行或信用社)审核放贷,降

低信贷门槛，以村两委为担保加五户联保，建立贷款信用卡，扶贫部门监督，提高贷款额度。

3. 完善资金互助社。要采取以信用、农户联保方式为主、抵押贷款做补充的贷款模式，按照"民办、民管、民受益"的原则，实行社员民主管理，为本社社员提供资金互助服务。

4. 创新信用担保机制。探索开展蔬菜大棚、农村住房、农村土地收益、农村土地经营权抵押贷款业务，盘活农民手中的固化资产，缓解农民贷款难问题。积极探索小额无担保信用贷款、合作社社员互保、中介担保、龙头企业担保等担保方式，降低贷款门槛，简化贷款程序，畅通贷款渠道，有效开展金融服务。

5. 鼓励开展农业保险。按照"政府引导、市场运作、自主自愿、协同推进"的原则，加快推进农业保险试点工作，有效降低因人力无法抗拒的自然灾害、重大病害、意外事故等突发性灾害给农民群众造成的损失，全面提高政策性农业保险覆盖面。重点是要积极与保险公司合作，开展大棚蔬菜、小麦、玉米、棉花以及能繁母猪等品种的政策性农业保险，支持产业化发展。政府应通过对养殖业和种植业农户进行保费补贴的方式，鼓励商业性保险公司经营农业保险，探索农业政策性保险的商业运作模式。

6. 建立风险补偿基金。加快信贷风险损失补偿方式转变，将贴息资金转变为"奖补资金"，将补贴对象由农户转变为金融机构。

（八）继续培育壮大非政府组织，使其成为政府扶贫的有力补充

1. 加大对民间扶贫组织的扶持力度。在思想舆论方面，各级政府应充分发挥组织领导、宣传协调等指导作用，改善和优化民间扶贫机构运营的外部环境，最终形成有利于非政府组织扶贫事业的社会环境，促使非政府组织的发展壮大；在资金政策方面，通过财政税收等手段鼓励金融机构为非政府组织提供信贷支持，并为相关民间扶贫组织提供税收减免政策，使扶贫基金能够扩充其财政实力。政府可出让部分扶贫资源，由非政府组织承担起自身比较擅长的扶贫项目和具体事务，探索建立一种既减少政府扶贫项目的成本，又能有效激发非政府组织扶贫热情的良性循环机制。

2. 完善非政府组织扶贫的运营机制。如大力推广股份合作制，可通过相关制度对成员股份的转让和撤出进行有效约束，做到既能按照进退自由的原则保障成员维护自身利益，又能确保组织资金的稳定。

3. 建立健全非政府组织扶贫的相关法规政策。建议在《社会团体登记管理条例》和《民办非企业单位登记管理暂行条例》等法规的基础上，尽快制定专门针对非政府组织扶贫活动的法律政策，用法律的形式明确非政府组织的地位、职能、作用和组织形式等，为非政府组织的运行提供规范化依据，并且切实维护非政府组织的一切合法权益。

4. 加强非政府组织的自我管理和能力建设。加强非政府组织从业人员的培训，鼓励内部良性竞争，拓宽筹资渠道，提高服务质量，建立行业自律机制，提高透明度和社会公信力，确立起非政府组织的整体形象和公益地位。

5. 进一步争取国际组织向中国提供援助性扶贫项目。为保证这类项目的顺利执行，国家要适当增加配套资金比例，对集中连片的贫困地区，要减免市县政府的配套。同时，要加强对国际组织扶贫项目的管理，努力提高外援贷款项目的经济效益，增强还贷能力。

第七章 环京津贫困带脱贫发展思路研究[①]

京津冀地区是我国经济最具活力、开放程度最高、创新能力最强、吸纳人口最多的地区之一，也是拉动我国经济发展的重要引擎。但与长三角、珠三角这两个人口经济密集地区相比，环绕在京津周边的欠发达地区是京津冀地区的突出特点。这不仅阻碍了京津冀区域的协同发展，还成为受到国内外学术界和媒体广泛关注的区域发展问题。党的十八届五中全会通过的"十三五"规划明确提出了到2020年在现行标准下农村贫困人口实现脱贫，贫困县全部摘帽，解决区域性贫困问题的目标。显然，实现环京津贫困带顺利脱贫，不仅是京津冀协同发展的重要标志，也是取得全面建成小康社会决胜阶段胜利的要求。本章将在分析环京津贫困带面临的突出问题的基础上，从京津冀协同发展视角，借鉴其他贫困地区的探索实践，提出解决环京津贫困带问题的思路和政策建议。

一、环京津贫困带的范围及基本情况

环京津贫困带主要是环绕京津两大都市的贫困区域。理论界和实践界根据研究的目的和需要解决的问题，在研究和制定政策的过程中，确定的范围也有所差异。

2005年，亚洲开发银行公布的《河北省经济发展战略研究》首次提出环京津贫困带的概念，当时的研究范围包括张家口的尚义县、康保县、沽源县、张北县、赤城县、崇礼县、怀安县、万全县、阳原县、蔚县以及涿鹿县；承德的丰宁满族自治县（以下简称丰宁县）、围场满族蒙古族自治县（以下简称围场县）、宽城满族自治县（以下简称宽城县）、平泉县、滦平县、隆化县、承德县；保定的涞源县、阜平县、顺平县、唐县、易县、涞

---

① 报告完成于2014年10月。

水县、曲阳县；沧州的献县、海兴县、盐山县、东光县、南皮县、孟村回族自治县（以下简称孟村县）、肃宁县32个贫困县，3798个贫困村。

表7-1　　　　亚洲开发银行界定的环京津贫困带的范围

地市	县
张家口（11个）	尚义县、康保县、沽源县、张北县、赤城县、崇礼县、怀安县、万全县、阳原县、蔚县、涿鹿县
承德（7个）	丰宁县、围场县、宽城县、平泉县、滦平县、隆化县、承德县
保定（7个）	涞源县、阜平县、顺平县、唐县、易县、涞水县、曲阳县
沧州（7个）	献县、海兴县、盐山县、东光县、南皮县、孟村回族自治县、肃宁县

资料来源：根据亚洲开发银行的界定整理。

2012年，国务院扶贫办和国家发展改革委印发的《燕山—太行山片区区域发展与扶贫攻坚规划》确定的规划范围包括河北省张家口市的宣化县、张北县、康保县、沽源县、尚义县、蔚县、阳原县、怀安县、万全县；承德市的承德县、平泉县、隆化县、丰宁县、围场县；保定市的涞水县、阜平县、唐县、涞源县、望都县、易县、曲阳县、顺平县；山西省大同市的阳高县、天镇县、广灵县、灵丘县、浑源县、大同县；忻州市的五台县、繁峙县；内蒙古自治区乌兰察布市的兴德县、商都县、兴和县。共33个县。

表7-2　《燕山—太行山片区区域发展与扶贫攻坚规划》确定的范围

省（区）	市	县
河北省	张家口市（9个）	宣化县、张北县、康保县、沽源县、尚义县、蔚县、阳原县、怀安县、万全县
	承德市（5个）	承德县、平泉县、隆化县、丰宁县、围场县
	保定市（8个）	涞水县、阜平县、唐县、涞源县、望都县、易县、曲阳县、顺平县
山西省	大同市（6个）	阳高县、天镇县、广灵县、灵丘县、浑源县、大同县
	忻州市（2个）	五台县、繁峙县
内蒙古自治区	乌兰察布市（3个）	兴德县、商都县、兴和县

资料来源：根据《燕山—太行山片区区域发展与扶贫攻坚规划》整理。

也有学者（赵弘、何芬、李真，2015）将《燕山—太行山片区区域发展与扶贫攻坚规划》中河北省张家口市的 9 个县、承德市的 5 个县和保定市的 8 个县共 22 个县作为环京津贫困带的研究范畴。

这三种范围界定中，第三种范围偏窄，仅包含环北京的部分贫困县，张家口市的赤城县、崇礼县和承德的滦平县、宽城县等国家级贫困县都不在其研究范围内，紧邻天津的沧州下辖的贫困县也都没有包括在研究范畴之内。第二种范围以燕山—太行山为地理单位确定，又过于宽泛，并且与本书前提——京津冀协同发展有所偏离。因此，亚洲开发银行界定的研究范围相对合理。尽管 2012 年河北省调整国家扶贫工作重点县名单后，张家口的涿鹿县（仅保留了涿鹿县的赵家蓬区）、承德的承德县、保定的易县、涞水县、曲阳县和沧州的肃宁县等都不再是国家扶贫工作重点县，但经济发展基础薄弱的性质没有发生根本变化。同时，为保持研究范畴的一致性，本章仍将以亚洲开发银行的 32 个县为研究对象。

2013 年，环京津贫困带的国土面积为 8.45 万平方公里，人口为1163.82 万人。贫困带内人均地区生产总值为 24314 元，为全国平均水平的 58.16%，为河北省平均水平的 62.99%。贫困带内少数民族人口众多，包括满族、回族、蒙古族等 44 个少数民族。有 522 个乡镇、9920 个行政村。人口密度为 138 人/平方公里，低于同期全国平均水平（143 人/平方公里）。贫困带内分为坝上高原、燕山山地、间山盆地和太行山地四个地貌单元，高原、山地、丘陵、盆地和平原五个地类型。

二、环京津贫困带发展现状

环京津贫困带生态环境脆弱，"一方水土养不活一方人"，劳动力向外转移比重高。与此同时，作为京津冀的生态屏障，环京津贫困带和京津两市之间以流域生态补偿为切入点，开展了多方面的合作，特色优势产业也初具规模，这些都奠定了环京津贫困带发展的基础。

（一）环京津贫困带生态环境脆弱

环京津贫困带处于半干旱和半湿润过渡气候带，属于农牧交错地带，内有高原、山地、丘陵和盆地四种地貌类型，坝上高原沙化面大、燕山—太行山区石化量广、黑龙港流域盐碱遍地。坝上高原的海拔多在

1350～1600米，土地风蚀沙化严重，沙尘暴、干旱、雹灾等自然灾害频发，自然环境较为恶劣。燕山—太行山片区水土流失面积占46%，沙化土地面积占24%，裸石山场面积占26%，内流区干枯湖淖占94%，断流河段占95%。环京津贫困带32个贫困县中，6个位于坝上高原高寒区，19个分布在燕山—太行山—深山区，其中20个贫困县是革命老区县。坝上高原高寒区年均气温只有1.4度，无霜期不到100天。坝上草原退化面积高达3200万亩，占总面积的43.4%。贫困带内广泛分布移动、半移动沙丘、沙滩、坡蚀和沟蚀严重的黄土区，难以开发利用的石质山地和岗坡随处可见，适应人类合理开发利用的土地不足总土地面积的30%。人均水资源量仅为全国平均水平的15.8%，亩均水资源量仅为全国平均水平的13.4%。贫困带内的永定河和潮白河流域多年平均降水量为430～530毫米，为严重的少雨地区。平原河段全部干枯断流，桑干河册田水库以下已经干枯断流十余年。自然条件非常恶劣，自然灾害极易发生，生态环境十分脆弱，资源环境承载力非常有限，直接制约着贫困带内生产生活条件的改善和地区经济社会的发展。

（二）环京津贫困带劳动力转移比重高

河北是滋养京津两大都市的母体区域，也是人口较多但城镇化率偏低的省份，三地地缘相近、人员相亲、文化相通，因此，京津自然成为吸纳河北农业转移人口的主要流入地。

环京津贫困带是河北省流动人口占比最高的地区之一，也是人口净流出比重最高的地区之一。承德县、滦平县、宽城县、万全县、阜平县、顺平县、海兴县等地区流动人口占总人口的比重都超过全国平均水平。平泉县、康保县、沽源县、阳原县、涿鹿县、赤城县、唐县、盐山县、献县、南皮县等地区流动人口占总人口的比重都超过河北省平均水平。劳动力向外转移的趋势非常明显。尽管没有跨市、跨省流动的准确数据，但从普查数据推断，主要流入地为京津两市。第六次人口普查数据显示，河北省来京人口为155.9万人，占北京常住外来人口的22.10%；河北省来津人口为75.45万人，占天津常住外来人口的25.20%。劳动力向外转移对贫困带内生态环境保护和群众脱贫都发挥了积极作用。河北省社会科学院社会发展研究所曾经对太行山区和燕山山脉30个山区半山区县的 6200 个村庄进行了较大规模的调查，发现被调查的村庄中，已经有 10% 的村庄主要收入是劳务输出。劳务输出多的村庄经济收入明显高于没有和有较少劳动力转移的村庄。

(三) 环京津贫困带特色产业初具规模

环京津贫困带农业经济相对发达，初步形成了以平泉县、滦平县、隆化县、丰宁县、沽源县、尚义县、怀安县、赤城县、崇礼县、肃宁县等为主的蔬菜种植基地，以承德县、平泉县、滦平县、隆化县、丰宁县、宽城县、围场县、张北县、尚义县、怀安县、赤城县、涞水县、阜平县、易县、肃宁县、孟村县等为主的畜禽养殖基地，是京津两大都市重要的农产品供给地。依托丰富的农产品和矿产资源，形成了以平泉县、滦平县、丰宁县、围场县、张北县、唐保县、沽源县、怀安县、万全县、涿鹿县、唐县等为主的食品加工业，以承德县、平泉县、滦平县、隆化县、宽城县、康保县、沽源县、赤城县、崇礼县、唐县、涞源县、易县等为主的矿产加工业，以围场县、张北县、康保县、蔚县等为主的新能源及新能源装备制造业。依托种类齐全的地形地貌、悠久的人文历史、深厚的文化底蕴、秀美的自然风光，大力发展旅游业，特色旅游业发展也初具规模，张家口崇礼滑雪基地、赤城温泉、蔚县剪纸、怀来葡萄酒旅游基地，承德木兰围场，保定涞水野三坡、涞源凉城和白石山、易县的山水和清西陵等的美誉度都在不断提高。特色优势产业规模不断壮大奠定了环京津贫困带经济发展的基础。

表 7-3　　　　　　　　环京津贫困带特色优势产业及分布

优势产业	分布地区
蔬菜种植	平泉县、滦平县、隆化县、丰宁县、沽源县、尚义县、怀安县、赤城县、崇礼县、肃宁县
畜禽养殖	承德县、平泉县、滦平县、隆化县、丰宁县、宽城县、围场县、张北县、尚义县、怀安县、赤城县、涞水县、阜平县、易县、肃宁县、孟村县
食品加工	平泉县、滦平县、丰宁县、围场县、张北县、唐保县、沽源县、怀安县、万全县、涿鹿县、唐县

续表

优势产业	分布地区
矿产品加工	承德县、平泉县、滦平县、隆化县、宽城县、康保县、沽源县、赤城县、崇礼县、唐县、涞源县、易县
新能源及新能源装备	围场县、张北县、康保县、蔚县
旅游业	崇礼县、赤城县、蔚县、怀来县、围场县、涞水县、涞源县、易县

资料来源：根据收集资料整理。

（四）环京津贫困带与京津两市合作加快推进

自 1981 年在燕南、燕北经济协作区的基础上建立环京津经济协作区以来，环京津贫困带与京津两市的合作就已经开始，但在相当长时期内京津冀三地的合作相对都比较松散。直到 2004 年"廊坊共识"之后，制度化的协商机制开始建立，京津冀合作开始进入快速通道。北京市和河北省签署了关于加强经济与社会发展合作备忘录，决定以水资源和生态环境保护为切入点，开展务实合作。该备忘录提出，北京市安排水资源环境治理合作资金 1 亿元，用于支持密云、官厅两水库上游张家口和承德地区治理水环境污染、发展节水产业。从 2006 年起，北京市每年安排 2000 万元帮助河北省承德、张家口两地治理密云水库、官厅水库上游地区的水环境。该专项资金后来多数都用于对"稻改旱"的补偿。

环京津贫困带与京津两市的深度合作，始于 2015 年 4 月中央政治局审议通过《京津冀协同发展规划纲要》。该纲要要求京津冀要在交通一体化、生态环境保护、产业升级转移等重点领域率先取得突破。连接北京与贫困带内承德、张家口、保定等地区的首都环线于 2016 年开工建设，连通北京与张家口、承德的轨道交通已提上议事日程。区域内的生态环境建设补偿标准统一、碳排放交易、市场一体化建设、联防联控大气污染治理等都在积极推进。北京一般制造业、低端市场向外转移已经启动。区域内旅游景区的共同开发、旅游路线的共同组织、旅游市场的共同开拓等都在向纵深拓展。例如，北京市旅游委和农委共同发布的《京郊旅游发展纲要（2015—2020 年）》提出，北京将构建"四向"旅游合作廊道：北京市区—顺义、怀柔、密云—承德，北京市区—通州—廊坊—天津，北京市区—房山、大兴—保定、石家庄，北京市区—延庆—张家口等区域旅游合作放射线。环京津贫困带与京津两市合作的深入推进为贫困带借势发展提供了前提。

三、环京津贫困带发展面临的问题

尽管环京津贫困带经济发展环境逐步改善、经济发展水平不断提高、特色优势产业逐渐显现，但由于贫困带多位于高山区和深山区，人均占有资源少、对外联系不通畅、发展成本高，且京津冀三地行政分割严重，核心—外围地区发展差距不断拉大，贫困带欠发达的性质始终没有改变，发展任务依然繁重。

（一）贫困面比较大、贫困程度深

2013 年，环京津贫困带贫困人口为 236.61 万人，贫困发生率为20.29%，比全国平均水平高 9.09 个百分点，比河北省平均水平高 13.79个百分点。贫困带内的贫困人口占河北省贫困人口的比重高达 64.65%。从全国范围看，贫困发生率仅比西藏、甘肃、贵州低（如表 7-4）。贫困带内 32 个县中，贫困发生率超过 20% 的有隆化县、丰宁县、围场县、康保县、沽源县、尚义县、蔚县、阳原县、万全县、崇礼县、阜平县、唐县、涞源县、易县、曲阳县、顺平县、海兴县 17 个县。其中，阜平县的贫困发生率高达 43.61%。贫困发生率最低的肃宁县也为 8.42%。在9920 个村庄中有 3798 个贫困村，贫困村占比达 38.29%。

表 7-4　　　　　2013 年各省贫困人口数量及贫困发生率

地区	贫困人口（万人）	贫困发生率（%）	地区	贫困人口（万人）	贫困发生率（%）
全国	8249	8.5	湖南	640	11.2
河北	366	6.5	广东	115	1.7
山西	299	12.4	广西	634	14.9
内蒙古	114	8.5	海南	60	10.3
辽宁	126	5.4	重庆	139	6.0
吉林	89	5.9	四川	602	8.6
黑龙江	111	5.9	贵州	745	21.3

续表

地区	贫困人口（万人）	贫困发生率（％）	地区	贫困人口（万人）	贫困发生率（％）
江苏	95	2.0	云南	661	17.8
浙江	72	1.9	西藏	72	28.8
安徽	440	8.2	陕西	410	15.1
福建	73	2.6	甘肃	496	23.8
江西	328	9.2	青海	63	16.4
山东	264	3.7	宁夏	51	12.5
河南	639	7.9	新疆	222	19.8
湖北	323	8.0	—	—	—

资料来源：《扶贫开发建档立卡工作方案》（国开办发〔2014〕24 号）。

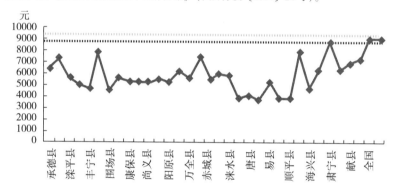

图 7 - 1　2013 年环京津贫困带内 32 个县农民人均纯收入

2013 年全国农民人均纯收入为 8896 元，河北省农民人均纯收入为 9102 元，比全国平均水平高 206 元。贫困带内 32 个县中，除肃宁县农民人均纯收入（8773 元）接近全国平均水平外，其余均低于全国平均水平。其中，阜平县、唐县、涞源县、曲阳县、顺平县 5 个县的农民人均纯收入还不及全国平均水平的一半。贫困程度相对比较深。

（二）发展基础比较薄弱

环京津贫困带经济发展基础薄弱突出表现在"五低一少"，即人均地区生产总值低、产业结构层次低、人口总体素质低、基础设施水平低、城镇化水平低和耕地资源少。

从人均地区生产总值看，2013 年，全国人均地区生产总值为 41805

元，河北省人均地区生产总值为 38600 元。环京津贫困带 32 个县中，仅宽城县和滦平县人均地区生产总值高于全国和河北省平均水平，其余 30 个县人均地区生产总值都在全国和河北省平均水平以下。其中，围场县、康保县、沽源县、尚义县、蔚县、阳原县、涞水县、阜平县、唐县、易县、曲阳县、顺平县、海兴县的人均地区生产总值还不到全国平均水平的一半。发展基础非常滞后。

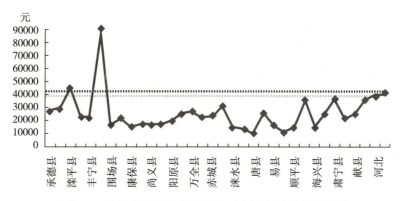

图 7-2　2013 年环京津贫困带 32 个县人均地区生产总值

从产业结构看，2013 年环京津贫困带第一产业占地区生产总值的比重为 23.56%，比同期全国平均水平高 13.55 个百分点，比河北省平均水平高 11.19 个百分点。从各县内部情况看，除宽城县、涞源县和孟村县外，其余各县第一产业占比都高于全国平均水平。承德县、平泉县、隆化县、丰宁县、围场县、张北县、康保县、沽源县、尚义县、万全县、涿鹿县、赤城县、崇礼县、涞水县、阜平县、唐县、易县、海兴县、肃宁县、南皮县 20 个县第一产业占比均超过 20%，其中，围场县、康保县、沽源县、尚义县、涿鹿县、顺平县 6 个县第一产业占比都在 30% 以上。表明贫困带依然是典型的农业社会。

从人口素质看，2013 年保定人才密度指数为 8.86%，为河北省各县区市最低，比河北省平均水平还低 2.65 个百分点，张家口的人才密度指数（9.98%）比河北省平均水平低 1.53 个百分点。特别是在连片贫困地区，高中文化程度居民仅占 7%，初中以下人口占 92%，教育水平整体偏低。

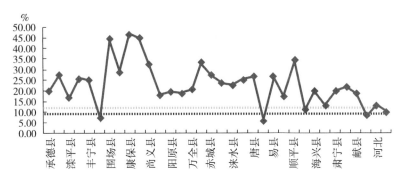

图7-3 环京津贫困带32个县第一产业占比

从基础设施建设看,由于环京津贫困带主要分布在石山区、深山区、高寒地区和少数民族聚居区,自然条件恶劣,基础设施和社会事业发展滞后,吃水难、灌溉难、行路难、上学难、就医难、用电难、通信难等问题十分突出,还有相当多的贫困人口住危房。

从城镇化水平看,2013年环京津贫困带城镇化率为25.32%,比河北省同期水平低22.80个百分点,比全国平均水平低28.25个百分点。32个贫困县中,仅张北县、涞水县、阜平县、孟村县等的城镇化率超过30%,其余均在30%以下。表明城镇化依然处于初期发展阶段。

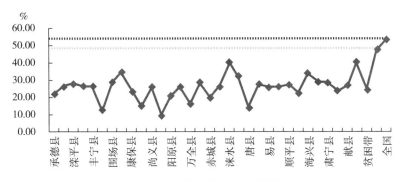

图7-4 环京津贫困带32个县城镇化率

从耕地资源看,现有耕地少、质量差,后备耕地资源缺乏,非耕地资源开发利用不充分,绝大部分是旱涝难保收的中低产田,水浇地和基本旱作农田只占耕地面积的25%。例如,承德素有"八山一水一分田"之称,全市农业人口为263万人,耕地仅602万亩。农村以传统的手工劳动和畜力耕作为主,农业生产机械化作业程度非常低,平均每亩耕地的农机动力、粮食产量、油料产量、农业增加值均远低于全国平均水平。由于资源不足，农业生产规模小，特色农业难以形成优势产业，依靠现有资源壮大农业的潜力有限。

（三）京津两大都市"回波效应"显著

1957 年缪达尔在《经济理论与不发达地区》一书中提出了"扩散效应"和"回波效应"的概念，用于解释国际间和地区间经济发展的不平衡问题。所谓"回波效应"是指增长极在形成和扩张过程中，吸引周边地区生产要素回流和聚集，从而阻碍周边地区发展；"扩散效应"则是通过建立增长极，带动周边落后地区经济迅速发展，从而缩小与先进地区的差距。环京津贫困带的形成与京津两市对周边"回波效应"占据主导有非常大的关系。

如表 7-5 所示，1995—2013 年的 18 年间，随着京津两市要素集聚作用的增强，京津冀区域内首位分布的特征得到进一步强化。仅从城市首位度的变化看，18 年间差距一直在拉大，表明北京集聚要素的作用强于天津。虽然从四城市指数和十一城市指数看，它们都经历了由低到高然后再下降的过程，表明北京对外扩散作用开始显现，但 2013 年与 1995 年相比，北京的集聚作用依然非常强劲。这种"空吸"现象使得资金、劳动力、技术等生产要素大量向京津两市集聚，导致了环京津地区的贫困。在与京津地区接壤的六个地市中，共有贫困县 32 个，占周边区县数量的 44%。距首都中心区不到 100 公里的区域内，存在如此大面积的贫困化现象，在世界上也是少有的。

表 7-5 京津冀区域首位集中指标

年份	首位度	四城市指数	十一城市指数
1995	1.24	0.82	1.17
2000	1.43	0.96	1.38
2005	1.44	0.86	1.28
2010	1.47	0.87	1.29
2013	1.51	0.90	1.23

资料来源：根据《中国城市统计年鉴》数据计算。

（四）发展与保护矛盾突出

环京津贫困带是京津冀平原地区的生态屏障和水源涵养地，是国家"退耕还林（草）工程""京津风沙源治理工程"和"21世纪首都水资源可持续利用工程"重要实施地区；官厅、密云、潘家口、大黑河、桃林口等大型水库及上游地区是京津主要水源地；河北环京津贫困带也是京津防洪、泄洪的主要地区。坝上6县均为国家级重点生态功能区，燕山—太行山片区内其他16县为省级重点生态功能区。在京津冀协同发展规划中环京津贫困带的燕山—太行山片区仅被赋予了生态涵养和水源保护的功能。为保护京津两地的水源、阻沙源，国家大幅度提高贫困带内产业准入门槛，关停并转一批企业，积极推进"稻改旱"，大规模开展封山育林和退耕还林还草，对经济发展造成了一定影响。比如张家口地区，为了节水同时保护水资源不受污染，近年来关停、压缩了300多家企业，每年影响产值100亿元，仅在赤城县一地，全面禁牧、舍饲养殖使当地农户年收入减少5000万元以上。尽管北京和张家口、承德地区开展了生态补偿，但补偿标准低、补偿机制尚未建立。以赤城县为例，2013年，虽然北京以每亩550元给予农户"稻改旱"补贴，但农户每亩仍减收910元。另外，退耕还林工程累计完成造林24万亩，每亩补贴160元，而邻近的北京延庆区每亩补贴800元。在建立生态补偿机制方面，京津冀三方并没有达成一致共识，北京对张家口、承德的只是分期、分时间段给予补偿，范围仅限定在"稻改旱"等方面，还远未到建立机制的时候。

（五）行政分割较为严重

京津冀地区多年来难以实现协同发展的最大问题就是行政壁垒严重。各地始终难以打破"一亩三分地"的思维定式，导致京津冀三地发展严重失衡，京津两地"大城市病"严重，河北则出现"环京津贫困带"。

以交通基础设施为例，河北省交通运输厅的统计数据显示，2014年，河北与京津之间仍有18条"断头路"和24条"瓶颈路"，河北与京津对接的高速公路、国道、省道共存在"断头路"里程达2300公里。交通基础设施不畅，不仅限制了经济要素向外扩散，而且提高了物流成本。陈宇峰（2014）的研究表明，由于京津冀高速公路行政收费高、基础设不完善以及农产品市场准入门槛高等原因，京津冀农产品市场分割程度在不断加深。尽管其他商品流动限制相对较少，但与农产品一样，各地方设置隐形壁垒限制商品和服务自由流通的现象依然存在。在要素流动方面，各地对企业补贴标准、税收执行口径、管理标准等方面不一致，也限制了企业自由流动。在社会领域，失业保险等社会保障关系的互联互认、养老保险关系的正常转移接续等工作还没有真正展开，劳动力市场一体化也只惠及了小部分人口，大量的农民工被排除在外。

四、加快环京津贫困带发展的思路

加快环京津贫困带发展是全面实现小康社会的基本要求，是促进京津冀协同发展的重要举措。针对环京津贫困带面临的突出问题，结合京津冀协同发展的大背景，要在深入推进精准扶贫和创新扶贫机制的基础上，强化贫困带与京津两大都市的合作，积极培育特色优势产业，吸引山区人口转移到中心城市和重点城镇就业，实现"扶贫开发、区域发展、新型城镇化、生态保护"四个方面的良性互动。

（一）建立和完善精准扶贫机制，促进贫困地区和贫困人口共同发展

在农村各种社会保障体系已初步建立，国家加快推进基本公共服务均等化，特别是新时期精准扶贫"五个一批"举措实施后，扶贫已经不是解决温饱问题，而是巩固温饱的问题，其关键还在于贫困人口自我反贫能力和发展能力的建设。根据阿马蒂亚·森的理论，自由在发展过程中又起着"工具性"或"实效性"的作用。因此，"扩展自由是发展的主要手段"。他着重强调了政治自由、经济条件、社会机会、透明性保证和防护性保障五种"工具性自由"。从我国扶贫的实践看，政治自由、社会机会和防护性保障等方面都取得了较好的成效，但经济条件和透明性保证还有待加强。环京津贫困带之所以成为贫困人口众多、贫困发生率较高的地区，一方面是参与贸易和生产的机会少，另一方面是信息基础和信息公开性相对较差。环京津贫困带高低不平的地势地貌，极大地增加了开发的难度，制约了经济社会的开放和发展。较高的行政壁垒限制了贫困带参与贸易和生产的可能性，丧失了许多的市场机会，脱贫也较

为困难。

从我国的反贫困实践看，区域经济增长对缓解贫困的作用比较大。世界银行原行长保罗·沃尔福威茨在 2005 年 10 月访问中国时也说"众所周知，中国在过去 20 年是亚洲增长最快的经济体，并在此期间帮助 4 亿多人口脱离了每天 1 美元的贫困线"。一般认为只有当贫困发生率下降到 5% 以下的时候，经济增长对贫困的缓解作用才比较小。2013 年，贫困带内的贫困发生率为 20.29%。因此，采取切实有力的措施支持有条件的贫困地区发展，将更有助于贫困人口脱贫。因为，加快贫困地区的经济发展，从宏观上看，有助于缓解贫困，从微观上看，为贫困人口创造了参与贸易和生产的可能性，扩展了贫困人口的选择自由。在扶贫开发中，要超脱整村推进、产业化扶贫和劳动力培训转移等专项扶贫的观念，以加快区域经济发展为突破口，以电商扶贫、旅游扶贫等方式为切入点，创造更多的贸易机会和生产机会，并不断完善以透明规则下的竞争为基础的市场机制，将贫困带发展与贫困人口发展打造成具有互补性的有机整体。

专栏7-1　农产品电子商务　"陇南模式"

为解决农产品有量无市、有质无价的问题，陇南把农产品电子商务集中突破列为全市经济社会三大集中突破战略之首进行部署，提出了成立一个电子商务协会、打造一批农特产品电子商务品牌、制定一个电子商务发展规划、建立一套电子商务扶持发展机制、举办一系列电子商务知识培训、培养一支电子商务队伍的"六个一"发展举措，确定了自建服务平台与借力外援合作"两条腿走路"的办法，探索形成了政府引导、市场推动、社会参与、协会运作、微媒助力"五位一体"的发展路子，逐步形成了农产品电子商务"陇南模式"。截至 2014 年底，全市已开办网店 5923 家，实现网络销售额 7.71 亿元，带动 16447 人实现就业。

为支持农产品电子商务加快发展，陇南市县两级均成立了电子商务发展领导小组和电子商务发展办公室，并选配了专业人才。同时，出台了电子商务集中突破实施意见和奖励扶持办法，市、县两级政府通过招商引资、土地置换、争取项目等多种渠道筹措发展资金。市级设立了500万元的电子商务财政专项扶持资金，各县（区）也安排50万~100万元专项资金，以贴息、以奖代补等方式对发展电子商务有成效的个人、企业、单位给予支持，并将农村网店发展纳入惠农贷款支持范围。到2014年，全市共计投入电商发展资金2389万元。此外，还建立了电商协会327个。其中，市县区电商协会12个，乡镇电商协会167个，行政村电商协会148个。通过市场化运营方式，建设了"陇南电子商务产业孵化园""陇南农产品交易中心"、淘宝"特色中国·陇南馆"等一批电子商务载体和平台，为农产品电子商务发展奠定了良好的基础。

（二）积极发展特色优势产业，支持有条件的地区推进新型城镇化发展

加强基础设施建设，并在有条件的贫困地区加快城镇化和工业化的进程，也是"以城带乡、以工促农"的需要。只有城镇发展了，才能带动周边的乡村更好发展。世界银行在《2009年世界发展报告：重塑世界经济地理》中也提出，在小区域范围内加快发展的优先选项是提高密度，其次是缩短距离，最后才是解决区域内部的分割问题。而提高经济密度的关键就是积极推进城镇化，促进人口在城镇集聚。而在城镇化不同发展阶段，政府的应对策略也有较大差异。在城镇化萌芽阶段，政府应尽量保持中立，建立城镇化的制度基础（如土地、安全、教育、医疗和卫生等制度）；在城镇化发展的中期阶段，除制度建设外，政府还要加快基础设施建设，使经济密度增强带来的效益惠及更广的范围；在城镇化发展的高级阶段，除公共制度和基础设施外，重点要防范或解决城镇化带来的各种"城市病"。贫困带要选择发展条件和基础比较好的城镇，集中人力、物力、财力将其打造成能辐射带动周边乡村发展的区域性中心城市，提升贫困地区的竞争力和自我发展能力。贫困带不仅要发展特色优势产业，也要抢抓京津冀协同发展机遇，积极创造条件打造产业发展平台，主动承接产业转移，加快产城融合发展，推动新型城镇化建设，把山区群众吸引到城镇，减少人类活动对生态的破坏，实现"城镇化—扶贫开发—生态保护"的良性循环。

表7-6 地区（地方）、国家和国际层次最重要的特征分别为密度、距离和分割

特 征	地理尺度		
	地区或地方（L）	国家（N）	国际（I）
最重要的特征	农村和城市居住的密度	落后地区和先进地区的距离	国家间分割
第二重要特征	拥挤堵塞导致的距离	落后地区的人口密度和贫困密度	与世界主要市场的距离
第三重要特征	标准住宅区和贫民窟的分割	国家间分割	邻区大国缺位

资料来源：《2009年世界发展报告：重塑世界经济地理》。

（三）抢抓京津冀协同发展机遇，深化与京津两大都市的合作

在传统的区域经济理论中，行政边界都被当作经济发展的屏障或壁垒。例如，廖什从区位结构理论出发，认为边界的存在阻碍了贸易的发展，分割了完整的市场结构，减少了边界地区企业的盈利，限制了企业在边界地区生产的积极性，导致边界地区成为经济活动的荒漠地带。中心地理论的创始人克里斯塔勒也认为，政治边界，实际上是一个人工屏障，它阻碍了合理的经济组织结构，不利于潜在合作区的形成。增长极理论和核心—边缘理论也将边界地区看作人为设置的经济边缘地区。这些理论对相对封闭经济体的边界地区而言是有指导意义的，但随着经济一体化的加快推进，部分地区边界的屏蔽效应也开始弱化。新经济地理学的研究表明，边界地区的经济一体化改变了市场结构，降低了面向两个市场的运输距离和运输成本，有利于生产在边界地区的集聚和集中，而且人口和企业自由流动性越强，就越容易形成集聚效应。因此，不论从最新的理论研究成果看，还是从边界地区发展的实践看，加强区域合作，推动经济一体化发展，对促进边界地区的发展都具有重要作用。

深化贫困带与京津两大都市的合作，就是要消除行政壁垒限制，通过共营共建，强化区域、次区域合作，突出"五共"发展策略，即规划共绘、交通共联、市场共享、产业共兴、环境共治。所谓"规划共绘"就是以京津冀协同发展规划和京津冀"十三五"规划为基础，协调解决重大基础设施建设、区域共同市场构建、产业空间布局、生态环境保护

等问题，营造区域一体化发展的基础条件；"交通共联"就是以重点城镇为节点，以主要交通基础设施为骨干，强化交通基础设施的互联互通，切实满足环京津贫困带便利出行的需求；"市场共享"就是以统一产品检测标准、统一市场准入标准、互认检测结果、联合打造区域品牌、共同维护市场秩序为突破口，彻底消除影响区域内市场一体化发展的显性或隐性行政壁垒，积极构建区域共同市场；"产业共兴"就是按照产业集群的理念，注重产业的地域分工与合作，以生态农业、生态旅游、资源能源产业的合作为突破口，共同铸就区域产业品牌，提升区域产业竞争力和影响力；"环境共治"就是建立有效的体制机制，同一流域、同一生态系统联合治理，保持生态系统的完整性和持续性。

（四）理顺扶贫开发体制机制，与其他政策形成大扶贫开发格局

理顺体制主要包括三方面的内容：一是中央与地方的关系，二是政府各部门之间的关系，三是政府部门与非政府组织之间的关系。从环京津冀贫困带的财政状况看，贫困带的地市、县大部分要靠上级财政转移支付才能保障政府的正常运转，地方根本没有财力满足各类项目的配套需求。目前项目地方资金配套制度，使得这类地区的发展面临更大的困难，申请项目则需要大量的地方配套资金，无法保障地方财政资金的正常运转和项目的顺利实施，如果不申请项目，则错失发展机会。针对贫困带的特殊情况，建议强化中央和省级政府在扶贫开发中的责任。从政府各部门之间的关系看，要进一步整合资源，发挥扶贫资金和涉农资金的最大效益。

五、加快环京津贫困带发展的政策建议

针对环京津贫困带经济社会发展的现实情况，结合国家对环京津贫困带发展的基本要求，统筹考虑新时期精准扶贫"五个一批"的具体部署，在京津冀协同发展的大背景下，加快环京津贫困带发展需要从以下几方面重点着手。

（一）统筹协调京津冀三方关系，加大扶贫开发力度

1. 强化中央和河北省政府在环京津贫困带脱贫中的主体地位。针对

环京津贫困带市县两级财政支撑能力薄弱的状况，建议中央和省级层面进一步加大对环京津贫困带扶贫开发的投入力度。重点是拓展集中连片特困地区减免市县两级公益性配套的政策范围，把重大基础设施建设也纳入其中，真正让贫困带享受到上级扶贫优惠政策。按照"五个一批"的要求，在省级层面加快出台涉农资金整合的办法和意见，鼓励涉农财政资金集中在贫困地区使用，发挥财政资金的引导作用。同时，加大对贫困带均衡性转移支付力度，逐步缩小贫困带地方标准财政收支缺口，用于教育、医疗、社保、扶贫开发等方面的专项转移支付重点向贫困带倾斜。

2. 加强京津与贫困带之间的合作。在强化政府层面合作的同时，充分调动民间合作的积极性，不断培育发展和规范管理社会组织，在行业协会中引入竞争机制，允许"一业多会"，允许按产业链各环节、经营方式和服务类型设立行业协会，允许跨地域组建、合并组建和分拆组建等；同时，建立和完善委托授权机制、合作联动机制、征询机制、监督指导机制等制度措施促进行业协会的有效运转，充分发挥行业协会的桥梁纽带作用。打破行政边界的藩篱，把贫困带与京津两市的协同发展摆在优先位置，发挥北京、天津两大都市的辐射带动作用。鼓励和支持边界两边的区县和乡镇加强次区域合作，共同打造产业发展平台、共同加强生态环境保护、共同强化社会治安管理，然后逐步向外扩展。支持京津两市率先与贫困带的县市在农产品采购、无障碍旅游、横向生态补偿机制等方面开展合作。针对贫困带内大部分人口转移到京津两市的实际情况，结合国家户籍制度改革的进程，探索京津两市户口向贫困带转移人口放开的途径。共同申请国家"生态文明示范区"建设，共同探索凸显生态产品价值的新方式。

（二）以与京津互联互通为切入点，加快中心城市发展

1. 加快贫困带中心城市与京津两市之间的基础设施建设。以北京大外环和京张高铁建设为契机，以打通"断头路"为重点，加快构建贫困带与京津两市的交通网络体系，建设区域内城际铁路和高速公路网络。建立城市之间的便捷通道，加快京港澳高速公路（河北段）、国道 G111扩建和新建的力度，提高陆路运输能力。强化首都国际机场、天津滨海

机场和石家庄正定国际机场等的合作，挖掘运输潜力，提高机场效率。加强各种交通设施建设的紧密衔接配合，建立海陆空多式联运的立体网络体系，提高运输速度和效率。强化城市间轨道交通与城市内部交通的无缝衔接，缩短转乘时间，推动城市内外交通一体化发展。

2. 积极承接产业转移。抢抓非首都核心功能向外疏解的机遇，发挥贫困带资源相对丰富、劳动力成本低廉的优势，打造产业发展平台，积极承接产业转移。要以京津冀协同发展空间布局为基础，编制产业承接转移规划，制定相关的政策，安排产业转移引导资金，吸引企业有序转移。鼓励京津两大都市与贫困带以产业"飞地"的形式共建产业园区。不断完善园区、产业集聚区、新区的基础设施建设，创新产业发展平台的管理体制，形成一批以特色优势产业为主体的特色平台，增强产业承接平台的吸引力和集聚力。

3. 加强产业方面合作。以旅游市场共同推介、旅游线路共同规划、京津冀无障碍旅游合作为突破口，支持贫困带乡村旅游和休闲农业的发展，实施旅游扶贫战略。鼓励京津两市与贫困带内市县签署农产品保供合作协议，搭建农产品进京和津的销售平台，提高贫困带农产品商品率。加强金融保险、信息服务、科技教育、现代物流等服务业的合作，促进贫困带经济转型升级。

4. 培育保定、张家口、承德、沧州等区域中心城市。按照重点生态功能区"点上开发，面上保护"的要求，以增强经济实力为基础，以提高效率为保证，以全面创新为动力，重点培育保定、张家口、承德、沧州等区域性中心城市，改变"小马拉大车"的局面。以完善区域性中心城市功能为核心，以提高城市品位为重点，以深化城市管理体制为手段，推动区域性中心城市快速发展，提高人口吸引力和集聚力。按照产业集聚、资源节约、生态环保的原则，引导企业向园区、园区向城镇集中，带动农村转移人口向城镇转移。

5. 促进以县城为主的重点节点城市发展。在强化生态环境保护的基础上，以特色优势产业发展为支撑，以贫困带内的32个县城为重点，努力培育服务广大农村经济的重要节点城市。

6. 引导农村人口有序向城镇转移。按照国家户籍制度改革的总体部署，以全面放开高校毕业生落户限制为先导，以优先解决长期在城里务工经商的举家迁徙农民工及其家属落户问题为重点，有序放开保定、张家口、承德、沧州等城市落户限制。把易地移民扶贫搬迁、生态移民搬迁、地质灾害避险搬迁等与新型城镇化相结合，鼓励贫困人口、生态脆弱地的人口向重点镇、县城、中心城市转移。

（三）突破行政壁垒，促进京津两市与周边地区要素自由流动

1. 构建统一商品市场。在京津冀区域内建立统一的商品市场准入条件、统一的市场运行规则和统一的市场调控与监管，加大对区域内商品市场违规行为的惩处力度，维护区域内的食品安全。依托中心城市大型综合物流园区、物流中心以及专业化市场建设，以大型商贸流通企业为骨干，以电子商务为突破口，发展"互联网＋"经济，建立高效、通畅的商贸流通体系，促进区域内消费资料市场、生产资料市场和农产品市场的一体化建设。积极推动区域内建立健全执法联动机制、反垄断执法协作机制和打击传销工作协作机制。加强重大维权活动和查处侵权案件的联动与合作，进一步完善消费者投诉的异地受理制度，建立跨区域消费纠纷联合解决机制。

2. 构建统一要素市场。建立京津冀区域内统一的人才和劳动力信息平台，及时准确地向社会提供各类劳动力市场信息。打破银行贷款发展的地域性界限，积极发展异地贷款；促进同业拆借市场加快发展，实现区域内各城市商业银行同业资金的及时调剂。以统一区号和取消手机漫游收费为切入点，加快区域内信息一体化步伐。建立技术产权交易市场中心，整合各方面技术和技术产权交易，建设以电子报价系统为基础，以高素质经纪人队伍为依托，以规范高效服务为支撑的技术市场体系。开展城乡土地增减挂钩试点，构建京津两市与贫困带内32个县统一的地票交易市场，在区域内共同调配城市土地建设用地指标。

3. 搭建共同的产权交易平台。抢抓国家深入推进全国统一碳排放交易市场的机遇，以节能减排交易所为基础，以产权交易共同市场为平台，完善交易细则，建立统一的排污权、碳排放、水权、土地指标交易市场。按照制度化、程序化、规模化、信息化和市场化的要求，全面推进区域内产权市场互联互通、区域整合和功能拓展，提升和完善市场的区域辐射与带动功能。

(四) 完善要素支撑，提升贫困地区自我发展能力

1. 加大劳动力要素支撑。结合"阳光工程""雨露计划"、"绿证"培训和跨世纪青年农民培训工程等惠民工程，规范"建档立卡"，加强与京津两市、省内其他城市的沟通协调，针对产业发展急需人才，着力构建若干个有竞争力的培训专题，积极开展"订单式""定向式""储备式"培训。同时，要在加强输出网络、劳务基地管理和服务等体系建设的基础上，把培育市场、发展劳务中介组织，实现社会输出作为推进劳务输出工作的着力点来抓，逐步建立起以劳动保障部门为龙头，乡镇劳动保障事务所为载体，社会劳务中介机构为补充的劳动力转移就业体系。

2. 加快金融创新力度。深化农村产权制度改革，加强农村承包地、宅基地、林地等农村资产的登记确权颁证工作，加快开展农村"三权"抵押贷款。设立贫困户贷款周转基金，用于贫困群众发展产业贷款周转。发挥互助资金协会贷款灵活的优势，鼓励社会资本加入互助资金池，赋予互助资金担保功能，允许乡镇统筹使用互助资金，最大限度地挖掘互助资金的潜能。探索试点蔬菜、经济林果、养殖等特色农业保险，有效防控贫困户产业发展风险。

3. 完善基础设施建设。针对燕山—太行山片区群众居住分散、基础设施建设成本高的问题，建议加快贫困县重点镇、中心村的规划建设，结合易地扶贫搬迁、地质灾害避险搬迁、农村危旧房改造和新型城镇化建设，引导群众向重点镇和中心村集聚。同时，加大整合力度，将各项涉农资金和项目聚集起来，推进扶贫开发财力和物力向贫困地区倾斜，确保绝大多数的财政扶贫资金和涉农项目投入到贫困地区，加快贫困村、贫困户脱贫步伐。继续加大农田水利设施建设力度，解决好农业产业灌溉问题。继续加强农村道路建设，提升通行等级和能力，进一步改善农村群众出行环境和产业发展交通条件。加快农村危旧房改造，加快农村厨房、圈舍、厕所的改造；坚持"建新拆旧"的原则，采取有力措施，加大村容村貌、环境卫生等农村环境综合治理力度。加大农村信息化建设力度，加快电信、联通、移动基站及宽带等通信设施建设，实现信息化到村到户。

4. 加强基层组织建设。加强农村基层组织建设，继续整顿软弱涣散

基层党组织，选派优秀机关干部到村挂职担任第一书记，提高村两委班子服务群众、带头致富的工作能力。千方百计增加村级积累，在加大基层工作经费财政投入的基础上，探索基层组织与农村集体经济发展挂钩的机制，把对龙头企业、专合组织的财政扶持资金作为股份投入进行分红，把产业发展效益纳入村级资金积累，用于农村基础设施、环境卫生管护和村级公益设施管护的支出，夯实基层工作基础。按照目标精准、对象精准、内容精准、方式精准、考核精准、保障精准的要求，加大对基层组织的考核力度，发挥基层组织的堡垒作用。

（五）加强生态环境保护，构建京津生态屏障

1. 建立和完善地区间横向生态补偿。建立京津冀区域生态建设协调机构，即在政府层面建立统一合作管理协调机构，负责做好生态补偿建设的协调、组织和领导工作，同时建立健全规范区域生态补偿的法律体系，本着"谁治理、谁受益"的原则，进行多元化的生态补偿等。以水权市场化交易为切入点，从流域生态补偿起步，逐步建立横向生态补偿机制，实现"生态补偿脱贫一批"的目标。

2. 完善京津冀联防联治的生态环境保护机制。以跨界河流水污染防控作为环境保护工作的重点，纳入各自辖区环境保护规划，采取有力措施切实加强辖区内污染防控工作，建立相关流域保护和污染防控长效机制，努力控制和减少流域水环境污染影响。对各自辖区内影响跨界流域水环境的工业、生活、农业污染源加强排查和监控，大力整治环境安全隐患，严厉查处环境违法行为，积极防范突发环境事情和污染纠纷。协同推进水环境质量监控网建设，确定跨界流域监测断面、监测项目、监测频次、监测方法，互相通报跨界断面水质监测数据。推动空气质量数据联网，加快大气自动监测数据共享，按照国家新修订的《环境空气质量标准》实时发布空气质量监测数据。

3. 多渠道筹措生态环保资金。充分利用国际治理和全球机制、国际贸易体系所提供的绿色气候资金、全球环境基金、全球养老基金和保险机构对绿色组合的贷款来支持区域生态建设和修复项目。以多元化手段参与CDM项目融资，针对项目自身特点开发合适的融资产品，融资形式可以是固定资产抵押、项目经营权、项目产权或CERs收益权质押、融资

租赁、项目贷款资产证券化等，鼓励银行利用资源优势搭建投融资平台，承销集合债、集合信托等拓宽 CDM 项目融资渠道。积极争取国家林业碳汇交易试点，项目交易所得资金用于区域森林、水等生态环境维护。

（六）建立健全扶贫开发新机制，深入推进贫困带扶贫开发

1. 建立扶贫开发的区域合作机制。以建立跨省协调机制为契机，把扶贫攻坚和跨省协同发展有机结合起来，打破行政分割，发挥比较优势，促进交通、水利、能源等通道共建共享和优势战略资源的共同开发利用。通过基础设施对接、产业资源共享、旅游景点互连、生态环境共建，促进京津与贫困带一体化协调发展。

2. 创新扶贫开发方式。坚持专项扶贫与行业扶贫、社会扶贫"三位一体"相结合，整合多种资源，充分调动和发挥政府、行业、群众、社会各方面的作用，真正形成政府主导、部门主帮、社会主动、群众主体的扶贫开发新格局。以编制各项规划和年度实施计划为平台，充分发挥科研院所、社会精英、各行业各部门的职能和特点，以定点扶贫、对口支援、下派锻炼等多种方式，动员全社会参与、合力推进，支持积极促进贫困地区水利、交通、电力、教育、卫生、科技、文化、人口和计划生育等各项事业的发展。同时，充分尊重贫困地区干部群众的主体地位，尊重其意愿，发挥当地的积极性、主动性、创造性，增强发展的内生动力。

3. 完善扶贫开发体制机制。一是资源整合机制，认真研究各项政策资源，梳理细化，用足用好用活；加强各类资金整合，发挥多元投入、捆绑使用的整合效应。二是激励约束机制，实行扶贫开发工作与农民增收挂钩、经济发展挂钩、评先评优挂钩、效能考核挂钩、干部使用挂钩的"五挂钩"制度。三是改革试点机制，扩大完善连片扶贫开发、贫困村互助资金、农村金融创新等试点。四是重点县退出机制，对摘掉"帽子"的县，坚持扶持政策不变、资金项目不变、扶贫规划不变、行业扶贫不变、定点扶贫不变"五不变"。

第八章 产业发展支持扶贫开发的
经验借鉴

精准扶贫"五个一批"中"发展生产脱贫一批"和"易地扶贫搬迁脱贫一批"关系最为密切，发展生产是实现易地扶贫搬迁"搬得出、稳得住、能致富"目标的重要手段。结合其他地区兴起的旅游扶贫、电商扶贫等扶贫开发新模式以及乌蒙山片区烟草产业发展势头良好的特点，本章重点选择了四个产业，从正反两方面剖析了其他地区的经验和教训，以期为泸州市易地扶贫搬迁和产业发展更好耦合提供有益的启示。

一、旅游扶贫——以浙江安吉为例

浙江省安吉县位于长江三角洲的杭嘉湖平原西部，东连湖州市、南接杭州市、北靠天目山、面向沪宁杭，被誉为"都市后花园"。安吉县曾是浙江省的贫困县之一。1998 年后，以"生态立县"为基本思路，安吉县大力发展以旅游业为代表的生态产业，居民收入稳居浙江省前列，成功实现脱贫致富。2015 年全县地区生产总值达 307 亿元，完成财政总收入 55.68 亿元，城镇、农村居民人均可支配收入分别达 41190 元和23610 元。

（一）安吉旅游扶贫概况

安吉县是一个典型的山区县，曾是浙江省的"欠发达县"、20 个贫困县之一。20 世纪八九十年代，安吉开始"工业强县"，大力发展造纸、化工、建材、印染等行业。在 1998 年太湖治污"零点行动"中，安吉被国务院列为太湖水污染治理重点区域，受到了"黄牌"警告。自此，全县第一税利大户孝丰造纸厂被关闭，20 多家小造纸厂、小化工企业也被关停并转。为了既脱贫致富又不污染环境，安吉确定了"生态立县"的发展思路。

1998 年，安吉县开展以"五改一化"（改路、改房、改水、改厕、改线及环境美化）为主要内容的村庄环境整治活动。随后，安吉又在村庄环境整治的基础上开展"双十村示范、双百村整治"工程。旅游部门组织相关人员到杭州富阳等地学习农家乐旅游发展的经验，随后选择在天荒坪景区范围内生态和基础条件比较好的大溪村开展农家乐旅游。

2008 年，在村镇环境整治奠定基础的前提下，安吉全面开展美丽乡村建设，实现品牌化运营。将全县作为乡村大景区来规划，将每个村分别作为景点来设计，将每户人家分别作为小品来改造。农家乐也如雨后春笋般遍地开花。安吉县将分散的经营户捆绑起来，建立了农家乐旅游服务中心，实行中心带动下的"四统一"管理，即统一接团、统一标准、统一价格、统一促销。一些有条件的农家乐还进行了集约化、股份制的尝试，清风寨、果园农庄、水浒村等乡村农庄和休闲山庄纷纷创建起来。

2011 年开始，安吉县进一步深化美丽乡村建设，纷纷启动"风情小镇""重点培育示范风情小镇"等行动，建设起一批具有历史记忆、文化内涵、区域特色、民族特点、望得见山水、记得住乡愁的美丽风情小镇，打响长三角的最佳旅居地品牌。2011—2013 年，开展天荒坪、报福、章村、郭吴、山川 5 个乡镇创建；2012—2014 年，开展溪龙、梅溪、孝源、上墅、杭垓 5 个乡镇创建。目前已建成"美丽乡村精品村"164 个，乡镇覆盖率达到 95.7%，全县呈现一村一品、一村一韵、一村一景的大格局。2015 年接待游客 1475.2 万人次，旅游收入达 174.3 亿元。

（二）安吉旅游扶贫经验

安吉旅游扶贫的总体思路是政府在体制机制设计和基础设施建设方面奠定基础，充分发挥市场的主观能动性，注重结合外力，以发展休闲旅游业带动居民脱贫致富。具体经验如下：

1. 强化人员组织保障

安吉把旅游扶贫工作与美丽乡村建设相结合，通过将整个县域作为乡村大景区来规划，为全县旅游开发提供基础保障。为确保美丽乡村建设和旅游开发工作顺利推进，安吉成立了由县委书记直接领导，各部门全面参与的组织体系。全县成立了"中国美丽乡村"建设与新农村示范区建设领导小组，两块牌子一套人马，合署办公。另外，设立了环境提升工作组、产业提升工作组、服务提升工作组和素质提升工作组；各工作组均由一位县领导统筹协调，由一个具体部门负责贯彻落实。各乡镇、村也组建了相应的工作机构和领导班子。

除此之外，针对农家乐旅游开发，安吉县建立了三级管理体制。成立由旅游、安监、卫生、公安、工商、质监、药监、农办、建设、环保、财政等部门组成的农家乐规范管理协调小组及办公室，统一制定政策和进行日常管理。凡开展农家乐旅游项目的农户达6家（含）以上的村均设立农家乐服务中心，在县农家乐规范管理协调小组及办公室的指导下，协助其对本地农家乐经营户进行管理。条件成熟的乡镇设立农家乐服务站，接受本乡镇农家乐服务中心的管理。凡本县要求开展农家乐经营的农户，均加入当地农家乐服务中心（站），实现了全县农家乐旅游"接团、标准、价格、促销"的"四统一"管理。

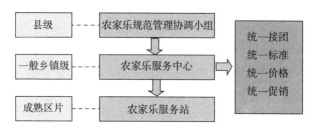

图 8 - 1　安吉县农家乐旅游开发三级管理体制

2. 规划引领建设跟进

在推进美丽乡村建设和旅游扶贫工作中，安吉县重视规划引领和标准制定。例如，在开展美丽乡村建设之初，安吉县委政研室和县农办抽调人员组建专项调研小组，经过反复的总结、调研、咨询、征求意见，历时近一年，形成了《安吉县建设"中国美丽乡村"行动纲要》。随后，相继制定了《美丽乡村标准体系》《美丽乡村考核指标与验收规则》等20个地方标准，形成了拥有45项建设指标和36项量化指标、涉及280多项法律法规的标准体系。由于相关规划和标准的制定，安吉县成为全国唯一的美丽乡村规范标准制定县。再如，专门针对农家乐旅游制定了《安吉县农家乐星级评定要求》，并建立动态的农家乐星级评定制度。参照规划和标准，安吉县逐一细化落实。目前，安吉农村生活垃圾收集覆盖率达 100%，无害化处理率为 92.3%，90% 的行政村实施农村生活污水处理，村务财务公开达 100%，村民满意率达 98% 以上，"村村优美、家家创业、处处和谐、人人幸福"的发展格局基本形成。全县 15 个行政村创建乡村旅游示范村，已有 3 个行政村被评为 3A 级景区；全县有 658 家农家乐，三星级以上农家乐有 110 家；建成农林生产与休闲观光融为一体的现代农业园区 85 个。

3. 建立激励约束机制

为了保障美丽乡村建设和旅游扶贫工作的顺利实施，安吉县注重整合财政资金，并引导金融资本、社会资本、产业资本投入支撑保障。例如，在美丽乡村建设过程中，除在原有地方财政支农的基础上，县财政对建设达标乡镇村，根据人口规模实行"以奖代补"，并带动超过两倍规模的金融资本、集体资金和工商资本投入。另外，安吉县重视对先进单位和个人的激励。一是建立专项考核奖励基金，对在相关工作中做出突出业绩的先进单位和个人进行表彰奖励。二是注重激发基层干部的积极性。全县每年安排 600 万元资金用于村干部酬劳三级统筹，并为基层干部落实各类社会保障。三是设立基础设施和生态建设专项资金，对工作突出的村镇进行补助。从 2003 年起，安吉县政府每年设立 2000 万元资金对农村生活污水处理项目进行重点补助，补助资金一般为项目总投资的 50%，经济薄弱村补助比例达到 80%。另外，县财政每年安排 400 万元专项资金用于新农村的长效管理，巩固新农村建设成果。

除此之外，为保障各项工作落到实处，安吉加强约束机制建设，并开展动态管理。一是组建专门督查组。由县农办牵头，共 17 部门组成联合管理督查小组，抽查所有行政村。每个村一年中要被抽查 10 次，每次都有记录。抽查记录和每个村年底能够拿到的长效管理奖励资金直接挂钩。由此，直接激发了各村镇的工作热情。二是开展信息督查。例如，风情小镇建设指导办公室定期编发工作简报，每期简报都要报道乡镇项目的实施进展情况。三是开展项目督查。通过不定期到乡镇、到实地督查项目进展情况，及时协调困难和矛盾。四是进行例会督查。每 1 至 2 个月召开一次乡镇工作例会，听取工作进展情况，提出工作要求，帮助解决实际困难。五是新闻媒体监督。充分利用广播、电视、报纸、网络等多种形式，广泛宣传各项工作的重要意义、政策措施和典型经验，营造浓厚氛围、形成强烈共识，积极营销品牌吸引社会资本。

4. 发挥市场主体作用

在上述规划、标准、基础设施等全面完善的前提下，政府将舞台交给市场。通过充分发挥市场主体作用，全县旅游开发蓬勃兴起。

根据市场需要，安吉县农家乐已经自发形成农家旅舍型、乡村饭馆型、休闲农庄型等多种类型。其中，农家旅舍型以农民为经营主体，以农民家庭为接待单位，主要内容为"吃农家饭、住农家屋、干农家活、享农家乐"；乡村饭馆型以农民或个体工商户为经营主体，以自有或赁租房屋为接待单位，主要内容为农家特色餐饮；休闲农庄型以农民、个体工商户或外来工商资本为经营主体，经营规模和面积较大，主要内容为餐饮、住宿、会务、农事、采摘、垂钓、娱乐等。

在市场力量的主导下，安吉的生态旅游充分挖掘本地资源、不断进行各项创新。一是充分挖掘生态资源优势。安吉是中国竹乡，遍布全县的繁茂竹林是安吉农家乐旅游的主打产品。二是不断创新特色餐饮。以"农""渔""笋"为特色餐饮，形成了清蒸腌肉、外婆老豆腐、腊肉蚕豆瓣、笋干野葫葱、咸肉萝卜煲、腌菜山牛肉、咸肉炖毛笋、老家粉蒸肉、竹筒石鸡、熏肉石笋、干三色茅草根、老家土鸡煲、老家船头鱼等一批品牌农家乐风味菜肴。三是快速建设旅游景点。安吉地处天目山麓，毗邻太湖，通过快速建设景区景点，吸引了众多的外地游客。四是不断培育各项主题活动。经过多年的培育和发展，安吉县已经开发出一批成熟的主题活动和旅游系列。如表 8-1 和表 8-2 所示。

表 8-1　　　　　　　　　　安吉农家乐主题活动

活动名称	活动内容
农耕娱乐	采茶炒茶、挖笋剥笋、果树采摘、蔬菜农田认养、竹工艺制作
民俗体验	龙灯会、貌琳舞、花灯腰鼓队、磨豆腐、打年糕、包青团、竹筒饭
老年养年	垂钓、棋牌大赛、休闲门球、乡村书画、交谊舞
激情岁月	野外拓展、露营大会、山地自行车、自驾兜风、丛林探险
烂漫童年	捉螃蟹、抓溪鱼、踩高跷、滚铁环、打陀螺

表8－2 安吉农家乐旅游系列活动

活动系列	系列名称	营销对象
快乐老家活动一	童真·乡村夏令营	都市少年、中小学生短程度假
快乐老家活动二	求知·青少年探游	大中学生、背包族、青年俱乐部
快乐老家活动三	野趣·驴友俱乐部	热爱登山及拓展活动的个人和团体、自驾车队
温馨老家活动一	避暑·休闲养身游	中老年团队避暑养生、亲朋好友周末休闲
温馨老家活动二	周末·亲子休闲游	散客、上班族家庭式周末度假、体验田园生活
民俗老家系列一	喜庆·农家民俗婚典	新婚夫妇度蜜月、已婚夫妇结婚纪念日
民俗老家系列二	祥和·绿色农家过年	家庭亲朋、团体年夜饭
民俗老家系列三	香甜·农家年终饭	县内及周边城市游客、单位年终活动
民俗老家系列四	欢腾·明月篝火晚会	各单位集体、各旅游团队活动
老家新貌系列一	交流·公务考察接待	党政机关、单位、企业、团体公务考察
老家新貌系列二	回归·乡村旅游	党政单位部门、自驾散客考察美丽新农村

5. 注重借用外力支持

安吉县无论在规划标准制定还是在组织监督管理方面均充分借助外力。在制定美丽乡村规划时，专门成立了专家指导组，聘请了专家顾问团对"中国美丽乡村"建设进行指导。为解决农家乐多数经营规模较小、独立营销能力较弱的难题，成立了"故里炊烟——安吉农家乐营销联合体"，统一制作营销资料、设计活动载体，统一接团、制定指导价，统一包装和对外推介、调剂客源并开设专门网站。建立动态农家乐星级评定制度，由中国饭店协会组织开展国家级农家乐星级评定活动。全面推广从日本引进的农家乐废水土壤多层介质处理技术。另外，与浙江大学合作开发的农村生活污水分户式湿地处理技术具有较好的效果。除此之外，与浙江农林大学、浙江林科院等院校结下了固定的合作机制。综合利用电视、网络以及平面媒体等各种渠道，加大宣传促销力度，如借助《卧虎藏龙》的拍摄，推动安吉大竹海景区建设和发展。

二、电商扶贫——以甘肃陇南为例

甘肃省陇南市地处秦巴山区，由于山深路远、交通闭塞、自然灾害频发，是甘肃省贫困面积最大、贫困人口最多、贫困程度最深的地区。

国家新一轮扶贫开发工作启动后，陇南市 9 县区全部被纳入国家"秦巴山集中连片特殊困难地区区域发展与扶贫攻坚"区域。另外，陇南是甘肃省唯一属于长江水系并拥有亚热带气候的地区，地理气候独特，农业特色产业发展优势明显。本市核桃、花椒、苹果、蜂蜜等农特产品品质优良、绿色生态。由于地处贫穷落后山区，这些农特产品一直"养在深山人未识"。2013 年以来，陇南积极探索电商扶贫，通过开办网店，发展电子商务，本地农特产品通过网络平台迅速扩大交易，当地群众收入增加明显。截至 2015 年底，陇南市共开办网店 8674 家。仅 2015 年一年，实现电子商务销售总额 28.86 亿元，带动就业 23471 人。目前陇南电子商务带动贫困户就业 96897 人；64 万贫困人口因发展电子商务人均增收 430元。电商扶贫在陇南取得了较好的效果。

（一）陇南电商扶贫概况

作为典型的贫困地区，2013 年，陇南市 283 万人中有 83 万贫困人口，扶贫攻坚任务艰巨。陇南市委市政府清醒地认识到，本地具有特殊市情，不能总是跟在别的地方后面盲目追求地区生产总值，必须结合地方实际，开拓群众致富增收的空间。2013 年，陇南市确定"推进电子商务，实现集中突破"的发展战略。2014 年，政府进一步贯彻发展电子商务的战略决策，探索政府引导、市场推进、社会参与、协会运作、微媒助力"五位一体"的发展模式。在电商扶贫的全过程中，陇南市政府在发展规划的制定、电商平台的搭建、电商人才的培养、电商创业体系的推动、金融扶持体系的探索等方面做了非常多的工作，并充分发挥市场主体的主观能动性，取得了较好的效果。截至 2015 年底，陇南市创建和加盟电商平台累计达到 28 个，8674 家网店中有 735 家网店是由 450 个贫困村开办的，西北地区首个市级地方馆"特色中国·陇南馆"正式上线运营。陇南的电商扶贫实现了从无到有、从小到大，取得了一定成绩。2015 年，陇南市荣获"2015 中国消除贫困创新奖"，被国务院扶贫办确定为全国首个电商扶贫试点市，成县和武都区在全国率先被阿里巴巴集团纳入"千县万村"电商计划试点。

在陇南电商扶贫过程中，"成县模式"具有较大的助推作用。"成县模式"得益于三大效应，即樱桃效应、生态效应和书记效应。樱桃效应指通过鼓励将成县西洋樱桃随手拍的形式，将樱桃照片通过网络微博、微信等途径传播，并引发网民的广泛关注。生态效应指成县大力宣传本县的原始生态风光，通过网络资源将成县自然生态环境优良的形象对外展示。书记效应指成县县委书记实名注册认证新浪微博，通过微博叫卖成县鲜核桃；短短数日，书记的微博粉丝量超过 20 多万，引起网民广泛关注，被称为"核桃书记"。在此三大效应后，成县核桃、土蜂蜜、柿饼等农特产品通过淘宝网热销全国。随着"成县模式"的成功，两当的狼牙蜜、礼县的苹果、武都的花椒和橄榄油、文县的茶叶、康县的黑木耳、宕昌的中药材等特色农产品销量节节攀升，同时带来了前往陇南观光的游客，使得本地农民的收入大幅攀升。

（二）陇南电商扶贫经验

陇南通过不断借鉴先进经验，充分发挥政府、市场、社会等多方力量，全方位推动电商扶贫进程。

1. 强化人员组织保障

陇南市委市政府成立电子商务工作领导小组，由市委副书记和副市长分别任主任和副主任，成员由成县县委书记和陇南市政府相关职能部门（局）以及银行、电信、移动、联通等企业的一把手共 23 人组成。各县（区）委、政府成立电子商务领导小组和办公室，确定一名领导主抓电子商务，负责全县电子商务实施方案制订、平台建设、日常管理等具体工作。

2. 健全各项制度体系

陇南市政府相继出台《关于推进电子商务实现集中突破的意见》《关于金融业支持电子商务发展的指导意见》《关于加快通信网络基础设施建设支撑电子商务快速发展的意见》《陇南市 2014 年电子商务发展扶持奖励办法》《陇南市 2014 年电子商务发展扶持奖励考核验收评审程序》《陇南市 2014 年电子商务培训工作方案》《关于再就业小额担保贷款支持电子商务创业的通知》《陇南市电子商务应用培训实施方案》等政策。各县（区）政府也出台相应的方案。为确保电子商务的运营提供制度保障。

3. 推动设施平台建设

为保障贫困地区能顺利开通网店，陇南政府加快推动光缆入村入户，打通农村物流"最后一公里"。政府与通信企业合作，采取政府补助的办法，支持网络运营商加快农村网络建设，对有开办网店需求的村镇优先架宽带网络。政府鼓励物流企业在乡村设立服务网点，利用商务部门农家店商品配送车捎带等办法，帮助乡村网店解决物流问题。采取政府购买服务的方式，通过与邮政物流企业谈判达成较低价格，降低网店经营成本。通过市场化运营方式，引进浙商华昌投资集团建立陇南电子商务产业孵化园。市委市政府分管领导多次赴阿里巴巴集团，沟通协调建设"特色中国·陇南馆"，并建设农村淘宝武都和成县运营中心及82个村级服务站。

4. 加强电商融资支持

从2014年起，陇南市财政每年筹集200万～500万元作为电子商务专项资金，各县（区）政府也每年安排50万～100万元作为电子商务专项资金。另外，陇南政府以贴息、以奖代补的方式，扶持电子商务试点示范重点工程、公共服务平台建设等。引导金融部门拓宽服务范围，有针对性地开发利于农产品销售的"椒红宝""金橄榄""茶农旺"等信贷产品，为电子商务发展提供金融支持。

5. 加强电商人才培养

根据电子商务培训工作方案，探索出了"网吧变网店，网民变网商"的路子，组建"电子商务协会培训中心"，对电子商务从业人员进行培训。聘请国内电商专家、阿里巴巴讲师来陇南举办讲习班。依托陇南师范高等专科学校，成立陇南电子商务职业学院，通过"走出去、请进来"等办法，多层次、多渠道培训电商人员9.9万人次。多次组织骨干和电商讲师赴浙江义乌工商学院、福建兰田世纪之村进行学习培训。

6. 提供便利化政府服务

陇南政府打造网上办事平台、便民服务平台、阳光政务平台，实现行政审批和便民服务"一张网"办理。目前，招商、民政、公安、旅游等部门利用信息网络、政务微博、微信平台等新媒体，通过窗口二维码、电子名片、政务微博等载体，为民众提供便利化的服务。

7. 充分发挥社会力量

政府将大学生村官、乡村干部、农村返乡青年和未就业大学生作为带动陇南市发展电子商务的主要目标对象，支持他们带头开办网店，并鼓励他们带动城乡居民特别是农民、农村致富带头人、农产品购销和贩运商、产业大户、残疾人等开办网店。另外，政府要求每个乡镇至少开办一家旗舰店，逐步达到每个村开办一家网店，以此带动就业和农民致富。组织市内农产品加工企业、专业合作组织按照网店销售情况，加工生产适销对路的产品。

8. 广泛开展各类宣传

政府各有关部门广泛开通政务微博、微信、网站进行宣传。目前全市已形成由 2900 多个政务微博、377 个政务微信公众平台、385 家政务网站和众多个人微博微信组成的微媒体矩阵，并通过这些渠道宣传陇南优质农特产品。创建"宣传微信二维码"平台，将二维码布置到酒店、车站、公园、景点等方方面面。

9. 严格开展各类监管

电子商务拓展了产品的销售渠道，但产品质量才是根本。为确保农产品质量，陇南政府全面强化各类监管。首先，食品药品监督管理局、农牧局、质监局等部门对土特产品进行全程跟踪监测。其次，初步建立了网销产品质量追溯体系。例如，成县建立了百年老树核桃二维码质量追溯体系，即在农特产品上设置追溯二维码，将产品种植户、加工企业、经销商的基本情况，录入追溯系统，用先进的技术手段对农产品进行信息化监管。

三、烟草扶贫——以云南玉溪为例

玉溪市是云南省 16 个州市中唯一没有国家、省级扶贫工作重点县和特困地区片区县的州市，但本市区域发展差异较大，扶贫开发工作始终是全市工作的重中之重。以烟草等优势产业为带动，"十二五"以来，玉溪全市贫困发生率由 8.40% 下降到 5.07%，比全省贫困发生率低 10.42 个百分点，为全省最低；贫困地区农村居民可支配收入增幅远高于全市农村居民可支配收入的平均水平。

（一）玉溪烟草扶贫概况

玉溪市位于北纬 23°19′~24°53′、东经 101°16′~103°09′之间，属低纬内陆、高原山区；境内冬暖夏凉、雨热同季、雨量适中、光照充足、气候温和，属于烤烟种植气候最适宜区，具有"云烟之乡"的美誉。依托优质烟叶种植，玉溪烟草、红塔集团全国知名，并带动全市经济较快发展。由于玉溪经济发展一直排在云南前列，本地是全省唯一没有全国扶贫工作重点县和特困地区片区县的州市。但是，玉溪市域内部发展极不平衡，素有"红塔山掩盖了哀牢山，大营街掩盖了羊岔街"之称。玉溪市山区与坝区的农村经济收入和生产生活条件非常差。元江哈尼族彝族傣族自治县、新平彝族傣族自治县、峨山彝族自治县、易门县、华宁县等偏远哀牢山区、革命老区以及少数民族聚居地聚集了9个贫困乡、75个贫困行政村、1100个贫困自然村（组）。

玉溪以哀牢山片区和革命老区为扶贫重点，着力实施整乡整村推进、产业扶贫、劳动力培训转移"一体两翼"战略，加强基础设施建设、产业发展、素质提升教育。玉溪市充分发挥红塔集团的主观能动性，共同参与到玉溪市扶贫开发工作中来，通过产业带动、定点帮扶、资金支持等多种方式帮助居民脱贫致富，取得了较好的效果。"十二五"以来，玉溪市已实现农村贫困人口脱贫21.7万人，下一步将持续加大扶贫力度，到2017年消除绝对贫困现象。

（二）玉溪烟草扶贫经验

玉溪烟草扶贫的最大亮点是红塔集团将玉溪扶贫工作与自身烟草产品升级结合起来，以烟草品牌为引领，推动"公司＋基地＋农民"的组织模式，实现企业升级和农户增收的双赢格局。另外，红塔集团也通过定点帮扶、资金支持等多种方式帮助居民实现脱贫。

1. 脱贫致富与烟草产业升级并举

2011年中国第一包有机烟"玉溪庄园"正式在市场上面市，借助有机概念打造的高端定位，其一上市就引起了极大轰动。而生产"玉溪庄园"的国内第一座烟草庄园——"玉溪庄园·峨山凤窝园"也引起了各界的广泛关注。目前，红塔集团在玉溪、临沧、大理建成和在建4个烟草庄园，峨山凤窝园是其中重点打造的庄园。在庄园中，采用"烟—牧—菌—沼"的现代农业技术，用农作物秸秆和有机饲料养殖家畜，畜禽粪便一部分堆捂发酵还田，另一部分形成沼气，实现循环综合利用。种植过程中，推动烤烟、水稻、玉米、油菜、蔬菜隔年水旱轮作。由此，庄园出产的烟叶，以有机、天然、生态赢得了高端市场。另外，除烟叶外，庄园还生产有机大米、有机蔬菜、有机畜禽等。由于冠名凤窝有机品牌，其一经上市便获得认可，市场价格是同类普通农产品的两倍以上。此外，玉溪庄园在烤烟种植体验游、休闲度假游等方面也采取了诸多探索，如近期打造的凤窝庄园彝族文化旅游品牌、玉溪庄园国家生态旅游示范区建设等，取得了较好的效果。玉溪庄园模式既是烟草产业向有机高端升级的举措，也是烟草工业链条延伸到农业、服务业等产业中的示范。

红塔集团与农户合作的模式是：在坚持自愿、平等、互利原则的基础上，公司吸收凤窝及周边农民以"土地出租＋土地产出"支付工资的形式，加入玉溪庄园公司；另外，成立了移栽、施肥、植保、中耕培土、烘烤、分级等专业队伍，实行专业化分工。公司按照循环经济的各项技术要求，对生产实行"五统一"经营管理，即统一签订烤烟种植收购合同，统一安排农事，统一落实生产任务，统一烘烤，统一交售，在整个生产过程中大多数都是由公司免费提供服务。此外，玉溪庄园公司还邀请农经中心相关专家和烟草公司技术人员免费对烤烟生产各个环节进行技术指导和培训，促进各项科技措施的落实。

通过此种模式，农民通过获得了较大的收益：

第一，农民收入大幅提高。农民把土地出租给玉溪庄园公司后，不但不用承担农业种植风险，而且获得了远高于当地平均水平的土地租金，获得了较好的现金收入。另外，农民在自己的土地上耕作，玉溪庄园公司按照农民的生产成果支付工资，农民又获得了工资性收入。并且，农民在生产中使用的有机肥及机耕、烘烤等农业技术服务均由玉溪庄园公司统一免费提供，降低了农民的生产成本。再者，玉溪庄园凤窝园的建设还进一步增加了凤窝村民的其他收入，如烟苗商品化生产销售收入、养殖小区收入及龙竹收入等。同时，凤窝村的发展也带动了周围村组的经济发展，形成综合经济效应。

第二，提升了农村基础设施建设。农业有机产品的生产对周边环境的要求非常严格。玉溪庄园凤窝园建设充分重视庄园区域农村生态环境，全力加强对生产基地周边环境基础设施及村容村貌综合配套建设。全面完善田间排灌水渠、机耕路、烘烤工场、育苗工场等设施，另外，配套发展相关产业发展平台和人文生态环境，推动建设养殖小区、村民文化娱乐广场、龙竹种植基地、村容村貌整治等。在红塔集团的推动下，凤窝村容村貌整洁，全村焕然一新，并富有浓郁的民族文化风情。

第三，村民社会生活水平大幅提升。村民加入红塔集团的玉溪庄园公司后，有稳定的租金及工资性收入，不用担心农业生产和产品销售，有更多的时间和精力开展丰富多彩的业余文化生活，生活质量明显提高。另外，农民的有机生产活动受到公司的严格监督。企业在各个生产环节关键点上，进行质量控制并进行不定期检查，一旦发现违规使用农药、化肥行为，公司就取消该村的有机种植合作，全村村民将失去公司对该村有机种植的各种优惠，农民的收益将受到很大影响，由此，强化了诚信意识，促使村民共守诚信、共同努力、共享发展成果。

2. "挂包帮""转走访"定点帮扶

玉溪市全面建立了各级定点挂钩驻村帮扶的工作制度，通过"领导挂点，部门包村，干部帮户""转作风、走基层、遍访贫困村贫困户"等方式提升帮扶能力。玉溪卷烟厂定点帮扶玉溪市峨山县，通过统筹整合新农村建设、干部直接联系和服务群众挂钩点以及定点挂钩扶贫等方式，对峨山县全面开展帮扶工作。目前，玉溪卷烟厂对峨山县开展美党村库塘整治水利工程项目、塔冲村道路整治、库塘整治帮扶项目工作；对富良棚中学、中心小学开展帮扶，改造学校照明工程、送棉被等物资给学生等；加强对本县部分地区烤房、水窖、水库修复等配套基础设施建设等。

3. 设立玉溪卷烟厂扶贫济困基金

近年来，玉溪卷烟厂面向工厂全体干部职工发出扶贫捐款倡议书，广大职工积极响应，纷纷奉献爱心，筹集扶贫基金。这笔扶贫基金筹集之初，按照办事公开、民主管理的工作要求，在全厂范围内进行了公示。为深入推进扶贫济困工作，在此基础上，玉溪卷烟厂设立专项扶贫济困基金。为规范基金的使用，成立基金管理委员会，明确职责，加强监督管理。另外，制定《玉溪卷烟厂扶贫济困基金管理办法》，推动扶贫济困基金的规范化管理。目前，该项资金在向玉溪师范学院贫困大学生爱心资助捐赠、峨山富良棚乡中心小学物资捐赠等活动中发挥了重要作用。

四、城镇化扶贫——以湖南湘西为例

湖南湘西州位于云贵高原东侧的武陵山区，贫困面大、贫困程度深、脱贫任务重是湘西州扶贫开发工作面临的主要困境。近年来，湘西州坚持把打好扶贫攻坚战作为最重要的战略任务、最宏大的民生工程、最紧迫的政治责任，在扶贫工作中积极实践，探索出了一定模式和经验，也有一定的教训和启示。下面针对湘西州就地城镇化和扶贫以及异地城镇化和扶贫分别列出成功和失败的案例，仅供参考。

（一）就地城镇化和扶贫

就地城镇化和扶贫，即通过就地创造就业、改善基础设施、重建民房等方式实现居民脱贫致富，但在操作过程中需要结合地区实际，否则同样的举措在一个地区成功了，却在另一个地区效果不佳。

1. 菖蒲塘的经验

菖蒲塘，即凤凰县廖家桥镇菖蒲塘村。菖蒲塘模式的核心是通过就地发展产业致富，并同步完善城镇基础设施和公共服务，实现城镇化和脱贫致富同步发展。

菖蒲塘村的基本特点如下：区位优势突出、交通便捷，本村北连凤凰文化旅游经济开发区、东接凤凰古城、西近铜仁凤凰机场，凤大二级路、308 省道、凤大高速（规划）横穿境内。菖蒲塘村发展种植业条件优越，本村以水果种植为主，水果种植面积达 1650 亩（人均 1.8 亩）。

1996 年，在村党支部和猕猴桃专业合作社的组织发动下，菖蒲塘村在全县率先带头发展水果产业。本村先后引种米良 1 号猕猴桃、蜜柚、红心猕猴桃、高山葡萄、红心柚等主要果品，逐渐形成了特色水果专业村。2014 年，全村 208 户、906 人，水果种植收入 1000 万元以上，育苗收入 500 万元以上，90% 的果农户均纯收入 5 万元以上。20 世纪 80 ~ 90 年代，菖蒲塘村是全县有名的贫困村，90% 的农户居住在石头房和土砖房中，剩余的住在茅草房中。而现在，全村 95% 的新农户修了楼房、98% 的农户实现了电气化、100% 的农户通自来水、道路全部硬化，太阳能路灯、集雨水窖等基础设施以及改圈、改厨、改厕、道路绿化、危房改造等工程全面实施；除此之外，村民文化广场、村治安室、卫生室、文化室、便民超市、垃圾收运等公共服务体系逐渐完备。

菖蒲塘模式在就地城镇化和扶贫中较为成功,分析其原因除有一批干部能人带领,自主发展产业寻求致富外,也与本地地理和区位条件有关。本地种植条件较好,有利于发展特色水果种植业,加上交通相对便捷,水果向外运输成本较小,进一步促进了该产业的发展。另外,由于靠近城市,道路、水、电等基础设施建设的成本较小,有利于城镇化的推进。对于该模式,政府后续工作重点可能在于技术指导、市场拓展等方面。

2. 吉乐的教训

吉乐村,即凤凰县米良乡吉乐村。吉乐模式的核心是通过在原地集中建房实现整体搬迁,为贫困群众解决居住困难。

吉乐村的基本特点如下:自然条件较差,本村位于凤凰县北部腊尔山高寒山区边缘,平均海拔 800 米,山高坡陡、石漠化严重,耕地量少贫瘠,人均水旱耕种面积不足 1 亩,风灾、雪灾、旱灾等较为频繁。区位交通不佳,地处偏远、交通闭塞,本村距县城 70 公里,距米良乡政府也有 6.6 公里;全村共 7 个自然寨,仅有一个寨子通公路。生活居住条件较差,本村 2013 年才通上电,村民多居住在茅草房、岩板房、篱笆房中,四面通风、人畜混居。目前,全村主要收入来源为外出务工与种植烟草,人均收入仅 1500 元左右。

吉乐村的整体搬迁项目主要是针对居民居住条件较差的现状,在村寨后边无法耕种的荒山荒地内集中选址,由政府进行规划设计、地基整理、通路、通水、通电、集中建房。其中,资金由国家包干补助和个人自筹共同实现。从目前的进展来看,通过整体搬迁,居民的居住困难得到一定程度的缓解,但未能根绝;居民贫困状况的改善成效不明显。从居住上来看,新村虽然通电,但电费相对较高,使得村民使用受限;虽然通水,但管网和管理均存在问题,部分居民反映一直无法正常使用自来水;虽然建筑较新,但住房设计在养禽养畜、烧饭烤火、如厕、物资存放、室内建筑格局等方面与苗族居民的生活习惯和文化理念存在一定的差距。从收入来看,村民依然未能摆脱偏远和恶劣的自然环境,促进生产和增加收入等方面仍显得不足。

吉乐村的就地城镇化和扶贫模式存在一定问题,分析其原因除搬迁中居民自发性较弱、政府意志较强外，就地搬迁并未考虑地方实际。虽然新建了住宅，但本地依然自然环境较差、区位偏远、生产力发展程度不高、生活居住条件不便、收入增加困难等。对于此类情况，就地城镇化的内涵和形式本身都有待进一步探讨。

（二）异地城镇化和扶贫

异地城镇化和扶贫，即将居住条件恶劣的居民统一搬迁至适宜居住地区重新安置。在异地城镇化和扶贫过程中，也需要综合考虑迁入地的现实条件，并审慎预判搬迁后的结果。在此，也分别列出相对成功和失败的两个案例，仅供参考。

1. 永茂的经验

永茂镇，位于永顺县东部。永茂模式的核心是将居住条件恶劣的山区居民通过土地置换的方式集中到镇区居住。

永茂镇的基本特点如下：交通便捷、区位条件相对较好，焦柳铁路和1828省道纵贯全境，有1个火车客运站和1个班车客运站；虽然距永顺县城72公里，但与张家界永定区交界，距张家界荷花机场不到20公里。自然环境相对较差，属于山多地少、草多树少的典型小山镇，人均耕地面积仅0.40亩。另外，远离镇区的山村受自然灾害影响较大。2003年，永茂镇发生了特大洪灾和大型地质灾害，全镇因灾死亡28人、需搬迁民众632户、6000人不同程度受灾，田地、交通基础设施等毁坏殆尽。

受地震灾害的影响，在政府引导下，山区灾民及居住条件恶劣的居民开始向永茂镇镇区集中安置。截至2014年底，近3000名山区居民搬至镇区。镇区人口从原来的2000余人增长至5000余人。在搬迁的过程中，政府实行了宅基地置换，前期规划，"三通一平"，协助土地办证、资金筹措、民房建设等工作。通过移民搬迁，居民的生活条件明显改善，尤其是居住更安全、学生读书有保障、老人就医居住更方便；通过人口增加，城镇化进程加快，规模集聚效应也开始显现；原分散居住于边远地带的居住状态变为相对集中后，政府基础设施和公共服务的投入明显降低；居民收入有所改善；土地集约节约利用程度提高。

永茂镇的异地城镇化和扶贫模式取得了较好的效果，居民和政府都在一定程度上获益。然而，该种模式总体而言并未完全实现城镇化和居民生活富足。事实上，由于本地自然资源相对较差、产业发展受限，镇区近 2000 名年轻居民仍然选择外出打工作为获取收入的主要方式。新增的镇区建设用地由于靠近河道，一定程度上受水患的影响。然而，在当前经济社会发展阶段下，该模式不失为一种城镇化扶贫进程的过渡。

2. 碗米坡的教训

碗米坡镇位于保靖县西北部。碗米坡模式的核心是将受地质灾害威胁的不同居民统一异地安置，新安置地为重新规划选址地域。

新安置地的基本特点如下：靠近景区，碗米坡镇拔茅村集中安置点距离"八部大王庙"5 公里。建筑特色突出，安置点位于碗米坡电站左岸，依山势而建，建筑风格结合西水流域土家文化，极具民族特色。区位条件较差，新选址地点距离保靖县城 23 公里，民众进城一般需 2 个小时左右。自然资源条件有限，山区土地相对贫瘠，人均耕地不足 1 亩。

碗米坡集中安置工程于 2013 年 9 月开工建设，2014 年 8 月竣工。移民安置点总体用地 100 亩，共安置移民对象 99 户、441 人。安置点房屋统一设计规划，有主道 1 条、支道 5 条、中心广场、休闲健身广场、土家文化长廊、安置点管理办公室、小区超市等。目前安置点居民以打工为主，留在驻地的老年人收入主要来源有子女供给、新型农村社会养老保险金、退耕还林补贴、政府水库移民搬迁补贴。收入总额较少，勉强维持生计。居民生活可以用电，但仍未通自来水。

碗米坡模式总体而言存在一定问题。首先，没有考虑到居民收入问题。虽然靠近景区，且居民点建筑具有民族风格，但是景区本身没有大规模旅游人口，本地也没有吸引旅游人群的条件和基础设施承载能力，以旅游提升收入的可能性近期较难实现。其次，没有考虑到居民的生活。新建居民点距离城市建成区较远，一方面，居民生活和出行不便；另一方面，水、电、路等基础设施的建设成本较高。

五、扶贫经验对泸州的启示

扶贫开发工作，一方面，应遵循经济社会客观发展规律，借鉴先进经验；另一方面，应紧密联系地区实际，有针对性地开展。

（一）泸州市发展情况及扶贫开发主要方向

2015 年，泸州市人均地区生产总值为 29655 元，折合 1970 年美元为 791.22 美元，三次产业结构为 12.4∶59.6∶28.0。从数据上判断，泸州市处于工业化中期阶段。处于该阶段的地区，企业得到了一定时期的资本积累，产业扩大再生产能力增强，需要能源和设备的支撑；加上城市居民收入开始增多，消费需求发生转变，促使原材料工业、材料加工业等资源资金密集型产业成为工业发展的主导。另外，随着城市收入提升和消费需求转变，为城市人口提供服务的相对低端的第三产业开始发展。在此阶段，经济处于集聚时期，人口也以向发展较好的城区和镇区集聚为主。

目前，泸州市四大产业分别是酒的制造业、能源行业、化工行业、机械行业。这些产业基本上与当前经济社会发展阶段相符。另外，随着经济的发展，第三产业活力逐渐增强。2015 年，第三产业在上年同期的 27.1% 的水平上增长了 0.9 个百分点。第三产业单位有 1037 个，占全市全部"四上"单位的 56.4%，比 2014 年增长 0.8 个百分点。第三产业的增长势头这几年一直持续，而第三产业又是吸引劳动力较强的产业。从泸州市第三次全国经济普查资料来看，2013 年，第三产业吸纳劳动力 29.78 万人，占全部非农产业就业的 41.41%，比 2008 年上升了 2.35 个百分点。这其中，仅批发和零售业就增长了 3.03 万人，占第三产业所有新增就业人员的 31.2%。另外，建筑业对于劳动力的吸纳也较大，2008 年 16.14 万人、2013 年 22.68 万人，均占当年非农劳动就业的 31.5% 左右。

表 8-3　泸州市第三次全国经济普查的非农产业从业人员变化情况

行　业	2013 年	2008 年	增减	变化情况（%）
合　计	71.92	51.38	20.54	40
采矿业	1.86	2.62	-0.76	-29
制造业	16.27	11.55	4.72	40.9
电力、燃气及水的生产和供应业	1.04	1	0.04	4
建筑业	22.68	16.14	6.54	40.5
交通运输、仓储和邮政业	3.61	2.97	0.64	21.5

续表

行 业	2013 年	2008 年	增减	变化情况（%）
信息传输、计算机服务和软件业	0.39	0.29	0.1	34.5
批发和零售业	5.82	2.79	3.03	108.6
住宿和餐饮业	0.69	0.47	0.22	46.8
金融业	0.27	0.94	-0.67	-71.3
房地产业	1.36	0.61	0.75	123
租赁和商务服务业	2.33	0.92	1.41	153.3
科学研究、技术服务和地质勘查业	0.82	0.49	0.33	67.3
水利、环境和公共设施管理业	0.46	0.26	0.2	76.9
居民服务和其他服务业	0.32	0.17	0.15	88.2
教育	5.14	4.41	0.73	16.6
卫生、社会保障和社会福利业	2.36	1.45	0.91	62.8
文化、体育和娱乐业	0.71	0.22	0.49	222.7
公共管理和社会组织	5.5	4.08	1.42	34.8

从以上分析可知，第一，就市内转移而言，当前及今后的一段时期内，相对低端的第三产业以及建筑业将是吸纳贫困人口的主要产业。作为经济主体的工业能承担全市约一半的劳动力。随着经济结构的进一步调整，工业偏重和偏高端的趋势逐渐突出，单位产出对劳动力的需求逐渐降低；另外，工业对就业人员的技能要求逐渐提高。因此，通过工业吸纳技能相对较低的贫困人口就业的能力有限。根据上述分析，第三产业将逐渐活跃，另外，第三产业对于劳动力的吸纳能力较强。其中，批发和零售业、住宿和餐饮业、租赁和商务服务业、居民服务和其他服务业等对劳动力技能要求较低的产业在吸纳转移贫困人口方面将起到重要作用。另外，由于经济和人口的集聚趋势仍然存在，建筑业的发展仍有空间，该产业对于贫困人口的吸纳也具有较大作用。第二，产业对于贫困人口的吸纳是市场行为，政府在做出方向判断后，实施重点仍主要集中在公共服务和基础设施提供方面。第三，产业选择是全市的宏观趋势，具体到特定地点、特定行业，扶贫工作还是需要因地制宜、相机抉择。

（二）当前发展阶段下扶贫经验对泸州的启示

扶贫开发工作是一项复杂而系统的工程，需要充分发挥政府、市场、社会的多方力量，因地制宜、合理有序开展。

1. 注重结合地区特点和优势

无论是产业扶贫还是城镇化搬迁，扶贫切入点的选取均需要紧密结合地区特征。浙江安吉县的大部分景致具有"处处是景，处处不是景"的特点，不能像一些著名旅游景点那样吸引全国各地的游客前来观光；但安吉县邻近上海、杭州、嘉兴、宁波等大城市，针对这一特点，其发展以农家乐为代表的休闲旅游取得了很大成功。甘肃陇南地处山区，社会经济发展落后，周围地区经济实力也较弱，但陇南的气候地理条件决定了其农产品品质优越，周围经济实力较弱决定了其需要通过多种形式开辟区域外部市场，在这一前提下，陇南发展电子商务获得了较好的回报。云南玉溪得天独厚的气候地理优势决定了其发展需要依靠烟草，在此背景下，通过企业和农户合作机制的建立实现了双方互利共赢。湘西州城镇化扶贫取得成功的地区，均是适宜人口居住和产业发展的城镇。因此，泸州市的扶贫工作，需要充分认识被扶贫区域的优缺点、当前经济社会发展阶段和趋势，并尽量挖掘特色、发挥优势才能达到较好的扶贫效果。例如，加强对于贫困人口的技能培训，利于其在市内进入门槛相对较低的第三产业和建筑业就业；推动郎酒、泸州老窖等大型酿酒企业与农户在有机高粱、小麦生产等方面开展多层次合作；易地搬迁时除自然条件、区位、经济社会发展、落户条件极其优越的新址外最好选择既有的经过历史筛选的地区等。

2. 政府重在指方向和打基础

扶贫开发工作中，中央与地方政府均承担着不同职能。但无论何种层级，政府公共服务提供和基础设施建设的基本方向是确定的。对于地方政府来说，需要做好指方向和打基础的工作。指方向即制定好相关的规划、标准，并严格执行。在扶贫工作中，无论是各类产业的发展还是城镇化推进，均需要有明确明晰的规划作为引导。浙江安吉为了编制美丽乡村建设纲要，不惜组建专项调研小组、建立专家指导组、历时近一年编制规划，并严格执行。事后证明，正是前期明确的规划制定，使得居民、企业、政府自身对于未来建设发展具有清晰的预期，继而保证了自身各项工作有效推进。打基础即强化基础设施建设和提升监督监管能力。对于基础设施建设，除玉溪庄园等特殊情况外，一般来说，个人由于资金投入巨大没有能力投、企业由于利润较小没有意愿投，只能依靠政府。另外，政府不是市场主体但却是规范监管经济社会活动的主要责任人。安吉的休闲旅游业、陇南的电子商务、湘西州成功的城镇化发展均是由政府先期做好基础设施建设并规范市场运行，为进一步发展产业、建设城镇继而推动居民增收致富打下基础。因此，当前泸州市政府应准确判断全市整体宏观和特定重点地区与行业的发展格局，并结合易地扶贫搬迁工作，制定好相应的规划和标准，有序引导贫困人口向这些地区转移、产业就业；也应优化公共服务提供，一方面，为产业发展提供各项便利，另一方面，加大力度对贫困人口进行技能培训、提供基本生活保障；还应对适宜发展地区强化道路、水、电、气、热等基础设施建设，对适宜发展产业强化公共服务平台、集聚园区等建设。

3. 发挥各类主体的主观能动性

各类主体包括居民、企业、行业协会等。与前一部分类似，政府在扶贫开发工作中重点需要做好指方向和打基础的工作，所有均包办不甚可行也不太合理。扶贫开发工作实质上是多主体行为，应充分尊重各个主体，并发挥其主观能动性。例如，新搬迁住宅作为居民自身生活居住场所，设计选址需要充分结合居民意愿，严格避免类似湘西吉乐村的新建住宅不考虑居民生活习惯和文化等问题发生。再如，市场在利润的驱使下，为发展产业所进行的各项创新活动是极其活跃的，需要充分发挥市场的力量。浙江安吉、甘肃陇南、云南玉溪正是充分发挥了市场力量、调动了企业的主观能动性，既实现了居民脱贫致富又使行业得到发展壮大、企业自身获得利润。又如，行业协会介于政府和企业之间，在市场的协调监督管理方面具有一定作用。浙江安吉在发展休闲产业促进居民增收方面，调动了行业协会的力量，成立营销联合体、开展星级评定等，使市场更高效合理运转，继而带动居民脱贫致富。

4. 有侧重地厘清不同扶贫类型

扶贫开发工作针对具体情况，有不同的类型，需要厘清各个类型的具体对象、特征、扶贫着力点。目前，扶贫开发工作有如下类型：

（1）向大中城市转移类型。山区人口的贫困与其自身的自然地理、区位条件密不可分，向外部更适宜人聚集和产业发展的大中城市集聚是一个重要方面。本类型的主要对象是学生群体和外出务工人员。这些人员凭自身素质和技能走出山区，实现向外就业居住，获得更高水平的生活。另外，随着人口的向外迁出，本地的生态环境将得到自然修复。然而虽然此种类型是重点，但实现进程较为缓慢，需要经历一代甚至两代人的时间。针对此种类型，政策举措和关键点包括大力支持基础教育、推动技能培训、实行户籍制度改革、深化职业教育和高等教育改革等。根据国内外经验，此类政策的实施主体应是中央政府。当前我国政府在此领域正在进行大规模、深层次的改革，泸州市政府应紧密关注、响应号召、积极配合。

（2）向周围城镇转移类型。类似前文的湖南湘西永茂模式，此种类型是易地扶贫开发的过渡阶段。本类型的主要对象是居住在自然环境恶劣、生存环境极差，且有意愿或能力迁出的群体。通过在相对而言更适宜人居，且投入成本和入住门槛相对大城市较低的城镇居住，实现生活条件的改善，更有能力的居民将在此基础上进一步向外迁移。此种类型的居住地址选择非常重要，资源环境较好、区位条件优越、建设成本低的地区可纳入考虑范畴；一般而言，经历了历史的自发选择过程，既有的且具备土地空间的小城镇是首选。针对此种类型，政策举措和关键点包括居住地址选择、用地指标协调、居住地规划、本地基础设施和公共服务提供。此类政策的实施主体应是地方政府和中央政府相结合，同时应充分发挥迁移居民自身的主观能动性。泸州市政府应在移民搬迁选址、规划制定、指标协调、基础设施和公共服务提供方面承担具体工作，并积极与国家和四川省政府沟通，用好用足各项政策，在资金、项目等方面争取上级政府支持。

（3）就地脱贫致富类型。类似前文的浙江安吉、湖南湘西菖蒲塘模式，此种类型是就地城镇化扶贫的典型。本类型的主要对象是居住在产业发展突出、资源环境相对优越、区位交通较好、建设成本较低地区的群众。通过就地发展适宜产业，实现致富和城镇化同步推进。针对此种类型，政策举措和关键点包括鼓励群众自发产业发展行为、加强相关科技和信息支持、强化规划和政府监督管理职能、提供本地基础设施和公共服务等。除充分发挥本地居民的主观能动性外，此类政策的实施主体应是泸州市及市内各区县镇级政府。

（4）就地脱贫温饱类型。此种类型以解决温饱问题为主要目标，一定程度上维持衣食住行等正常生活水平是关键。本类型的主要对象是世代生活在自然环境较差但仍能居住的地区，且因多种原因而导致的无意愿、无能力向外迁徙的群体，多为老弱病残群众。针对此种类型，政策举措和关键点包括提升医疗和养老的保障水平、大力加强基础教育、提升政府救济能力、有效改善居住条件、提供本地基础设施和公共服务等。此类政策的实施主体应是中央政府和地方政府相结合。泸州市政府应主要承担居住条件改善、基础设施和公共服务提供等工作，以及社会保障、救济、基础教育等工作，泸州市应积极关注当前各项改革，用足用好各项政策，获得国家和四川省政府支持。

第九章 我国易地扶贫搬迁资金整合模式研究

易地扶贫搬迁是国家实施精准扶贫、精准脱贫战略的有力抓手，是全面建成小康社会、跨越中等收入陷阱的关键举措，旨在通过对生存环境恶劣地区的农村贫困人口实施易地搬迁安置，根本改善其生存和发展环境，最终实现脱贫致富。"十二五"以来，国家按照"先行试点、逐步扩大"的原则，将易地扶贫搬迁的实施范围由最初的内蒙古、贵州、云南、宁夏4个省份，扩大到17个省份，成效显著。"十三五"是我国全面贯彻扶贫开发工作"五个一"的决战时期，易地移民扶贫搬迁的规模、难度、范围也超过以往任何时候。适时总结和梳理近几年国内易地扶贫搬迁资金使用的有效经验和典型模式，对于新形势下开创性开展易地扶贫搬迁安置工作具有重要的启发和借鉴意义。

一、新形势下易地扶贫资金的来源

长期以来，我国扶贫资金的来源主要包括：中央财政、地方财政、国内金融机构、国际金融组织和社会资金。近些年，随着社会经济的迅速发展和人民生活水平的全面提高，扶贫资金的构成模式也发生了变化。例如，国际组织的力量逐渐弱化，社会资本作用越发凸显；单一依靠政府财政力量推动的扶贫逐步发展为动员最广泛社会力量的多元化、多渠道扶贫。

2016年初发布的《"十三五"易地扶贫搬迁工作方案》指出，"十三五"时期易地扶贫搬迁投资将通过增加中央预算内投资规模、调整地方政府债务结构、加大专项建设基金支持力度、引导农户自筹资金以及由有关金融机构发放长期低息贷款等多渠道筹集解决。该方案明确的资金渠道包括：中央预算内投资和农民自筹，共计约1000亿元；地方政府债

1000亿元，以项目资本金形式注入省级投融资主体；专项建设基金500亿元，由国家开发银行和农业发展银行以项目资本金形式注入同一省级投融资主体；国家开发银行和农业发展银行发行政策性长期贷款，最高限额3500亿元。除中央预算内投资和农民自筹资金外，其他渠道资金均需由地方政府偿还，属于有偿资金。上述各渠道资金形成约6000亿元总盘子。

从整体来看，新形势下我国易地扶贫资金的来源渠道主要包括：

一是中央预算内投入资金。即国家在中央预算内投资中安排专项资金用于易地扶贫搬迁工程，属于补助性资金，总规模约800亿元，由国家发展改革委在中央预算内投资盘子中统筹安排，分年度下达地方，年度平均规模为160亿元，主要用于建档立卡贫困人口安置住房建设补助。近些年来，中央预算专项易地扶贫资金的规模不断扩大，截至2015年，国家累计安排易地扶贫搬迁中央补助投资363亿元，搬迁贫困群众680多万人。"十三五"期间，我国政府将通过创新融资机制，五年投入6000亿元人民币，易地搬迁1000万人口，最终实现2020年7000万贫困人口全部脱贫的目标。值得注意的是，中央预算内投资实行区域差异化补助，高原藏区按人均10000元标准补助，而其他地区按人均8000元标准补助。

二是地方政府债务性资金。总规模为1000亿元，主要通过省级政府发行债券，筹集资金后以项目资本金形式注入省级投融资主体。2015年9月，财政部已将用于易地扶贫搬迁的1000亿元地方政府债务规模下达有关省（自治区、直辖市），各地需据此调整地方政府债务结构，发行地方政府债券筹集资金，作为项目资本金注入省级投融资主体。各地可根据财政部下达的控制规模，结合工程实施资金需求分期或一次性发债，中央财政不对用于易地扶贫搬迁的地方政府债券予以贴息。省级财政对地方政府债券部分负有直接偿还责任。截至2016年3月，已有12个省份发行地方政府债券，其中大部分采取的是分批发债方式。

三是专项建设资金。总规模为500亿元，以资本金形式注入省级投融资主体，专项用于支持易地扶贫搬迁安置住房、安置区配套基础设施和公共服务设施等建设。由国家发展改革委核定总量规模，由国家开发银行、农业发展银行（以下简称两行）向邮储银行定向发行专项建设债券筹集设立，债券发行利率按市场化金融债利率水平确定，中央财政给予

90%的贴息。2015 年 12 月 24 日，国家发展改革委印发《关于做好"十三五"时期易地扶贫搬迁专项建设基金相关工作的通知》（发改地区〔2015〕3380 号），以各地建档立卡贫困人口搬迁规模为依据，一次性切块明确了 500 亿元专项建设基金分省控制规模。

四是金融机构长期信贷资金。即动用财政贴息资金及部分金融机构的富余资金，对接政策性、开发性金融机构的资金需求，拓宽扶贫资金来源渠道。总规模不超过 3500 亿元，主要通过两行发行政策性金融债券筹集，由承担易地扶贫搬迁任务的省级投融资主体负责承贷，中央财政对贷款给予 90%的贴息。根据财政部、国务院扶贫办《关于做好易地扶贫搬迁贷款财政贴息工作的通知》（财农〔2016〕5 号），中央财政只对纳入易地扶贫搬迁规划的建档立卡贫困人口人均不超过 3.5 万元搬迁贷款的实际贷款发生额予以贴息，其中 2016 年、2017 年先对 2000 亿元贷款规模进行贴息。长期贷款由省级投融资主体负责还贷，不纳入地方政府债务。

五是搬迁贫困户自筹资金。由搬迁对象依据自身经济条件自筹解决，原则上户均不超过 1 万元。搬迁群众自筹少量资金非强制性要求，由各地结合实际，区分搬迁对象性质，合理确定自筹资金标准，对于鳏寡孤独等特殊困难群体，可不要求住房建设自筹资金。例如，贵州省明确，建档立卡贫困人口人均自筹 0.25 万元，同步搬迁非建档立卡贫困人口人均自筹 1.05 万元，鳏寡孤独残等特困户由政府根据家庭实际人口统一提供相应的安置房免费居住，产权归政府所有。

除了《"十三五"易地扶贫搬迁工作方案》明确的主要资金渠道外，还有两类资金来源：一类是支农资金整合。即把分散在各部门及社会上的诸如交通建设、农田水利、土地整治、地质灾害防治、林业生态等各种涉农资金整合起来统一调配。另一类是社会资金。包括民营企业、社会组织、公民个人等做慈善事业和参与扶贫的社会力量。这三种形态被称为"新三样"，区别于过去党政机关定点扶贫、东部帮扶西部以及军队武警扶贫的"老三样"模式，是新形势下创新扶贫工作的重要力量。

从实地调研情况看，四川省易地移民搬迁资金预算为 700 亿元（包括农民自筹部分），共分为五个渠道：一是中央预算补助 92.8 亿元，人均补助 8000 元；二是专项债券 58 亿元，各地需要成立平台公司与省上对接；三是省级资本金注入 113 亿元；四是国家贷款 401 亿元（国家贴息90%，县里贴息 10%）；五是项目收益债 20 亿元。具体而言，2016 年四川省易地扶贫搬迁计划投资规模为 245.91 亿元。其中，申请中央预算内投资 20.27 亿元，通过省财政注入省级投融资主体项目资本金 24.38 亿元，国家安排专项建设基金注入省级投融资主体项目资本金 12.50 亿元，省级投融资主体向两行申请长期低息贷款 86.44 亿元，农户自筹 7.32 亿元，其他资金（同步搬迁其他农户的住房建设资金）95 亿元。

二、各地易地扶贫搬迁资金整合的模式与经验

科学有效的资金安排将成为易地扶贫搬迁的重要一环。受历史、自然、环境等多方面因素制约，当前实施易地扶贫搬迁还面临诸多困难，而资金整合问题尤为突出。本部分重点选择有代表性的省份进行深度解剖，综合考察易地扶贫搬迁资金来源、资金整合及资金使用情况，进而提炼概括出易地扶贫搬迁资金整合的主要模式与成功经验，为四川省泸州市的易地扶贫搬迁提供可借鉴的经验。

（一）甘肃省易地扶贫搬迁资金整合的模式与经验

"十二五"以来，甘肃省坚持以扶贫"对象、目标、内容、方式、考评、保障"六个精准要求为统揽，大力开展易地扶贫搬迁工作。2011—2015 年甘肃共完成逾百万农村贫困户危房改造，完成 63.48 万人易地扶贫搬迁，每年逾 100 万贫困人口脱贫，基本实现了"搬得出、稳得住、能发展、可致富"的目标。

1. 资金来源渠道与整合模式

（1）资金来源。甘肃省易地扶贫搬迁工程建设资金的来源主要包括：中央易地扶贫搬迁专项资金、财政部专项资金、国务院扶贫办专项资金、省级配套资金、县（区、市）配套资金、搬迁群众自筹资金及部门整合专项资金等。例如，2014 年，甘肃省出台了《甘肃省易地扶贫搬迁实施规划（2013—2018 年）》，计划项目总投资 394.1 亿元，其中中央易地扶贫搬迁专项资金 67.2 亿元，占项目总投资的 17.05%，全部用于搬迁群众住房建设；国务院扶贫办专项资金 25 亿元，占项目总投资的 6.34%，主要用于配套产业；财政部及整合国家专项资金 25 亿元，占项目总投资

的 6.34%，主要用于搬迁群众住房建设和配套产业；省级财政配套资金 40.7 亿元（含贴息资金），占项目总投资的 10.33%，主要用于搬迁户住房建设、生产生活设施建设、公共服务设施建设及易地搬迁贴息贷款利息；县区财政配套资金 7.4 亿元，占项目总投资的 1.87%，主要用于工程建设其他费用；个人自筹资金 120.4 亿元（含易地扶贫搬迁贴息贷款 93.9 亿元），占项目总投资的 30.55%，主要用于搬迁户住房建设、生活设施建设及配套产业；发改、财政、交通、水利、建设、电力、国土、农牧、扶贫、教育、卫生、民政、广电、环保、林业等部门整合各类专项资金 108.4 亿元，占项目总投资的 27.52%，主要用于补助群众住房建设、生产生活设施建设、公共服务设施建设、配套产业建设、生态建设与环境保护等。

表 9-1 《甘肃省易地扶贫搬迁实施规划（2013—2018 年）》项目资金来源情况

资金来源	资金规模	占总资金的比重	主要用途
中央易地扶贫搬迁专项资金	67.2 亿元	17.05%	全部用于搬迁群众住房建设
国务院扶贫办专项资金	25 亿元	6.34%	主要用于配套产业
财政部及整合国家专项资金	25 亿元	6.34%	主要用于搬迁群众住房建设和配套产业
省级财政配套资金（含贴息资金）	40.7 亿元	10.33%	主要用于搬迁户住房建设、生产生活设施建设、公共服务设施建设及易地搬迁贴息贷款利息
县区财政配套资金	7.4 亿元	1.87%	主要用于工程建设其他费用
个人自筹资金（含易地扶贫搬迁贴息贷款 93.9 亿元）	120.4 亿元	30.55%	主要用于搬迁户住房建设、生活设施建设及配套产业
部门整合各类专项资金	108.4 亿元	27.52%	主要用于补助群众住房建设、生产生活设施建设、公共服务设施建设、配套产业建设、生态建设与环境保护等

资料来源：《甘肃省易地扶贫搬迁实施规划（2013—2018 年）》。

（2）资金整合模式。甘肃省在开展易地扶贫搬迁工作的过程中，资金整合模式主要包括三点。

一是重视各部门之间的协作，整合涉农项目资金。甘肃省在整合易地扶贫搬迁资金的过程中，主要通过建立"多条渠道进水、一个龙头出水"的项目整合机制和"各炒一盘菜、共办一桌席"的部门协作机制，把扶贫整村推进、以工代赈、财政一事一议奖补、农村危旧房改造、道路建设、安全人饮、文化和教育卫生、双联部门帮扶等项目资金整合起来，按照"集中管理、分类申报、渠道不乱、用途不变、各记其功"的原则统筹使用，有效扩大项目资金使用效益。2015 年，甘肃省整合财政、扶贫、农牧、交通等 22 个省级部门的涉农资金 440 亿元，是当年省级预算安排财政专项扶贫资金的 36 倍；其中 409 亿元一次性切块下达到县，占到整合资金的 93%；预算执行进度明显加快，资金到县下达率 3 月为63%、6 月底达 95% 以上。

二是以财政资金为杠杆，撬动社会资本参与。甘肃省注重发挥财政扶贫资金"四两拨千斤"的作用，更多地采取财政扶贫资金贴息支持农户贷款、建立产业发展基金、发展互助资金项目、以奖代补扶持群众发展产业等方式发放，为扶贫开发撬动更多资本。截至 2015 年 11 月底，全省涉农贷款余额为 5116.95 亿元，占整个贷款余额的 38%，比上年同期增长 25.36%，增幅居西北五省区之首，高于全国平均水平 14 个百分点。其中，贫困县的扶贫贷款达到 3265 亿元，到户贷款 2300 多亿元。同时吸引社会资金投向农业、农村 310 多亿元。

三是推动融资机制改革，解决农户资金难题。甘肃省还注重加快融资机制改革，着力推动农村"三权"抵押贷款，缓解贫困群众资金短缺难题，实现补助资金直接到户。以陇南市为例，该市农村"三权"抵押贷款起步早、发展快。截至 2014 年底，全市累计发放林权抵押贷款 14 亿元，贷款余额为 7 亿元；累计发放土地承包经营权抵押贷款 1348 万元，累计发放土地承包经营权反担保贷款 23908 万元（贷款农户利用土地承包经营权对合作社、协会、担保委员会进行反担保）。2014 年 10 月末，宕昌、徽县、武都各行通过寄存农户宅基地使用权证的方式共发放此类贷款 3950 笔、金额 38186.68 万元。

2. 资金整合的成功经验

（1）建立各级政府"分工明确、高效便捷"的资金使用机制。甘肃省通过进一步创新管理机制和资金投入方式，明确扶贫资金整合使用过程中全省各级政府的职能与责任，提高扶贫资金使用效益，构建起"县提要求、省定方案"的资金使用机制。2015 年初，甘肃省出台《全省推进"1236"扶贫攻坚行动资金整合方案》，确定以 58 个片区县为重点，兼顾"插花型"贫困县，由省级统筹整合资金，聚焦重点，精准发力，切实解决制约贫困地区生产、生活和发展的瓶颈问题，构建了"省级统筹，县抓落实"的整合模式，初步建立起投向科学、结构合理、管理规范、运转高效的支农资金使用管理机制。具体表现在：一是省级管理部门统筹规划协调搬迁资金使用。省级政府负责将投向雷同、目标接近、可用于易地扶贫搬迁的资金进行归集，拟定整合资金计划、下发项目申报指南，明确资金使用方向及管理要求，并指导县级政府按行业规划选择申报项目和按规定用途使用整合资金，对报备项目进行合规性审查，原则上不指定具体项目。二是县级政府根据具体任务，提出项目资金需求，报市级政府审核。县级政府是资金使用的主体，重点负责扶贫资金的高效使用，即县级政府依据各类规划和年度扶贫攻坚任务确定资金投向，集中使用省市县安排的各类易地扶贫搬迁资金，资金使用方案归口报送省级相关部门备案，并对统筹安排项目统一使用资金负主体责任。

（2）打破部门权力藩篱，构建涉农资金整合使用长效机制。2015 年，甘肃省在资金整合实践的基础上，研究制定了《甘肃省精准扶贫精准脱贫省级资金整合使用管理办法》，充分发挥财政资金在脱贫攻坚上的主导作用和聚集效应。一是充分发挥财政资金"四两拨千斤"的杠杆作用。把整合资金更多运用于"精准扶贫贷款""双联惠农贷款"贴息以及担保、以奖代补等，撬动、引导金融和社会资本加大对"三农"、扶贫的投入力度，增强贫困地区、贫困农户发展内生活力，由"输血"式扶贫向"造血"式扶贫转变。二是整合多个涉农部门资金，重点支持生存环境恶劣的贫困县的易地扶贫搬迁项目建设。创新整合资金使用机制，让涉农资金项目"多个渠道蓄水、一个龙头放水"，通过基础设施建设、富民产业培育、金融资金支撑、公共服务保障和能力素质提升来改善易地扶贫搬迁人员的生活质量，帮助他们脱贫致富。

（3）建立"各级监督""落实责任主体"的资金监管机制。一是明确各级政府资金监管的职责。即省级行业部门主要负责监督项目建设、资金使用等；省财政厅负责监管整合资金的拨付、报账等，省审计厅负责整合资金的审计监督；市级负责组织相关部门加强日常监管；县级党政"一把手"为监管第一责任人，书记负责整合资金的廉政责任，县长负责项目资金的规范运行责任。二是建立起"责任倒追、一案双查"的追责机制。将整合资金使用管理纳入贫困县党政领导班子和领导干部实绩考核。重点强化资金监管，通过建立"红名单""黑名单"将绩效考评与预算安排、资金分配、项目立项挂钩。对实施不力、工作靠后的，由省级部门在年度内，按项目实施进度，对资金进行调剂使用；对使用管理出现问题的，一经查实，限期整改，追究申报、审批、实施的终身责任，既对相关单位和个人进行责任追究，也对负有监管责任的单位及其相关领导进行问责，依纪依规严肃处理，涉嫌犯罪的移交司法机关。

（二）云南省易地扶贫搬迁资金整合的模式与经验

云南省是我国进行易地扶贫搬迁最早的省份，始终高度重视易地扶贫搬迁工作。"十二五"以来，全省已实施易地扶贫搬迁 7.79 万户 35.72 万人，安排专项扶贫资金 22.42 亿元，带动其他投入资金 100 多亿元，发挥了"四两拨千斤"的扶贫杠杆效应，从根本上改善了搬迁贫困群众的生存环境和发展环境。2016 年，为了抓住中央全面加强推进易地扶贫搬迁工作的重大机遇，云南省把易地扶贫搬迁作为本省实施"五个一批"的第一战，主要针对居住在生存环境恶劣、生态环境脆弱、受地质灾害威胁、发展条件严重制约地方的 4 类贫困人口。为此，云南省组织编制了"十三五"易地扶贫搬迁规划，力图进一步加强易地扶贫搬迁的资金保障和政策支持。

1. 资金来源渠道与整合模式

（1）资金来源。云南省易地扶贫搬迁资金的主要来源是：中央易地扶贫搬迁专项资金、财政部专项资金、国务院扶贫办专项资金、省级配套资金、县（区、市）配套资金、搬迁群众自筹资金、部门整合专项资金及易地扶贫搬迁专项贷款资金等。如按照《云南省易地扶贫搬迁三年行动计划》，2016—2018 年，云南省将投入 605.6 亿元，其中：地方专项债券 63.4 亿元、整合有关项目资金 52.2 亿元（省扶贫办 5.4 亿元、省发展改革委 10.8 亿元、省住房建设厅 36 亿元）、申请银行专项贷款 400 亿

元（农户建房贷款 180 亿元、新村基础设施贷款 150 亿元、其他贷款 70
亿元）、农户自筹 90 亿元，完成易地扶贫搬迁 30 万户 100 万人，建设
3000 个安置新村的"36313"目标任务。

（2）整合模式。云南省主要是将易地扶贫搬迁项目作为资金整合的
平台，统筹多类项目资金，如整合以工代赈、人畜饮水、农业综合开发、
农村公路、农村沼气、农网改造、国土整治、市县本级财政资金、财政
扶贫资金等多种项目资金共同参与，使有限的易地扶贫搬迁资金发挥了
"四两拨千斤"的撬动作用。

2. 资金整合的成功经验

一是加快出台资金整合的扶持政策。自实施易地扶贫搬迁以来，云
南省出台了一系列扶贫资金管理方法，旨在完善易地扶贫搬迁资金整合
的政策法规。2014 年，云南省出台《云南省财政专项扶贫资金管理办
法》，重点加强财政专项扶贫资金管理，提高资金使用效益。同时，明确
了财政专项扶贫资金的预算与分配、资金使用与拨付、资金管理与监督
三方面内容。同年，云南省又出台了《财政扶贫资金产业项目管理暂行
办法》，这也是扶贫资金整合的扶持政策之一。2016 年 2 月 16 日，云南
省财政厅出台《关于规范易地扶贫搬迁资金管理工作的通知》，明确了易
地扶贫搬迁资金的承接（承贷）主体、资金拨付程序、平台公司管理要
求、信息报送制度、监督检查机制五方面内容，为云南省易地扶贫搬迁
资金管理奠定制度依据。以上扶贫资金管理办法的出台无疑为云南省开
展扶贫搬迁资金整合工作提供了良好的环境。

二是多渠道筹集搬迁资金，扩大资金使用范围。云南省按照"统一
规划、集中使用、渠道不乱、用途不变、形成合力、各记其功"的原则，
最大限度地提高资金使用效益，统筹整合各类要素，依托扶贫项目规划，
引领项目资金整合。首先，积极整合财政资金。在中央分配给云南省易
地扶贫搬迁专项地方政府债券资金的基础上，重点整合省级其他涉农项
目资金、对口支援及帮扶资金。其次，采取优惠政策撬动金融资金。云
南省制定实施政策性金融支持易地扶贫搬迁的优惠贷款政策，设立省级
易地扶贫搬迁平台，鼓励农业发展银行向其提供专项贷款。最后，拉动
社会资金。通过财政补助、贷款贴息、社会帮扶、完善新村公共服务功
能等措施，调动搬迁农户自筹资金、投工投劳实施易地扶贫搬迁的积极

性，并广泛动员社会资金参与支持。

三是专门搭建省级融资平台，增强资金整合力度。为了筹措资金、增强资金整合力度，云南省专门组建成立省级融资平台公司，120 个县（市、区）建立承贷公司，农业发展银行云南省分行多措并举，有效推进易地扶贫搬迁信贷项目实施。为营造信贷投放的良好环境，农业发展银行云南省分行主动与省发展改革委、扶贫办、财政厅等部门沟通对接，明确了易地扶贫搬迁信贷工作主办行地位，并与省扶贫办签订了《政策性金融扶贫合作协议》，提前与省级投融资主体做好沟通对接。同时，该行开通了开户、办贷、结算"三位一体"绿色通道，主动上门为省级承贷主体收集资料、办理业务，在确保办贷效率和质量的前提下，做好资金的投放和使用。此外，该行还及时出台了相关管理办法，确保扶贫资金专款专用。

（三）湖南省易地扶贫搬迁资金整合的模式与经验

近年来，湖南省在易地扶贫搬迁工作中积极探索搬迁新模式，对五保户、丧失劳动能力的特困户，按照"一户一套、免费入住、周转使用、产权归公"的原则建设"阳光房"；对集中连片的特困村，采用"统一管理、整村搬迁、群众自治建房"模式，精准选择安置地点和后续产业，有效地解决了搬迁后生存发展问题。目前，湖南正抓紧制定《关于做好湖南省新时期易地扶贫搬迁工作的实施意见》，明确了"十三五"时期易地扶贫搬迁工作的指导思想、基本原则，并对规划编制、实施范围、搬迁对象确定、搬迁安置方式、资金筹措、项目管理及保障措施等重大问题做出制度性安排。

1. 资金来源渠道与整合模式

湖南省易地扶贫搬迁资金的主要来源包括中央预算内投资补助、农户自筹建房资金、省扶贫开发投资公司筹集资金等。在省级层面，按照2016 年湖南省确定的易地扶贫搬迁资金筹措方案，中央预算内投资补助及农户自筹建房资金约 80 亿元。并且，省政府批准在湖南发展集团下设立省扶贫开发投资公司，作为省级投融资主体，目标是筹措项目资金 400亿元，这也是全省扶贫资金的主要构成部分。省扶贫开发投资公司筹措的 400 亿元资金来源包括：省财政拟通过地方政府债券筹集 78 亿元，专项建设基金筹集40亿元，长期政策性贷款筹集约282亿元。专项建设基金和长期政策性贷款按国家政策执行优惠利率，期限原则上不超过20年，由国家开发银行湖南省分行和农业发展银行湖南省分行承贷。在地区层面，各县（市、区）政府按照市场化运作原则，在现有的县级融资平台公司下设立子公司，作为县级项目实施主体，承接省扶贫开发投资公司的项目资金。按照2016年搬迁20万人的计划，湖南省扶贫开发投资公司将启动相关贷款程序，确保项目资金需求。

2. 资金整合的成功经验

一是以扶贫项目为平台，多渠道筹集资金。在省扶贫开发领导小组统一协调下，湖南省建立综合扶贫政策制度，制订扶贫项目整体实施方案，以扶贫搬迁项目为平台，多渠道筹集资金。湖南省在整合易地扶贫搬迁资金的过程中，将易地扶贫搬迁项目与农村危房改造、水库移民等项目统筹推进，将扶贫专项资金与农村危房改造、山洪地质灾害、水库移民、小城镇建设、美丽乡村等涉农资金统筹使用，多渠道筹集资金，重点用于完善易地扶贫搬迁地区的基础设施条件、公共服务体系，以及发展当地特色产业。此外，湖南省创造条件推动"以县为主"整合扶贫资金，减少"撒胡椒"的项目安排模式，提高项目县统筹涉农资金投入的能力。给予市、县级政府整合资金的自主权，进一步加大资金整合的规模。例如，湖南省市县级政府部门在保持资金用途的前提下，有权统筹安排中央和省下达的专项转移支付，同时也可将支持方向相同、扶持领域相关的专项转移支付整合使用。

二是完善易地扶贫投入增长机制。首先，积极争取中央对湖南省易地扶贫搬迁工作的资金支持。其次，湖南省各级政府切实加大了对扶贫开发的投入，比照财政收入增长幅度，省财政专项扶贫资金也逐年增加。最后，发挥财政资金的杠杆作用，引导各类资金投入扶贫事业。湖南省政府通过财政贴息、担保、保险、补贴等经济手段，主动引导社会各类资金参与易地扶贫搬迁；同时，开展易地扶贫搬迁资金试点，吸纳区域闲散资金参与易地扶贫，缓解贫困地区发展的资金短缺问题。

三是创新扶贫资金整合管理机制。湖南省在扶贫资金整合管理体制方面，主要实施"各司其职"的管理体制。省级政府负责扶贫资金整合的规划设计，市级政府负责组织扶贫资金的整合工作，县级政府负责落实扶贫资金的使用。以省级易地扶贫搬迁平台为例，湖南省在省发展集团下设立省扶贫开发投资公司，作为全省易地扶贫搬迁项目的省级投融资主体；各县（市、区）政府需按照市场化运作原则，在现有县级融资平台公司下设立子公司，作为县级项目实施主体，承接省扶贫开发投资公司的项目资金；省财政将会同发展改革委、扶贫办，按照全省易地扶贫搬迁实施方案，以搬迁贫困人口为主要因素，测算并下达地方政府债券资金、专项建设基金和长期政策性贷款资金的控制额度。

四是加强资金整合监管，防范违约风险。首先，加强资金整合绩效评估力度。建立一整套科学完备、内容全面、操作性强的扶贫项目资金绩效评估体系，制订出台切实可行的扶贫项目资金绩效评估方案，将绩效考评结果与扶贫资金分配挂钩，完善以结果为导向的财政扶贫资金激励机制，加大"以奖代补"力度。其次，多部门共同签订资金监管协议，提高资金监管水平。湖南省财政厅、县级政府、省扶贫开发投资公司、县级项目实施主体四方共同签订易地扶贫搬迁项目资金监管协议，强化契约精神，防控违约风险。最后，建立立体监督模式。湖南省通过建立扶贫项目资金事前、事中、事后全过程监督检查模式，充分发挥扶贫主管部门、财政部门、审计部门、中介机构和社会舆论的监督作用，鼓励贫困人口直接参与监督扶贫项目的设计、实施、评估全过程，实现扶贫监督主体、监督内容和监督方式的多元化。

三、解决易地扶贫搬迁资金困境的建议

实施易地扶贫搬迁不仅关系到区域经济的可持续发展，也关系到全面建成小康社会目标是否能够如期完成。新形势下，既要积极发挥现有相关政策红利合力，又要用好易地扶贫搬迁项目资金支持的组合拳。一是加大财政投入力度，强化易地扶贫搬迁资金保障机制；二是积极开辟筹集资金渠道，构建多元化、多层次、全方位、可持续的资金供给体系；三是加强易地扶贫搬迁资金监管，提高资金使用效率。具体对策建议如下：

（一）加大财政投入力度，强化易地扶贫搬迁资金保障机制

第一，要保持财政扶贫资金稳定增长。各级财政根据易地扶贫搬迁

工作的需要和财政状况，逐步增加财政专项扶贫资金，省财政专项扶贫资金要比照财政收入增长幅度逐年增加；在足额落实省市财政扶贫资金投入的基础上，县级财政也要不断增加投入，集中用于扶贫综合开发，重点投向贫困区域和贫困群体，建立财政专项扶贫资金投入稳定增长机制。第二，确保财政资金科学、精准地使用。中央、省级政府要明确财政专项扶贫资金的使用方向和支持的关键环节，如重点用于培育优势特色产业、提高扶贫对象就业和生产能力、改善扶贫对象基本生产生活条件等，为市、县级政府科学、合理使用财政专项扶贫资金提供指导。第三，构建扶贫及涉农项目资金整合机制。综合利用各项强农惠农富农政策，整合交通、水利、国土、农业、林业等部门的专项资金；制订易地搬迁扶贫项目整体实施方案，出台扶贫项目资金管理制度，推动"以县为主"整合扶贫资金，减少"撒胡椒"的项目安排模式，提高项目县统筹涉农资金投入的能力；项目县以扶贫攻坚战略目标和经济社会自然资源条件为依据，科学合理地制订扶贫发展规划和年度计划，制订综合扶贫资金整合实施方案，依规划定项目，以项目筹资金，提高扶贫资金的规模效益和集聚效应。

（二）构建多元化、多层次、可持续的易地搬迁资金投入机制

第一，引导和鼓励金融信贷和社会资金投入。充分发挥财政扶贫资金的引导作用和杠杆作用，用好用活财政贴息、以奖代补、民办公助、先建后补、以物代资等政策手段，采用抵押、担保等多种方式，引导社会各类资金参与易地扶贫搬迁；同时，各地区积极开展易地扶贫搬迁资金试点，吸纳区域闲散资金参与易地扶贫，缓解贫困地区发展的资金短缺问题，逐步形成稳定增长的投入新格局。第二，完善政策性金融支持机制。省级政府根据本省的特点，以政府部门或城投公司为股东设立省级易地扶贫搬迁平台，承担易地扶贫搬迁工程投融资业务，主要包括：承接地方政府债券、专项建设基金、易地扶贫搬迁专项贷款。同时，各县市区应搭建县级平台，承接扶贫搬迁资金。省级易地扶贫搬迁平台承接债券资金、专项建设基金及贷款后，根据各县市项目需求及时下拨资金。第三，着力推动农村"三权"抵押贷款。各省应加快推进农村土地产权抵押融资试点，支持易地搬迁地区设立农地、农房和林地等农村产

权流转交易平台，促进农村各类产权可流转、可抵押、可入股，为搬迁地区金融服务创新和扩大扶贫信贷投放创造必要条件。第四，建立和完善村级扶贫互助资金组织。整合现有扶贫资金，适度增加投入资金规模，确保村级扶贫互助资金组织覆盖全县贫困村，进一步加强扶贫互助资金的监督和管理，确保扶贫互助资金发挥效益，建立金融部门与贫困村的小额信贷资金投放回收机制，着力解决群众发展生产资金不足的问题。

（三）加强易地扶贫搬迁资金监管，提高资金使用效率

首先，明确各级政府资金监管的职责。进一步明确省级行业部门主要负责监督项目建设、资金使用等职责；省财政厅负责监管整合资金的拨付、报账等，省审计厅负责整合资金的审计监督；市级负责组织相关部门加强日常监管；县级党政一把手为监管第一责任人，书记负责整合资金的廉政责任，县长负责项目资金的规范运行责任。其次，加强易地扶贫搬迁资金绩效评估力度。建立一整套科学完备、内容全面、操作性强的扶贫项目资金绩效评估体系，制订出台切实可行的扶贫项目资金绩效评估方案，将绩效考评结果与扶贫资金分配挂钩，完善以结果为导向的财政扶贫资金激励机制，加大"以奖代补"力度。最后，建立多元化监督模式。通过建立扶贫项目资金事前、事中、事后全过程监督检查模式，充分发挥扶贫主管部门、财政部门、审计部门、中介机构和社会舆论的监督作用，鼓励贫困人口直接参与监督扶贫项目的设计、实施、评估全过程，实现扶贫监督主体、监督内容和监督方式的多元化。

第十章　四川省泸州市易地扶贫搬迁安置方式研究

四川省泸州市地处西部欠发达地区，基础薄弱、发展不平衡问题比较突出。全市共有贫困村 324 个、贫困人口 43.32 万人，重点贫困区域主要集中在靠近云南、贵州的乌蒙山区和赤水河谷。其中，古蔺县、叙永县是国家级扶贫工作重点县，也是国家级乌蒙山片区区域发展与扶贫攻坚县；合江县是省级乌蒙山片区区域发展与扶贫攻坚县。由于人口的自然增长，人均占有耕地面积减少，人与土地、粮食之间矛盾加剧，加上自然地貌多样，土地类型复杂，耕作条件差，人民的基本生活受到严重影响。而且古蔺、叙永、合江、泸县四县部分群众居住在高海拔山区内，其日常生产生活相对困难，所以对这部分群众实施易地扶贫搬迁，既是缓解人地矛盾，使他们早日走上脱贫致富的道路的客观需要，同时也是维护好高海拔地区宝贵的生物资源和生态环境的必然选择。

一、泸州市易地扶贫搬迁经验与"十三五"任务

（一）"十二五"易地扶贫搬迁实施情况

"十二五"期间，泸州市实施易地扶贫搬迁 2456 户 11082 人，新建住房 28.05 万平方米，附属设施 7.49 万平方米，新改建乡村公路 197.1 千米，新建灌溉渠 5.5 千米，打井 2 口，新建蓄水池 890 立方米，安装饮水管道 16.5 千米。总投资 22097 万元（其中，中央预算内投资 6490 万元，地方投资 344 万元，群众自筹 15263 万元）。易地扶贫搬迁工程实施后，搬迁群众生产生活条件得到了极大改善，尤其是有效地解决了项目实施区贫困人口饮水难和出行难问题，取得了较好的经济效益和社会效益，为项目实施区贫困人口脱贫致富打下了坚实基础。

1. 改善了生产生活条件，提升了脱贫致富能力

泸州市通过易地扶贫搬迁试点工程，将群众从边远、闭塞、生产生活条件恶劣的高山区搬迁到海拔较低、交通便捷、资源相对富集的地区，使其生产生活条件得到了明显改善。同时，通过搬迁项目区的道路、水利、农田等公益设施建设，改变了交通通行条件，提高了农田灌溉水平，增加了土壤肥力，使农业综合生产能力有了较大提高，搬迁农户依托较好的基础设施建设了宽敞卫生的砖瓦新房，居住环境得到改变，交通更加便捷，信息更加灵通，物流更加方便，喝上了安全卫生的自来水，通了电，通了光纤电视，子女上学及看病就医都更加方便，大大提升了搬迁户的生产生活质量和水平，加快了脱贫致富步伐。

2. 增收渠道不断拓展，加快了脱贫进程

在实施易地扶贫搬迁工程中，安置地乡镇人民政府集中财力、物力，改善易地扶贫搬迁贫困群众的基本生存条件，立足当地资源优势，帮助易地搬迁群众发展致富产业，通过改变交通和农业生产条件，搬迁户改变了古老落后的传统生产方式，依托资源因地制宜地发展特色种养业、务工、经商和旅游服务业，增加了农副产品产量，方便了农副产品流通，增加了收入，加快了脱贫致富进程。

3. 自我发展意识和能力明显增强

易地扶贫搬迁为搬迁群众搭建了认识和接受新事物、新观念的平台。在新环境中，搬迁户对教育、卫生、文化的认识和商品意识都在不断增强，转变了过去"等、靠、要"和安于现状、听天由命的苦熬思想，自力更生、艰苦创业，宁愿苦干、不愿苦熬，创建美好新家园的观念逐步形成。

4. 迁出区生态环境得到有效保护

对居住在水源涵养区、天然林保护区、生态脆弱区内的贫困农村群众，结合"退耕还林工程""石漠化治理工程"和"天然林保护工程"实施易地扶贫搬迁，迁出区随即退耕（封山）还（育）林，搬入新居后，由于生产、生活条件的改变，科技水平的提高，生活方式的转变，自然生态资源得到有效保护，水土流失、滑坡等自然灾害得到了有效遏制。

（二）"十二五"易地搬迁的基本经验

按照《国家关于易地扶贫搬迁试点工程的实施意见》《四川省易地扶贫搬迁试点工程实施指南》（川赈办〔2005〕35 号）的总体要求，泸州市切实加强了易地扶贫搬迁试点工作的宣传，强化项目建设的组织领导和监督管理，制定了行之有效的管理制度，达到了预期目的。

1. 科学论证，认真组织实施

在论证易地扶贫搬迁项目时，就安置新区选址问题深入乡（镇）、村、社和农户，广泛开展调查研究，充分听取群众意见，将迁入区最终确定在交通便利、教育卫生基础设施相对齐全、自然条件较好、离原居住地相对较近、群众满意的中心村地带或场镇周边。在此基础上，按照"着眼长远、科学合理、以人为本、就近便民"的原则，编制了《易地扶贫搬迁工程实施方案》，从住房和附属设施建设、生产生活设施建设、公共服务设施建设、产业发展等方面做了详细规划，绘制了易地扶贫搬迁规划蓝图。由于前期工作到位，为项目顺利实施打下了坚实基础。

2. 严格管理，确保工程质量

在易地扶贫搬迁工程实施过程中，始终按照《国家以工代赈管理办法》《四川省易地扶贫搬迁试点工程实施指南》（川赈办〔2005〕35 号）的规定，严格资金管理，项目资金由县财政局进行专户管理、专款专用，严格实行县级财政报账制。除农户住房建设外，配套项目按政府投资项目建设管理办法的规定，落实项目建设责任制、质量终身制、工程监理制，确保工程建设质量。

3. 以人为本，完善配套设施

在高标准建成移民住宅的同时，集中落实了一系列配套措施。一是配套完善公共设施，重点搞了"三通""四配套"。有效解决了移民群众照明难、吃水难、行路难、看病难、孩子上学难等问题。二是配套优惠政策。搬迁后弃耕土地实行退耕还林或划入国有林场作为林地，由移民户享受退耕还林补助政策，解决群众口粮问题；移民住宅用地一律免收耕地占用税、造地费和土地管理费，农电进户免收施工费，切实减轻了移民群众的负担。三是配套解决土地。为了解决移民群众耕地问题，泸州市采取了调剂集体公用地、退耕还林成果巩固口粮田建设、就近耕种原土地和土地置换等多种措施和途径，为移民群众发展生产创造了条件。

4. 产业支撑，保障移民脱贫

积极引导搬迁群众摒弃传统耕作习惯，立足迁入地自然条件，大力发展规模养羊、养牛和种植甜橙、核桃、竹子等种养业，依靠产业脱贫致富。在项目安置区配套实施整村推进项目、农村沼气工程、石漠化综合治理、农村公路、安全饮水、荒山造林、以工代赈、畜牧养殖、教育卫生等项目，带动项目区经济社会全面发展。积极组织开展技术培训活动，组织农业科技人员深入村社、农户，下到田间地头，让每一户群众都基本掌握了养殖、种植等农村实用技术。对特困移民户落实扶贫、救济资金和物资，帮助他们发展生产。

（三）易地扶贫搬迁中存在的突出问题

由于自然条件恶劣、生态脆弱、灾害频繁、投入不足等多种原因，易地扶贫搬迁中仍存在不少问题。

1. 搬迁补助标准偏低

根据现行物价水平，在农村建房即使群众大量投工投劳，建一个占地面积80平方米左右的住房一般需要9.6万元的资金投入。而符合易地扶贫搬迁条件的群众属建档立卡贫困户，自身建房能力弱。根据国家《"十三五"时期易地扶贫搬迁工作方案》，国家平均补助资金为6000元/人，以每户人4～5人计，平均每户得到2.4万～3.0万元的补助，尚有缺口6.6万～7.2万元/户。

2. 配套资金到位难

根据国家《"十三五"时期易地扶贫搬迁工作方案》，易地扶贫总投资约6000亿元，通过如下渠道筹资解决：一是逐年增加中央预算内投资规模，鼓励和引导农户自筹部分建房资金，两项合计约1000亿元；二是由省级政府向有关市场化运作的省级投融资主体注入1000亿元项目资本金；三是通过国家开发银行、农业发展银行发行专项建设债券设立的专项建设基金，为市场化运作的省级投融资主体注入500亿元项目资本金；四是由国家开发银行和农业发展银行为省级投融资主体提供易地扶贫搬迁长期贷款3500亿元。近年来随着各行业市场疲软，销售收入大幅度下滑，财政税收也随之大幅度减少。从目前市场前景、地方经济发展和产业结构的调整来看，各行业复苏、财政保障刚性正常支出都需要 3～5 年的时间。加上易地扶贫搬迁项目实施区域多是国家和省级扶贫工作重点县，自身财力十分紧张，很难拿出太多资金来投入民生改善，导致扶贫搬迁县乡（镇）财政配套十分困难。

3. 非建档立卡贫困户搬迁问题突出

"十三五"时期，泸州市共计划搬迁 37022 户、144175 人，其中建档立卡贫困户 20733 户、78032 人，尚有 16289 户、66143 人属于非建档立卡贫困户（人口），分别占需要搬迁贫困户和贫困人口的 44.0% 和 46.9%。按照国家《"十三五"时期易地扶贫搬迁工作方案》，这些非建档立卡的贫困户（人口）是不能享受相关政策补助的。

事实上，在贫困人口建档立卡过程中，贫困人口并非以相应标准对号入座建档立卡的，而是将贫困人口数量分配到乡（镇），按贫困人口数量进行建档立卡。这样就会出现分配贫困人口数量多的乡（镇），非贫困人口也能建档立卡；反之，一些真正的贫困户由于分配数量的限制而不能建档立卡。

（四）"十三五"易地扶贫搬迁任务

根据泸州的实际，搬迁对象为环境恶劣、生态脆弱、不具备基本生产和发展条件、"一方水土养不活一方人"的深山区、荒漠区、严重干旱或洪涝灾害频发区等的农村贫困人口。

"十三五"期间，全市规划在古蔺县、叙永县、合江县、泸县，对 37022 户、144175 人实施易地扶贫搬迁（见表 10－1）。其中古蔺县计划搬迁 18794 户、80504 人，分别占全市的 50.8% 和 55.8%；叙永县 11082 户、42788 人，分别占全市的 29.9% 和 29.7%；合江县 4790 户、14336 人，分别占全市的 12.9% 和 9.9%；泸县 2356 户、6547 人，分别占全市的 6.4% 和 4.5%。其中，古蔺县和叙永县易地扶贫搬迁的贫困户和人口合计占全市的 80.0% 以上。

表 10 - 1　　　　"十三五"期间泸州市易地扶贫搬迁规模

县　域	户数（户）	人数（人）	贫困人数占搬迁总人口的比重（%）	其中建档立卡贫困人口		
				户数（户）	人数（人）	贫困人数占建档立卡贫困人口的比重（%）
泸　县	2356	6547	4.6	952	2087	2.7
合江县	4790	14336	9.9	2072	6875	8.8
叙永县	11082	42788	29.7	7880	30735	39.4
古蔺县	18794	80504	55.8	9829	38335	49.1
泸州市合计	37022	144175	100.0	20733	78032	100.0

按年度看，2016 年计划搬迁 11768 户、46224 人，分别占计划搬迁总数的 31.8% 和 32.1%（见表 10 - 2）；2017 年计划搬迁 12586 户、47954 人，分别占计划搬迁总数的 34.2% 和 33.3%（见表 10 - 3）；2018 年计划搬迁 12668 户、49997 人，分别占计划搬迁总数的 34.0% 和 34.6%（见表 10 - 4）。

表 10 - 2　　　　　2016 年泸州市易地扶贫搬迁计划

县　域	户数（户）	人数（人）	贫困人数占搬迁总人口的比重（%）	其中建档立卡贫困人口		
				户数（户）	人数（人）	贫困人数占建档立卡贫困人口的比重（%）
泸　县	488	1399	3.0	191	449	2.0
合江县	2052	6144	13.3	520	1732	7.9
叙永县	2522	9876	21.4	1655	6623	30.1
古蔺县	6706	28805	62.3	3383	13195	60.0
合　计	11768	46224	100.0	5749	21999	100.0

表 10 - 3　　　　　2017 年泸州市易地扶贫搬迁计划

县　域	户数（户）	人数（人）	贫困人数占搬迁总人口的比重（%）	其中建档立卡贫困人口		
				户数（户）	人数（人）	贫困人数占建档立卡贫困人口的比重（%）
泸　县	1868	5148	10.7	761	1638	6.6
合江县	1367	4096	8.5	858	2847	11.4

续表

县　域	户数（户）	人数（人）	贫困人数占搬迁总人口的比重（%）	其中建档立卡贫困人口		
				户数（户）	人数（人）	贫困人数占建档立卡贫困人口的比重（%）
叙永县	2583	9923	20.7	1576	6147	20.7
古蔺县	6768	28787	60.1	3655	14300	61.3
合　计	12586	47954	100.0	6850	24932	100.0

表 10 – 4　　　　　　2018 年泸州市易地扶贫搬迁计划

县域	户数（户）	人数（人）	贫困人数占搬迁总人口的比重（%）	其中建档立卡贫困人口		
				户数（户）	人数（人）	贫困人数占建档立卡贫困人口的比重（%）
合江县	1371	4096	8.2	694	2296	7.4
叙永县	5977	22989	46.0	4649	17965	57.8
古蔺县	5320	22912	45.8	2791	10840	34.8
合　计	12668	49997	100.0	8134	31101	100.0

二、国内易地扶贫搬迁的典型模式

根据我们掌握的资料，目前国内易地扶贫搬迁的典型模式有依托国有（集体）农场安置型、依托小城镇集中安置型、依托旅游景区开发安置型、依托龙头企业带动安置型、依托开垦耕地安置型、无土安置型、依托特色产业安置型、依托置换的土地和房屋安置型、山上搬迁至山下安置型，下面分别阐述。

（一）依托国有（集体）农场安置型

这种搬迁安置方式是入住率比较高的方式之一。其主要做法是，用以工代赈资金解决搬迁户住房和其他附属用房，配套建设水、电、路和沼气池等设施。农户迁入后，通过与场部签订相关协议，承包国有或集体拥有的茶园、果园、林场等，既解决了场部经营的劳动力短缺问题，又通过项目实施帮助农场解决生产生活中的部分配套设施，带动农场生产经营规模的扩大，实现了搬迁农户与农场的双赢。贵州省黔南州罗甸县上隆茶果场安置点户均承包管理 10 亩茶果园，遵义市正安县桴焉茶场安置点、朝阳茶场安置点人均承包 3～5 亩茶园，黔西南州兴仁县屯脚镇马鞍山移民安置地人均配备近 1 亩上等好地，毕节地区金沙县大水、开化安置点人均配备 0.5 亩优质土地，大方县马场镇后槽安置点人均配备 1 亩茶场等，都采用了这一安置模式。通过搬迁，由于生产生活条件显著改善，贫困农户可以获得较为稳定的收入，在短期内即可实现脱贫。

专栏10-1 **贵州上隆茶果场移民模式**

贵州省是高原山区省份，自古有"八山一水一分田"之说，喀斯特地貌占国土面积的 61.9%，耕地仅占 7.5%。2001 年贵州省黔西南州罗甸县争取到 186 户安置指标。

上隆茶果场建于 1953 年，到 2001 年开发种植茶（果）园 386.7 公顷，生产、加工、销售体系健全，产品市场供不应求。随着知青大量返城和职工退休，在场职工不足 110 人，且多在管理岗位和茶叶加工厂，茶果园管护完全依靠临时性农务工。由于临时性农务工不足、流动性大，给正常生产经营造成一定影响，更成为企业茶（果）产业进一步做大做强的瓶颈。2011 年，贵州省决定把罗甸县该年度项目中的 115 户易地移民指标，落实到上隆茶果场，按"产业式"移民模式的思路和构想进行安置。

在移民生产资料的落实方面，根据茶果产业特别是茶叶产业是种植、加工、销售一体化的产业特点，在维持国有产权不变、统一经营的前提下，农场与农户签订 30 年茶（果）园管护合同，移民户通过管护茶（果）园获取务工报酬。在移民住房方面，采取统一规划、统一设计、统一施工，按投资比例分配产权，国家投资产权仍属国有，移民户按照投资比例享受产权。第一期项目实施完成后，移民户通过承包管护茶（果）园户均年货币收入 6000 元以上，当年实现脱贫。居住条件、就医和子女就学得到极大改善，移民生活习惯、生产技能、个人素质大有提高，茶果场也得到部分稳定的劳动力。

2003 年贵州省发展改革委结合上隆茶果场五年规划，安排了 166.7

公顷茶园开发任务，以扩大产业规模，拓展移民安置容量，实现移民安置和企业规模扩大滚动发展。茶园开发得以顺利进行，上隆茶果场移民安置容量迅速增加了250户、1000人。2005年以后，上隆茶果场在小城镇建设过程中，结合茶（果）产业的特色、亚热带气候优势以及少数民族风情，把上隆场部建设成为一个有典型特色的观光型城镇。

2002—2006年，上隆茶果场"产业式"移民共安置了496户2416人的易地贫困移民，涉及罗甸县17个乡（镇）32个村。移民进场后，通过管护茶（果）园获取了稳定的务工收入。2006年，移民户的务工收入户均达到8500元以上，逐步步入致富阶段。

资料来源：李应祥. 论黔南州上隆茶果场的"产业式"移民模式[J]. 中共贵州省委党校学报，2007（4）.

（二）依托小城镇集中安置型

小城镇作为城市、农村的连接体和中转站，是一定区域内的政治、经济、文化中心，具有一定的区位优势和资源优势，是农村发展农产品加工、销售、科技、信息咨询、服务等二三产业和劳动力转移的理想场所，是现阶段农民、农业、农村经济全面参与国民经济有效循环的重要桥梁和连接纽带。易地扶贫搬迁与小城镇建设相结合是缩小城乡差距、调整城乡关系的客观要求。当前，易地扶贫搬迁居民向小城镇转移，不但有利于贫困人口脱贫致富，而且可以提高农村的市场化、城市化、文明化、现代化水平，使农村逐步融入现代文明的主潮流。

通过易地搬迁项目在小城镇或乡镇建市场，选择有经济头脑的贫困户迁入小城镇或乡（镇）所在地，转移到第二、第三产业。市场建设主要采取资本置换的办法，乡（镇）政府把乡镇规划的土地，特别是集贸市场周围的土地统一征用后，通过以工代赈用于基础设施建设的资金启动道路和市场建设。市场建好后，由乡政府管理，壮大乡级财政收入。将移民户建在市场的周围，除利用市场的辐射功能发展第二、第三产业外，有的还可以通过对邻近村组"剩余"土地的调整从事农业生产。这种安置模式在帮助贫困群众脱贫增收的同时，推动了小城镇建设。2010年以来，陕西省安康、商洛、汉中三市累计投入资金595亿元，搬迁安置

32.4万户111.9万人，城镇化率提高了8.0个百分点。此外，如贵州省黔南州惠水县断杉镇、羡塘乡，平塘县大塘镇、龙里县羊场镇，黔东南州三都县三合镇、交梨乡，铜仁地区石阡县五德镇、思南县东华乡等安置点，都采用了这一安置方式。

专栏10-2　陕南依托小城镇搬迁贫困人口

为了避免就搬迁而搬迁，陕西省将分散在各部门涉及生态、扶贫、避灾等方面的资金，以及水、电、路等基础设施和文化、医疗、教育等公共服务政策和项目的资金捆绑使用，提高资金使用效率，统筹规划集中安置点规模、配套标准，完善社区相关服务功能，实现服务功能"全覆盖"。2010年以来，省市县整合各类专项资金75.26亿元，建成2252个移民安置社区基础设施和公共服务配套项目，催生了一大批与城市相近的公共服务均等化新社区，惠及搬迁群众102.5万人。陕南每建一个大型移民搬迁安置点，就相当于再建了一个微缩的城镇，2010年以来，陕南三市城镇化率提高了8.0个百分点。

例如，陕西省洛南县根据地域特色和实际情况，确定了以县城为中心，以石门、永丰、景村、古城等镇为副中心的集中安置格局，统一建筑风格、房屋户型、安置形式，最大限度地避免资源浪费、建设标准不高和盲目推进现象的发生。为了调动群众进城进镇上楼搬迁的积极性，该县从资金补助、户籍迁转、抵押贷款、就业入学、社会保障等方面给予优惠政策扶持。同时，统筹各方资源，完善配套设施，推动移民搬迁工作走上规范化、精细化、科学化、制度化、常态化的轨道。

资料来源：乔佳妮. 移民搬迁 陕西样板——我省实施陕南移民搬迁综述［N］. 陕西日报，2015-12-10.

依托小城镇集中安置，实质是一种"无土安置"。即在一部分城镇或工业园区周边，通过荒地土地整治或河滩地的围堤淤地及其他措施，整理形成地域上连片的安置区用地，借助于毗邻城镇或工业园区的区位特点，开展具备居住、商业、文化等功能的新城建设，主要以套房方式建设住房。这类搬迁主要适用于县域内有外出务工劳动能力、思想观念上能够接受城镇生活习惯的农村贫困家庭，通过从事县城的第二、第三产业为主、劳务输出和种养业为辅，进行搬迁安置。"无土安置"以改善安置区基本生产生活条件为重点，帮助搬迁群众创造自我生存和发展能力。因此，实施易地搬迁工程的资金主要用于安置区住房及附属设施、水、电、路、气、卫接通等基础设施项目建设，使安置区基本达到与周边地区基础设施条件相当水平。"无土安置"还能较好地满足移民的需求。贫困县每年都有一定数量的农民工外出务工，随着时间的推移，这些通过外出务工掌握了一定技能和有一定积蓄的农民，因年龄等多方面原因，逐渐返乡，但他们不愿意再回到山里生活。"无土安置"正好为他们提供了在县城创业的机会，让他们利用技能和资金，带动全家脱贫致富。

广西壮族自治区 49 个贫困县主要集中分布于桂西地区的大石山区，其中 44 个县处于石漠化治理区，29 个县列入国家 14 个集中连片特殊困难地区之一的滇桂黔石漠化片区，土地资源缺乏是其最典型的特征。广西都安瑶族自治县属于典型的喀斯特地貌岩溶地区。2010 年全县总人口为 70.22 万人，人均耕地仅 0.05 公顷，贫困发生率为 64.9%。为破除土地瓶颈，都安瑶族自治县首先在县城所在地澄江乡八仙扶贫开发区和六柱、菁盛、大兴等处尝试创建"无土安置"移民新村，充分发挥县城的资源优势和区位优势，加快迁入地城镇化、工业化、产业化和新农村建设进程。截至 2010 年底，八仙移民区已安置 1266 户、6112 人。移民有的就地从事加工、运输、商贸服务等行业，有的外出打工。优越的地理位置和独特的安置方式，使移民农户可就地从事适合家庭经营的生产，经济收入明显提高。搬迁前，这些安置户年人均纯收入不过 300 元左右，2010 年已达到 4109 元。经过多年的努力，移民区已实现水、电、路、程控电话、移动电话、有线电视等覆盖；小学、文化站、卫生所、自来水厂、商场、公园等公共服务设施一应俱全；编织厂、酒厂、糖厂等 8 家企业，为移民提供了在家门口就业的机会。

（三）依托旅游景区开发安置型

这种搬迁方式是贫困户脱贫致富的有效途径之一，但受旅游资源条件的限制。其主要做法是，在旅游资源开发过程中，通过在旅游景区内或景区附近建移民安置点，利用以工代赈资金新建移民住房，完善水、电、路等配套基础设施，改善就医、入学等条件，选择比较有经营头脑、思想灵活的农户进行搬迁。农户迁入后，通过开设农家饭店和旅游服务摊点、开展民族风情旅游活动、开发旅游服务产品等逐步走上脱贫致富之路。例如，陕西省商南、山阳、柞水等县依托精品旅游景区，引导搬迁户发展旅游商品及农家乐；宁夏镇北堡林草试验场兴建的移民综合开发试验区——宁夏华西村，贵州省黔南州荔波县小七孔风景名胜区及茂兰喀斯特森林保护区的驾欧乡景区移民新村、瑶山乡拉片移民新村，安顺市紫云县水塘镇格凸河景区移民新村等安置点，采取了这种安置模式。该模式产生了明显的扶贫综合效益，一是使搬迁农户直接受益，依托发展第三产业走上了脱贫致富之路；二是取得了较好的生态效益，有效地保护了迁出地的生态环境；三是社会效益明显。

专栏 10-3　　　　　　　　**宁夏也有个华西村**

　　1995年6月，江苏省江阴市华西村党委书记吴仁宝在宁夏南部山区考察后，感慨于当地"一方水土不能养活一方人"的贫苦状况。在与当地政府商定后，华西村决定出资帮助南部山区一部分贫困农民，搬迁到银川市西夏区镇北堡，并于1996年在地处贺兰山东麓生态保护中心的镇北堡林草试验场兴建移民综合开发试验区——宁夏华西村，短短5年时间人均纯收入突破2000元大关。宁夏华西村注重利用有利的资源条件，学习江苏华西村的致富经验，推广江苏华西村集团的花园式城市建设布局，从而带动了本地区及周围移民区的经济建设，是区域合作的成功典范。不仅如此，利用华西村位于沙湖、影视城、苏峪口森林公园、西夏王陵旅游长廊的中心地带优势，重点抓好旅游业的系列配套服务，大力发展第三产业，建成了初具规模的奇珍艺术城、度假村等一批景点，已成为吸引商户投资、旅客游览的胜地，初步呈现出现代化城镇的兴旺景象。

　　资料来源：靳赫. 宁夏也有个华西村 [N]. 中国民族报, 2015-04-28.

（四）依托龙头企业带动安置型

利用以工代赈易地扶贫搬迁资金，在工矿企业、龙头企业等附近建立移民新村，搬迁户通过到工矿企业、龙头企业工作，或从事第二、第三产业以获得生活来源，达到安置移民的目的。移民搬迁户迁入新村后，居住条件、居住环境得到根本改善，并通过到周边企业从事第二、第三产业或为企业提供服务，收入成倍增加，生活水平大幅度提高；同时，还方便了看病就医、子女入学，享受到城镇的文化生活。

2011 年以来，陕西省安康市建设集中安置社区 708 个，累计搬迁安置 7.5 万户、28.6 万人。他们在制定搬迁规划的同时也制定产业发展规划，在录入搬迁户信息时就摸清搬迁户产业发展需求，确定增收门路，制定产业扶持办法，实现了"安居"和"乐业"齐头并进。如石泉县后柳镇中坝村移民搬迁安置点，原本是一片烂河滩，通过移民搬迁已有 125 户村民在这里安家，三年来先后有 24 户办起了农家乐、农家宾馆和超市，其余的搬迁户除外出打工者外，都被吸纳到附近的三个产业园区务工，2012 年该村村民人均纯收入达 5000 多元。紫阳县双桥镇引进茶叶龙头企业，新建茶园 133.3 公顷，吸引了周边 400 多个搬迁户就地就业，仅靠茶叶采摘一项，一个农妇年收入能达到 4000~8000 元。紫阳硒谷生态工业园吸纳蒿坪镇双星安置小区 300 多名农民就地变成职业工人。白河县仓上镇裴家生态社区，89 户搬迁群众成为当地天宝现代农业示范园的产业工人。陕西省丹凤县在商镇，依托"商棣工业园区"，建设商镇老君、王塬、张村等安置点。

（五）依托开垦耕地安置型

主要有两种情况：一是根据耕地占用情况，国土部门有计划地在条件适宜区开垦一部分宜农荒地实施耕地占补平衡，各地再利用开垦的这部分耕地集中安置部分搬迁农户；二是根据各地的土地资源状况，由乡村划拨宜农荒地，移民项目适当补助给搬迁户开垦耕地，安置部分搬迁农户。实施这种安置模式关键是要有适宜较大面积开垦的土地，如宁夏红寺堡开发区的实践。红寺堡位于宁夏回族自治区中部干旱风沙区，地势南高北低，海拔为 1240~1450 米，东西长约 80 千米、南北宽约 40 千米。红寺堡是为贯彻落实《国家八七扶贫攻坚计划》和《宁夏"双百"扶贫攻坚计划》，依托宁夏扶贫扬黄灌溉工程，从根本上解决宁夏南部山区贫困群众脱贫致富问题而成立的，是全国最大的生态移民开发区之一。宁夏红寺堡自1999年开发建设以来，已开发水浇地2.67万公顷，搬迁安置宁夏南部山区同心、海原、西吉、固原、彭阳、泾源、隆德7县和中宁贫困群众近20万人，划定行政区域面积1999.1平方千米，辖2镇、2乡、40个行政村和2个城镇社区。

红寺堡的搬迁对象，一是生活在高寒、土石山区、干旱带等地就地脱贫无望的农户；二是必须退耕还林还牧的封山育林以及水库淹没区的农户；三是生活在水源涵养林区、自然保护区等生态位置重要、生态环境脆弱地区的农户。其迁出方式，根据各种迁出地的实际情况，采取整体迁出和部分迁出两种方式，搬迁分期分批进行，使人民群众减轻乃至消除思想顾虑，在相互带动中逐步自愿接受搬迁。1998年红寺堡移民试点工作开始实施，先期建成4个移民试点村，通过不断优化种植结构，试点村初步形成了"一村一品"的产业格局雏形。1999年红寺堡移民总体搬迁工作全面启动，截至2008年底基本完成了移民安置任务，累计搬迁移民约20万人。经过近十年的努力，红寺堡生态移民取得了良好效果，迁出前农民人均年收入不足500元，大大低于宁夏农民人均年收入，2008年搬迁后农民人均纯收入达2660元，是迁出前的5.5倍（表10-5）。

表10-5　　2001—2008年宁夏红寺堡开发区主要经济指标

指　标	2001年	2008年
地区生产总值（亿元）	0.89	5.01
人均地区生产总值（亿元）	767	2998
社会消费品零售总额（万元）	5077	15786
地方财政一般预算收入（万元）	123	2100
农民人均纯收入（元）	792	2660

资料来源：韩秀丽，高桂英. 宁夏红寺堡生态移民开发效果探析［J］. 人民黄河，2010（10）.

(六) 依托特色产业安置型

其主要做法是，把易地扶贫搬迁安置工作与推动农业产业结构调整、拓宽农民增收渠道有机结合起来，利用有利的自然资源条件如草地资源开发等，大力发展种草养畜，对移民进行安置。移民户搬迁安置后，采用荒山种草、林下种草等模式饲养畜禽，达到扶贫开发的目的。例如，甘肃省古浪县通过黄花滩闲置土地，以金色大道为中心线，在地势平坦、交通便利的 S308、金色大道和民调渠沿线、通乡油路之间规划建设 10 个中心村，搬迁南部山区 4 万多名贫困群众下山入川；贵州省黔南州独山县，通过县、乡 (镇) 协调，划出县国有林场林间草地租给移民户饲养奶牛，获得了较好的经济效益和扶贫开发效果。

■ 专栏 10 - 4　甘肃省古浪县 "设施农牧业 + 特色林果业" 搬迁模式

古浪县是甘肃省 18 个干旱县和 43 个扶贫开发工作重点县之一，贫困面达 47.4%，特别是居住在海拔 2500 米以上的南部高深山区的贫困人口近 5 万人，行路难、饮水难、上学难、看病难等问题十分突出，且因灾、因病返贫现象严重，扶贫攻坚任务异常艰巨。古浪县按照武威市 "下山入川、治穷致富" 的工作思路，迅速谋划、争取了生态移民暨扶贫开发黄花滩项目，计划利用景电二期古浪灌区节约水量开发黄花滩闲置土地 5746.7 公顷，以金色大道为中心线，在地势平坦、交通便利的 S308 线、金色大道和民调渠沿线、通乡油路之间规划建设 10 个中心村，搬迁南部山区 4 万多名贫困群众 "下山入川"。

铁柜村处在古浪县高深山区和浅山干旱山区，海拔 2700 米，这里交通不畅，群众出行不便，使山区群众发展生产、增加收入受到极大的制约，农民年人均纯收入仅有 900 多元，成为武威市农民收入最低的村。同时，由于山高路险，群众居住分散，上学难、看病难更是这些村的大问题。2011 年 3 月，为彻底解决铁柜村贫困问题，将铁柜村的群众搬迁到条件相对较好的川区黄花滩乡金滩村。这里靠近金色大道，属井灌区，气候、水土资源、交通等农业生产条件优越，就医、就学方便。经过 5

个月的努力，在黄花滩乡金滩村，铁柜山生态移民项目新建的 70 户砖木结构的瓦房完工，2012 年春节前后全部搬迁入住。

移民群众积极发展"设施农牧业＋特色林果业"主体生产模式，按照户均 0.2 公顷经济林、2 座养殖暖棚，发展经济林 15.5 公顷、玉米 15.3 公顷、养殖暖棚 140 座。还就近发展加工、运输、建筑、餐饮、商贸等二三产业，以多种经营，加快脱贫致富奔小康步伐。

古浪县下山入川生态移民工程实施以来，先后建成了感恩、阳光、黄花滩、高峰、马路滩、金滩、圆梦 7 个移民村。其中，2012 年实施的第一个移民村——感恩新村社区，整合资金 1.3 亿元，群众自筹 0.9 亿元，新建住宅 918 套，搬迁贫困群众 918 户 4416 人；2013 年实施的第二个移民村——阳光新村社区，整合资金 1.44 亿元，群众自筹 1 亿元，沿金色大道南北两侧建设 A、B、C 三个小区，新建住宅 1035 套，搬迁贫困群众 1035 户 5000 人。2014 年实施的圆梦新村社区，总投资 2.85 亿元，新建移民住宅 1000 套，计划搬迁古浪南部高深山区贫困群众 1000 户约 5000 人，同步配套各项基础和公共服务设施。9 月初已全部建成。来自新堡、干城、横梁等 10 个乡镇的 1000 户山区群众春节前全部入住新房。移民住宅建设根据搬迁群众的经济条件和意愿，分多种户型供群众自愿选择，使他们脱离了穷山窝，融入了新农村，获得了新生活。

为使下山入川的贫困群众实现稳定脱贫，古浪县强力推行"设施农牧业＋特色林果业"主体生产模式，将日光温室、暖棚建设、良种引进、贷款贴息等国家和省市产业扶贫资金集中用于扶持贫困群众发展主体生产模式，对移民区日光温室每亩奖补 3 万元，养殖暖棚奖补 6000～8000 元。搬迁群众根据经济条件和自身产业基础，分别发展日光温室、肉羊育肥、獭兔养殖产业，一步到位进入现代设施农牧业。

为加快移民区农业产业化进程，古浪县积极探索"企业＋专业合作组织＋农户＋基地"经营模式，引进内蒙古东达蒙古王集团、北京丰民同和等农业产业化龙头企业，扶持建设长庆现代农业产业园，辐射带动移民区群众加快发展脱贫致富产业。目前，6 个移民村已建成设施农牧业 553.3 公顷，羊饲养量达到 11.8 万只，户均 30 只左右。设施农牧业已成为贫困群众脱贫致富奔小康的支柱产业。

资料来源：马顺龙．高深山区农民脱贫致富的最佳路径——古浪县

推进下山入川生态移民工程纪实 [N]. 甘肃日报，2015 – 01 – 16（08）．

除上面六种安置模式之外，还有依托置换的土地和房屋安置型及山上搬迁至山下安置型，但这两种模式规模均有限。

依托置换的土地和房屋安置型，是指在贫困乡村中选择有一技之长或具有一定经济实力并愿意迁出的农户（即置换户）搬迁到城镇等地安置，再将因自然环境恶劣等原因需搬迁的极贫户，或者文化水平低、无谋生手段的极贫户，迁入置换户挪出的居所，并耕种他们让出的耕地，从而达到使贫困户在短时间内脱贫的目的。这是一种阶梯搬迁安置模式，按"等值交换"置换出搬迁户的房屋、田产，就地安置生存条件很差的极贫户，既有利于减轻环境压力，又极大地改善了极贫户的生产生活条件，达到了扶贫开发的联动效果。例如，贵州省赫章县威奢乡用阶梯搬迁的办法，达到了"搬一松二"的目的。

山上搬迁至山下安置型，是指在以工代赈项目的支持下，通过在山下选择居住条件较好的地方建设移民安置点，在不调整原有土地的情况下，对由于历史原因长年居住在山上、水资源严重短缺、人居环境十分恶劣、基础设施建设滞后的贫困农户进行搬迁安置。这种安置模式由于不涉及耕地调整问题，因而工作难度较小，而且扶贫成本较低，是一种较为理想的易地扶贫搬迁安置模式。贵州省黔东南州锦屏县钟灵乡洞坎等安置点采用的就是这种安置模式。

上面各种模式，在实践中都有成功的经验和教训可资借鉴。因此，对于实践中总结出来的各种搬迁模式，不能一概否定或肯定，应结合各地的实际情况，因地制宜地选择适宜的搬迁模式。总体来看，易地扶贫搬迁以其见效快、返贫率低、可持续发展后劲强的特点，在解决那些不具备生产生活条件，以及生态脆弱区贫困人群的脱贫问题中发挥了重要作用。

三、泸州市易地扶贫搬迁安置地的选择

优先选用现有基础设施完备、土地资源丰富、社会事业发展、民风民情淳朴、有集镇发展条件的地方作为易地扶贫搬迁安置点，为搬迁户脱贫致富留足发展空间。泸州市易地扶贫安置地的选择，主要考虑如下

因素：

（一）安置区坡度

坡度大不利于生产、生活，发生地质灾害的概率也比较大。移民搬迁后，需要相对平缓的土地建房和耕作，国家对25度以上耕地实行退耕还林政策。因此，安置点应选择坡度小于25度的区域，有利于减少滑坡、泥石流等地质灾害的发生。安置点住房应建在坡度小于15度的平缓范围内。

（二）安置区海拔高度

随着海拔的升高，气温和空气中的氧气含量都在降低，不利于人类的居住和生活。泸州市低海拔区域是全县生产力水平较高、经济较为发达、生活相对富裕的地区。海拔2000米是泸州市山地暖温带和山地凉温带的分界线，目前泸州市人口主要分布在海拔2000米以下的地区。因此，安置区的选择宜选择在海拔2000米以下区域，尽量考虑海拔1500米以下区域。

（三）较丰富的水资源和土地资源

便利的水资源是人类最基本的生产、生活保障，移民安置区的选择要靠近河流、水库等水源地，以保证搬迁人口必要的生活和生产用水，同时避免主河道可能发生的泥石流等地质灾害的影响。因此，安置区的选择以距离河流及主河流0.5~2千米作为缓冲区。

安置点要有相对充裕的适宜开发的土地资源可供搬迁后的移民开发，以帮助移民尽快恢复生产、生活，实现易地脱贫。

（四）尽量靠近乡镇集市和交通干道

从有利于生产、方便生活的原则出发，便于各类配套设施的建设及对外交往，移民安置点应尽可能靠近公路干线。但越靠近公路，其敏感性越高。因此，宜选择距离公路线1~3千米作为缓冲区。

（五）考虑安置区周围移民的利益

安置区非移民不希望因移民迁入而扰乱原本秩序正常的社区生活，移民的安置不能影响到其他非移民的利益，因此安置地又不能太靠近已有的居住地。因为移民的到来，意味着对土地、公共设施、就业机会和其他稀缺资源的争夺更加激烈。尤其是土地资源，移民的到来，必须占用生存之本的土地。因此，应该尽量开垦新耕地给移民，尽量不占用或少占用非移民的土地。

考虑到移民与非移民的利益，避免移民与非移民的利益冲突，应将安置区设置在距离非移民自然村 1 千米的缓冲区外。

（六）有较好的就业机会

由于自身素质等因素的影响，移民的就业能力比较低。搬迁的最终目的是"搬得出、稳得住、能致富"，不解决后续产业发展问题，搬迁户群众没有稳定的生活来源，将会导致搬迁致贫、搬迁返贫，甚至出现回流现象。

要结合各种产业发展需求，最大限度地筹集资金，安排相应的后续产业发展专项扶持资金。整合相关项目、资金、信息、技术等资源，帮助搬迁群众因地制宜地发展成本较小、技术要求不高、风险不大，以及有特色、有优势、有市场、见效快的后续产业。对吸纳一定比例扶贫搬迁移民稳定就业的企业，应适当减免税收，以保证移民的就业需求。

（七）要与安置区的乡镇建设规划相一致

为保证搬迁户的居住安全，避免发生洪涝、泥石流、滑坡等地质灾害，在规划建设集中安置点时，除保证"水、电、路"三通配套基础建设外，还应对安置地排水、宅基地安全防护、村庄绿化进行配套规划建设，把可能冲击安置地的各种不良因素预先消化，保证安置地排水便利，生态环境良好，远离地质灾害。

四、泸州市易地扶贫搬迁的安置原则与方式

(一) 安置原则

1. 政府主导,群众自愿

易地扶贫搬迁是一项由政府组织实施的专项扶贫工程,必须尊重群众意愿,不搞强迫命令。各级政府作为工程实施的责任主体,要高度重视、加强领导、统筹协调,积极稳妥组织实施,为搬迁群众脱贫致富创造环境、打好基础;结合本地经济社会发展的相关规划,积极引导相关工程项目、整合有关支农资金共同扶持安置区经济社会发展,确保实现"搬得出、稳得住、能致富"的目标。

2. 明确对象,细化目标

加强调查研究,严格按照国家和四川省政策文件要求,把扶贫对象摸清搞准,做好统计。做到无漏报、无错报。根据搬迁对象构成和分布的不同情况,细化建设目标和内容。

3. 量力而行,稳步推进

充分认识易地扶贫搬迁工作的复杂性和艰巨性,妥善处理搬迁需求与投资可能的关系,根据财力水平、群众自筹能力、居住区地质安全条件和安置区资源条件,区分轻重缓急,科学编制项目建设规划,合理确定搬迁目标任务和建设时序,按规划、分年度、有计划地组织实施。

4. 因地制宜,分类指导

立足本地资源特点,结合安置区的环境容量,考虑群众生产生活习惯,合理确定安置方案,宜集中则集中、宜分散则分散,宜农则农、宜牧则牧、宜林则林,积极探索符合当地实际、有利于群众发展的安置方式和产业发展模式;因地制宜扶持产业发展、加强技能培训、拓宽增收渠道,为搬迁群众实现自我发展打好基础。

5. 自力更生,政府支持

充分尊重搬迁群众的主体地位,调动其脱贫致富的积极性和主动性,发扬自力更生、艰苦奋斗精神,努力建设新家园。积极争取上级政府加大资金和政策支持力度,强化行业资金整合力度,大力扶持培育特色优势产业,积极协调解决相关问题,帮助搬迁群众创造更好的生产生活条

件和发展环境。

(二) 安置方式

坚持以集中安置和分散安置相结合的方式安置，集中安置无疑有利于推进城镇化建设进程，但搬迁户条件各不相同，安置方式要根据搬迁对象自身条件来确定。对可不依赖于土地生存的群众，鼓励选择城镇集中安置；对经济来源不稳定、仍部分依赖土地生存的群众，可选择村庄小规模集中安置；对于完全依赖土地生存的群众，可就近搬迁到"水、电、路、视、讯"易于解决的安全地带，以此减小搬迁后生活、就业面临的压力。在泸州市实施易地搬迁的四个县中，土地资源稀缺、经济发展水平比较低、搬迁任务比较重的古蔺县和叙永县以分散安置为主；土地资源相对宽裕、经济发展水平较高、搬迁任务比较轻的泸县、合江县，则以依托城镇和中心村、农业产业化基地安置为主。

1. 分散插花安置

对土地资源相对贫瘠，集中安置点选择较困难的地区，主要采取插花安置的方式。安置点要尽量靠近乡（镇）政府、村委会、学校、卫生院（站）或公路沿线基础设施条件较好的地方，以减少基础设施建设支出，降低搬迁成本。要结合安置地特色产业发展状况、自然村落分布状况和基础设施完善情况，选择分散插花安置方式安置搬迁户。安置点的选择可以突破村、乡（镇）的地域界限。

其中，古蔺县分散安置 50913 人，占全县总搬迁人口的 63.2%；叙永县分散安置 33888 人，占全县总搬迁人口的 79.2%。

2. 依托城镇和中心村安置

随着城镇建设步伐的加快，泸州市城镇化率将不断提高，城镇就业空间在不断扩展。以"一主四副多点"城镇体系为重点，在县城和中心镇建设过程中，应预留一定空间安置易地扶贫搬迁的搬迁农户。对资源条件和承载能力都能满足搬迁人口需要，基础设施建设条件较好，且无地质灾害隐患的地区，结合新村点建设，依托中心村，尽可能采取集中安置的方式。

古蔺县引导搬迁对象向本行政村内、幸福美丽新村、依托乡村旅游区、小城镇等区域集中安置。其中，修建集体廉租房和其他特殊情况需采取统规统建的，经县政府同意后可以实行统规统建。根据安置地资源条件和承载能力确定搬迁安置规模。古蔺县规划建设集中安置点 247 个，分布在全县 26 个乡镇 247 个行政村，安置搬迁人口 29591 人，全部为行政村内就近集中安置。

叙永县引导搬迁对象向本行政村内区域集中安置，对资源条件和承载能力都能满足搬迁人口需要，基础设施建设条件较好，且无地质灾害隐患的地区，结合新村点建设、依托中心村或场镇，尽可能采取集中安置的方式。"十三五"期间设立集中安置点 72 个，集中安置 8900 人。

3. 依托农业产业基地安置

既要考虑基础设施、公共资源的完善性，也要考虑经济发展基础和发展前景。结合泸州市实际，在实施易地扶贫搬迁时要依托"长江大地"蔬菜基地、茶产业基地、长江上游特色鲜果产业带、赤水河流域干热河谷鲜食果品基地、优质高山蔬菜地生产基地、中药材种植与加工、木本油料林基地建设、林竹资源综合利用、核桃基地、珍稀树木和花卉基地建设等农业特色产业基地建设，对搬迁农户实施安置。

4. 乡村旅游区安置

抓住泸州市打造特色景观旅游名镇名村、生态旅游示范区、全国休闲农业与乡村旅游示范点（县）的机遇，依托龙桥文化生态园、尧坝古镇、云溪旅游度假区、玉蟾山旅游区、方山景区、凤凰湖养生旅游度假区、法王寺景区、中国酒镇酒庄、长江生态湿地公园、太平古镇红色旅游经典景区、"鸡鸣三省"石厢子会议遗址、护国战争遗址、丹山—画稿溪旅游区、黄龙湖旅游区、洞窝峡谷旅游度假区等景区（点），选择比较有经营头脑、思想灵活的农户进行搬迁，通过发展旅游服务业，促进移民脱贫致富。

此外，对于少部分不适宜或不愿意采取集中安置、分散安置方式的搬迁群众，可依据群众意愿，结合实际情况采取投亲靠友、进城买房等方式安置。

五、泸州市易地扶贫搬迁安置需要解决的问题

(一) 搬迁地土地闲置

多数地方规定，移民搬迁后统一实行原有山林经营权不变，已享受退耕还林补助的政策不变，仍归移民户所有，同时还允许移民回原村耕种土地。但是贫困群众从原居住地搬出以后，由于距离原居住地较远，部分群众就放弃了原有的耕地，不再从事农业生产，转而从事二三产业。再者搬迁地受到地貌限制，基础设施差，道路不通，水电短缺，大部分耕地及林地资产不适合流转，被迫闲置。

因此，要盘活搬迁地闲置土地资源。有关部门要对闲置土地进行详细调查，系统掌握可使用的闲置土地的分布、数量及性质，建立闲置土地资源信息库，为盘活闲置土地工作打下基础。建立新增建设用地指标和闲置土地处置适度挂钩机制。同时，政府要引导帮扶，为搬迁地土地开发利用提供便捷优质的服务，加快搬迁村土地开发利用。

(二) 迁入地土地太少

泸州市人多地少，人均土地占有量只有四川省的 46.4%，土地利用率高达 93.7%，高出全国平均水平 19.7 个百分点。而搬迁扶贫区域又多数属于地质灾害多发、交通不便地区，可供安置的土地资源少。如泸州市贫困人口集中的古蔺县，耕地中有 60% 集中分布在中低山区，使建设用地和耕地保护之间的矛盾特别突出。一方面易地扶贫必须增加建设用地，必须占用和减少耕地（甚至是永久农田）；另一方面，为求生存保障而重视粮食生产，必须保护耕地，特别是保证永久农田。

再者，移民搬迁户主要来自安置点以外的偏远村庄，他们在安置小区的周边没有属于自身的、可耕作的土地，安置地原住户大多不愿转让土地，由此导致易地扶贫安置点的选择比较困难，难免出现"移房不移地"的现象。特别是那些主要依赖种植、养殖活动的农户迁入移民搬迁安置小区后，极有可能成为"无业游民""无土之人"，移民搬迁活动或许很难达到"留人致富"的目标。

易地扶贫搬迁集中安置点的土地调配已成为制约集中安置的"瓶

颈",原因主要有:一是集中安置搬迁户多为跨村、跨组搬迁,距原住地较远,既无法以自有土地与安置用地调整互换,原有土地耕种不便,也难以统一调配,而选在集镇或村庄规划区,个户宅基地分摊成本一般为1万~3万元,这是多数需搬迁群众难以承受的。二是随着农村危房改造、灾害搬迁、扶贫移民搬迁、生态移民搬迁的持续开展,土地本已稀缺的山区,适宜建设较大规模集中安置点的土地更少。三是受《基本农田保护条例》及《农村土地承包法》的制约,新的集中安置点土地规划审批难度极大。

如果易地扶贫搬迁采取"无土安置"方式,对于部分迁出群众来说,搬迁意味着失去了原本赖以生存的土地,生活失去了保障。显然,这是不可取的。

如何落实好安置地,并做到有土安置,成为整个易地扶贫搬迁工程的关键所在。所以,政府要明确易地移民搬迁用地指标,保障搬迁用地需求,减少对耕地的占用。倘若不得不占用耕地,应建立易地扶贫搬迁建设用地与农户宅基地复垦对接制度,及时制订耕地占补平衡计划,确保耕地数量不减少,质量不降低。

(三)搬迁户就业能力偏低

1. 搬迁户就业能力低

搬迁户在搬迁以前,大部分文化素质低,主要从事农业生产或者养殖业,靠体力和经验来耕作、养殖,缺乏现代企业所需要的非农技术,缺少外出就业的能力。当移民搬迁到新的安置点后,缺乏土地等基本生产资料作为保障,传统农业种养经验也无用武之地。加上自身素质的限制,外出务工的积极性不高,使搬迁群众很难在竞争激烈的市场中找到一份满意的工作。

2. 就业信息不畅

就业信息不畅也是造成就业困难的重要原因之一。通过对已经实施易地扶贫搬迁的移民村调查发现,移民获得就业信息的主要渠道往往是亲友介绍和政府组织。他们大部分对互联网比较陌生,缺少对就业信息寻找和运用的能力,所以只能通过简单的关系网及较少的方式掌握就业信息。就业信息不畅,使大量劳动力滞留在安置区。

3. 对移民培训不足

易地扶贫搬迁的主要对象是贫困农户，其文化素质和劳动技能往往低于当地平均水平，适应新环境能力、就业能力和发展能力也相对较差。但是，目前地方政府对移民就业的重视程度不够。劳务输出作为当前政府引导移民就业的主要形式，缺乏长期的、系统性的移民就业解决方案和相关政策。

因此，要大力加强对移民的培训。对于移民搬迁后丧失经营土地条件的移民，进行积极引导，增加其外出就业的信心和能力，鼓励他们就业。政府要根据移民的素质及就业意向，制订符合移民需求的培训计划，使得专业的设置和培养的目标尽量达成一致。同时，通过培训提高移民的科学文化素质、劳动技能，使移民真正体会到接受培训的好处，进而增强移民参与市场就业的竞争力。

第十一章 易地扶贫搬迁规划专题报告：案例、政策与建议[①]

之所以要推进易地扶贫搬迁，根本原因是自然地理条件方面存在着显著差异：有些地方水资源丰富，土地肥沃，景色秀丽，是发展高效农业和旅游业的理想之地；也有些地方山大沟深，群众居住分散，基础设施难以配套，扶贫成本巨大，生存条件严酷，一方水土难以养活一方人。

面对这种现实，只有通过移民这一措施和途径，将贫困群众从不具备扶贫开发条件、不适宜人居生存的极度贫困边远山区迁移出来，摆脱恶劣生存环境的束缚，搬迁到生存条件、发展空间相对较好的区域，增强贫困群众的自我发展能力和造血功能，才能真正实现在易地搬迁中扶贫、在扶贫中发展、在发展中脱贫。

易地扶贫搬迁的成功，关键在于通过特色产业发展，加快区域经济发展，增加农民收入，把人从山上吸引下来到城镇居住，减少人类活动对生态环境的破坏，实现"扶贫开发、特色产业、区域发展、新型城镇化、生态环境保护"五方面的联动发展。

本章梳理了各地在特色产业扶贫、乡村旅游扶贫、电商扶贫、生态移民扶贫、劳务输出扶贫、资产收益扶贫、新型城镇化扶贫等方面的典型案例，包括具体做法和主要成效，以期为规划方案提供思路和参考。同时也梳理了各部门、银行和相关企业近期的一些主要政策要点。在此基础上，提出了若干政策建议。

[①] 报告完成于 2016 年 4 月。

一、十大案例

（一）四川省苍溪县猕猴桃产业扶贫

苍溪县立足当地资源特点，确定了重点发展红心猕猴桃的产业方向。当地政府在产业发展中坚持规划先行，一张蓝图绘到底，一茬接着一茬干，整合各方面资金，分区域、分年度推进红心猕猴桃产业建设。目前全县红心猕猴桃种植面积达33.09万亩，带动7.36万种植户人均年增收6160元，占种植户纯收入的81%，带动农民人均年增收1000元。

以苍溪县永宁镇兰池村为例。2014年，该村引入大户开展生产经营，建成1400亩猕猴桃产业园区。猕猴桃生长周期较长，一般第四年才挂果，第五年进入丰产期。在生长期内，大户每亩投入约为8000元，全部投资约为1120万元。扶贫资金投资719万元，其中275万元为产业发展配套资金，444万元为财政专项扶贫资金。扶贫资金主要用于建设田间作业道、渠系、蓄水灌溉等生产性配套设施。

扶贫资金全部量化折股，分配给村集体、村民小组和农户。扶贫资金中80%按照每股1000元进行量化，由村集体、村民小组和农户按照1∶2∶7分配。兰池村1756名村民量化股权402.5万元，每人获得2.29股；村民小组分得115万元计1150股；村集体可得57.5万元计5750股。资金中的20%共计144万元，优惠配股给254名贫困人口，每人获得财政支农资金量化股份7.96股，较一般村民多5.67股。

大户每年按照生产利润和财政资金占股比例向村集体、村民小组和农户分红。在猕猴桃种植园区建设期间则按照同期银行存款利率进行保底分红。2014年按照3.25%支付红利23.36万元。贫困人口分红258元/人，一般村民分红74元/人，村集体分红1.87万元，村民小组分红3.74万元。丰产后，按照亩产1000斤猕猴桃，市场价8元/斤的行情计算，年毛利润为2240万元，其中劳动、农药等生产成本约占50%，可分配利润为1120万元。按照占股比例，预计扶贫资金可获得分红437.89万元。

村社的股权量化收益纳入村级财务，统一进入"村财民理乡代管账户"，按照民主理财、民主管理、民主监督的原则，实行资金管理、银行账户、报账程序、公开账务、档案管理"五统一"，按程序审批，接受县财政局、县农业局和镇政府监督，保障资金安全和公开透明。

在村内大力发展猕猴桃产业的过程中，农户盘活了自有土地资源，2014 年以 580 元/亩（按照每亩 450 斤粮食当年价格折价计算）的价格进行流转，获得土地收益。

村内青壮年劳动力多数已外出务工，留守人口多为劳动能力差、技术水平低的弱能贫困人口。园区中主要劳动力为本村 60～70 岁的老年人口，每天工作 8～9 小时，主要从事除草、套袋、包装等轻体力劳动。每天工作收入 60 元，年均工作 100 天，可获得 6000 元/年的务工收入。由于园区建设规模大，可以完全吸收村内弱能贫困人口，在农忙时期还要从外村雇工完成生产。本村一年劳务收入可达到 300 万元。

（二）河北省赤城县养殖场扶贫

河北省赤城县雕鹗镇黎家堡村是扶贫工作重点村，总耕地面积为 793 亩。全村共有 253 户、661 人，其中贫困人口 144 户、413 人。坤淼养殖有限公司在黎家堡村的养殖场共投资 1200 万元。2012 年，县政府整合扶贫资金 100 万元，投资村内养殖场周边水、电、路等基础设施，并将其划为村集体所有，入股养殖场。村集体以村内荒山、荒坡等 60 亩土地入股，折价 40 万元。考虑到县政府通过县内霞城三农信用担保公司帮助企业获得县信用联社担保贷款 500 万元。入股金额 140 万元经协商占企业30% 的股份。

坤淼养殖有限公司根据当年养殖场利润，按照村集体占股比例 30%分红。村集体留存全部分红的 30% 后，其余部分向农户分配。养殖场当年建设、当年投产。2013 年，养殖场共实现销售收入 412 万元，净利润为 48 万元，村集体分红近 15 万元；2014 年实现销售收入 723 万元，净利润为 97 万元，村集体分红近 29 万元。扶贫资产年化收益率达到15.71%。分红总额的 70% 向村内约 100 户贫困户按户进行平均分配。村内每年对分配名单进行民主评议，以减少村内分配不平均可能产生的社会矛盾。2013 年和 2014 年两年，贫困户共分红 2877.21 元/户。2014 年，全村人均纯收入达到 8559 元，已经脱贫出列，因此村集体预计 2015 年向全体村民进行收益分配。

村集体与养殖场达成"负赢不负亏"的基本意向。在企业利润为正的年份，按照占股比例向村集体分红，实现资产收益；但在企业亏损年份，不要求村集体承担亏损，仅停止分红，在一定程度上保障了资产安全性，降低了企业风险的负面影响。

村里成立了监督委员会，对村内资产收益使用、分配进行监督管理，保障农户利益。村委会安排专人常住养殖场监督日常生产，参与共同经营，监督企业生产成本、销售情况等，以便核算企业利润，保障资产收益。

养殖场为该村提供就业岗位 30 个，主要是养殖场内长期务工工人，从事养殖、清洁等工作，该村村民通过养殖场年实现务工收入近 100 万元。同时，养殖场粪便与村内大棚蔬菜等设施农业形成良好的生态农业系统，一方面减少了养殖场的环境污染，降低了废弃物处理成本；另一方面促进了村内设施农业发展，降低了农业生产成本，提高了蔬菜等生产产品产量。此外，养殖场对村内玉米就地转化为饲料原料起到了积极作用。

（三）安徽省金寨县太阳能光伏发电

安徽省金寨县探索太阳能光伏发电扶贫。到 2015 年 6 月 30 日，金寨县完成 6676 户（其中贫困户 5689 户）分布式到户光伏电站和 59 个村级电站安装并网。

贫困户用自家屋顶或空地安装的分布式光伏电站，每户装机 3 千瓦。根据单位建设成本 8 元/瓦计算，分布式光伏电站的建设成本为 2.4 万元。通过"三个三分之一"投入办法建设，即贫困户自筹 0.8 万元、财政扶贫资金扶持 0.8 万元、信义光伏企业捐资投入 0.8 万元。

贫困户享受分布式光伏电站的发电收益。分布式光伏电站的正常月发电量为 300 度左右，年发电量在 3000～4000 度之间，光伏组件寿命约为 20 年。按照每度电 1 元的电价标准计算，贫困户年发电收益为 3000 多元，发电收益率达到 12.5%。贫困户自筹投入的 8000 元建设成本，不到三年即可收回成本，之后能够获得稳定净收益。

金寨县太阳能光伏产业的发展得到了国家能源政策的大力支持。金寨县创建"百分之百非化石能源示范县"和产业目标，为发展新能源产业提供了政策条件。国家电网安徽省公司与金寨县签订战略合作框架协议，加大加快电网改造力度，保证同期完成接入并网系统建设，保证光伏产能并网消纳。

光伏产业的建设，经历了集中式光伏发电、分布式光伏扶贫、村集体经济组织光伏稳步推进过程。分布式光伏电站的安装，经历了屋顶安装、房前屋后空闲地安装、村里协调选址集中安装过程。发电户发电量的消纳，经历了自发自用余电上网（0.84元/度）到全部上网（1元/度）过程。

扶贫的关键在于扶人，既强调贫困户增收脱贫，同时又能促进贫困户自身能力发展。光伏扶贫作为"阳光增收"扶贫工程，虽然能够保障贫困户稳定增收，但却难以调动农民自身参与的积极性，从而缺乏培育和发展贫困户自身能力的作用。虽然太阳能是可再生能源，但是光伏电站有其寿命周期，重要的是在"阳光增收"的同时，贫困户要及时利用阳光红利促进自身能力的培养。

光伏电站建设的投入量大、后续管理成本高，完全依靠政府管理成本高。所以，政府要转变角色，既要服务农民，又要服务企业；既要宣传新能源，又要引导技术培训；既要建设形成一支光伏管护技术队伍，又要探索建立光伏组件保险机制，从而保护贫困户的光伏资产，保障贫困户持续稳定收益。

（四）重庆市石柱县乡村旅游扶贫

石家乡位于重庆市石柱土家族自治县（以下简称石柱县）东南部，地处武陵山贫困区域，辖5个村26个村民小组，共4461户，总人口10410人。全乡有建档立卡贫困户544户，贫困人口1950人，无劳动能力贫困户27户。2012年，石家乡开始发展乡村旅游业，到2015年，已经形成以两家三星级农家乐、52家一般接待户为依托的乡村旅游接待区，直接及间接参与旅游产业的农户达2000户以上。乡村旅游产业已经成为全乡经济发展的骨干项目。

为鼓励乡村旅游发展，重庆市给予发展乡村旅游农户3万元/户的补贴。石家乡组织具有发展意愿和家庭生产能力的36户贫困户，立项申请乡村旅游专项发展资金，共计108万元。发展资金被注入石柱县梦里荷塘乡村旅游专业合作社，合作社作为资金的管理者，将引导资金出借给石龙山庄。石龙山庄成立于2009年，建有三星级农家乐，占地20亩，建筑面积为6000多平方米，日接待能力500人，资产估值达3000万元以上。2014年接待量达1.5万人次，经营收入600万元，盈利200万元。

石龙山庄按照每年10%的占用费率向合作社缴纳占用费，即合作社享受10.8万元/年的固定收益。占用费率虽然高于当地金融机构借款利率，但因石龙山庄土地归集体所有，无法向金融机构抵押借款，企业愿意接受来自合作社的"借款"。

农户通过合作社向企业供应当地农产品收益。36户加入合作社的农户事先与企业签订生产合同，企业将每年所需的蔬菜、瓜果、土鸡、土鸭等农副产品需求量提供给合作社，签订购销合同。合作社组织参与项目的贫困户进行生产，按照农户生产能力和意愿将订单拆至农户，并逐户签订购销协议。合作社组织专人专车上门收购贫困农户农产品，企业按照市场价格进行收购。既保证了乡村旅游接待中的食材质量和安全，满足了消费者对于农产品新鲜、无公害等要求，也降低了企业采购成本，减少了中间环节，降低了销售成本，解决了山区农户农产品卖难的问题，提高了农户的收益。此外，石龙山庄在旅游接待点向游客公开农产品收购情况，包括贫困户姓名、电话、品种、收购数量及收购价格等信息，每日更新，既获得了消费者的信任，也起到监督作用。

农户通过在石龙山庄务工获得工资收益。石龙山庄每年所需40多个用工岗位优先贫困户务工，主要从事保洁、保安、接待等工作，工资为1500～1800元/月，2014年用工量为14人，平均务工收入8000元；贫困户家中的在校大学生可以在假期申请到公司打工。2014年共有11个贫困户家庭学生在石龙山庄务工3个月，平均收入5000元。

石家乡在资产收益的分配中充分考虑到了贫困农户的参与度与受益度的结合。10.8万元的占用费中，40%以农户与合作社的商品交易量以及务工收入为基础，按照比例进行分配。其中，农产品交售奖励最高2300元，务工最高奖励1500元。占用费中50%作为农户固定分红，平均分配到36户参与农户。占用费中10%留作合作社相关业务的经营管理费用。2014年36户贫困户通过此类资产收益扶贫项目分红1500～4600元/户。

石家乡对参与项目的贫困户进行激励淘汰机制，每户贫困户帮扶期限为两年。对于通过资产收益项目家庭收入水平达到脱贫标准的农户，不再纳入扶持范围，由其他贫困农户替补进入项目。对于达到两年帮扶期仍未脱贫的农户，转由社会保障进行托底，重新选择有发展意愿和生产能力的贫困户参与项目。对于生产过程中不按照企业标准生产、举家外出或搬迁、不服从合作社管理以及有违法犯罪等行为的农户，一律取消入社资格，不再享受扶持政策。对于不按照订单收购、克扣贫困户资金、压级压价收购，或经营不善、效益欠佳的龙头企业，政府无条件收回引导资金，实现了对龙头企业的动态管理，保障资金安全。石家乡要求石龙山庄以不低于注入资金总额的5倍资产作为抵押，并在县级司法机关进行公证。同时石龙山庄与合作社的资金占用协议一年一签，合作社每年审查企业资金的使用情况，以保障扶贫资金的安全性和农户收益的可靠性。

（五）青海省共和县乡村旅游扶贫

青海湖是具有国际品牌声誉的国家"5A"级旅游景区，游客客源充足。从市场看，每年5月至9月为旅游旺季，夏季假期游客住宿更是供不应求。先天优质的生态环境资源，具备通过产业开发转化为生态红利的优势条件。

基础设施配套完备是乡村旅游产业项目开发的硬件条件。在青海湖景区的大型基础设施已经具备的条件下，青海省共和县甲乙村的乡村旅游经营大户向银行贷款400多万元，建成3000平方米、拥有20多间房间规模的宾馆和餐厅。

村集体将财政扶贫资金45万元用于购买宾馆所需的桌椅、棉被等内部实物设施，投入5个经营大户建成宾馆，形成游客接待能力。45万元按照平均每户6500元的标准折股到甲乙村全村70户贫困户。每户获得固定收益1500元。

甲乙村共有70户贫困户和5户乡村旅游经营大户，每户经营大户带动12户贫困户，带动方式是每户贫困户家内劳动力受雇参与大户的乡村旅游经营，贫困户劳动力从事宾馆和餐厅的服务或劳务工作，获得工资收入。月工资标准为2000元，按照当地旅游旺季5个月工作时间计算，工资收入为1万元。劳务参与也培育了贫困户自身发展能力，可望激励贫困户谋求自身技能水平的提高，并通过其他技能工作实现增收。所以，依托地区生态特色发展旅游扶贫产业，注重贫困户的劳动参与，既实现了扶贫，更有助于扶人。

（六）甘肃省陇南市电商扶贫

2015年，陇南市深入推进精准扶贫与电子商务融合发展，初步探索出了一条"电商扶贫"新路子，并荣获"2015中国消除贫困创新奖"。截至2015年底，全市网店数量达到8674个，销售额达到26.5亿元（其中线上销售8.8亿元，线下销售17.7亿元），培训60380人次，新增就业37676人，直接带动贫困群众人均增收430多元。

1. 主要做法

加强试点工作组织领导。市县区层层成立电商扶贫领导机构和工作机构，配备工作人员。各乡镇整合乡镇电商办和扶贫工作站力量，成立专门的电商扶贫工作办公室，试点村成立由两委干部、包村干部和驻村工作队成员组成的电商扶贫推进小组。全市共落实电商扶贫工作经费1800多万元，市、县、乡逐级建立电商协会327个，全市195个乡镇配备了201名电商扶贫专干。

加强试点村网店建设。认真筛选，反复核实，确定试点村并建立试点村基本数据库，实行台账式管理。因村施策，探索贫困农户创业型、能人大户引领型、龙头企业带动型、乡村干部服务型等贫困村电商扶贫网店建设模式，全面加快贫困村贫困户网店建设，并及时总结推广。网店与试点村对接建立利益联结机制，以保护价优先收购、销售贫困户农特产品，并义务为贫困户代购生产生活资料，代办缴费、购票等业务，形成"一店带多户""一店带一村"的电商扶贫模式。

加强富民产业培育和网货开发。按照网店销售特点生产加工适销对路的产品，不断提高陇南特产的影响力。重视网货开发和网货品质监管，开展质量监督、产品认证等系列服务。抢抓国家实施乡村旅游富民工程的机遇，通过建设旅游电子商务示范村，扶持农村留守妇女发展民族文化产业、手工艺品和家庭手工业，通过网络带动旅游乡村农特产品和旅游文化产品消费。

加大基础设施建设力度。采取政府补助的方式，加强与各有关企业的合作，加快通村网络建设和物流快递建设步伐。在特困片区开展电商扶贫宽带进村试点工作。通过建设县级物流配送中心、乡级物流配送网点、村级快递服务点，大力发展"草根物流"，逐步解决从农村到乡镇、从农村到县城"最后一公里"问题。

加大电商扶贫培训力度。不断强化电商人才培训，整合培训资源，按照"走出去、请进来"等培训模式，选派乡村电商骨干人员和青年网店店主外出学习培训。依托陇南师专电子商务职业学院等培训机构，举办全省电商扶贫试点工作、电商精英、淘宝店主、扶贫"两后生"等多层次的培训班。

加大微媒宣传力度。通过现有的2900个政务微博、377个微信公众平台、385家政务网站对电商扶贫、电商公益进行集中宣传，培育出了一批知名网销品牌，提高了农产品的附加值，也提升了农产品的知名度和影响力。涌现了"核桃书记""苹果县长"、大学生村官张璇、残疾人张攒劲等一批发展电商的典型。

2. 取得的成效

解决了农产品卖难的问题。陇南贫困乡村特色产品"深藏闺中人未识"的困境被彻底打破，农产品品牌逐渐形成，走向了大市场，走向了全国，也吸引了更多网上消费者和网下收购商。在2015年苹果全国大丰收、价格走低、产品滞销的情况下，陇南礼县将70%以上的苹果通过网络销售到了全国各地，仅礼县良源果业专业合作社销售额就达到了2600万元，"双11""双12"的单日销售额分别达到了192万元、176万元。

促进了贫困群众增收。通过互联网不仅把贫困乡村的优质农产品销售出去，而且卖出了好价钱。礼县一斤苹果的当地价格为2.5元，通过网上销售可卖到7元。陇南土蜂蜜原来一斤卖20~30元，现在通过电子商务，一斤能卖到70~80元。同时，群众通过互联网以低于市场价格购买生产生活用品。一台市场价4000元的电视机，群众在网上3000元左右就能买到，一件市场价200元的衣服，网上也就100元左右。通过这种方式，群众节约了开支，增加了收入。各县区立足实际，大胆探索，总结出了网店带贫、平台带贫、就业带贫、信息带贫和工程带贫等电商带贫机制，为贫困群众增收脱贫开拓了广阔空间。

倒逼了产业结构调整和基础设施条件改善。围绕电商扶贫网货开发，全市新发展农业特色产业面积 38 万亩，累计达到 1088 万亩。引进培育大樱桃、草莓、金银花、油牡丹等适合网销的农特产品，全市认证"三品一标"226 个。同时，通过发展电子商务，倒逼了农村基础设施改善，通村公路硬化率从 2014 年的 54% 提高到了 66%，宽带网络覆盖率从 41% 提高到了 63%，快递企业增加到了 221 家，新增快递网点 440 个，快递网点数达到 759 个，极大地改善了贫困群众生产生活条件。

促进了贫困群众观念的转变。通过电商扶贫，让广大干部群众切身感受到了网络的强大威力，极大地改变了广大干部群众的工作和生活观念，促进了贫困群众"互联网思维"的树立、自我发展理念的转变，让贫困乡村农户、农业合作社等变身网商，贫困群众通过互联网掌握市场、寻觅商机，利用电子商务走上了脱贫致富的道路。互联网在陇南的应用程度进一步提高、应用范围进一步扩大。

创新了扶贫工作机制。电商扶贫创新了扶贫工作方式方法，开拓了扶贫工作新领域，已成为陇南创新发展的最佳案例、宣传推介陇南的最好品牌、群众增收致富的最新路子，成为陇南扶贫开发的新业态、新模式。全年有 14 个省市的 200 多个考察团、约 5000 人来陇南市考察学习电商扶贫工作。

（七）重庆市多种形式构架电商精准扶贫

近年来，重庆市结合贫困地区产业特点和电商需求，瞄准贫困村的产业和贫困户的产品，开展电商扶贫试点，取得良好效果。

1. 采用"独立平台＋第三方平台"的商业构架，建立精准扶贫的电商体系

2014 年，重庆市扶贫办与"村游网"合作组建重庆村游网平台，帮助贫困地区乡村旅游接待户订房订餐获得成功。目前，全市乡村旅游扶贫村 4500 户农家乐（其中贫困户 500 户）实现了网上销售，网上交易达到 3000 余万元。为实现农产品的电商交易，2015 年重庆市扶贫办支持独立开发"网上村庄"电商扶贫平台，在订房订餐的基础上增加了农副土特产销售、农村资源销售、劳动力销售（找工作）、农村金融等。独立开发的"网上村庄"微信公众号于 2015 年 12 月中旬投入使用，并组织开展了"首届网上村庄赶年活动"。共计组织了 1.1 万辆车，13 万多城市居

民到贫困村杀年猪、购年货、过大年，消费各类农产品2000万元。

2. 采用"乡村旅游＋农产品"的营销构架，破解生鲜农产品电商销售难题

重庆电商扶贫重点锁定农产品生鲜电商这一难题，在积极支持贫困农户利用村淘、苏宁易购、微信、垂直电商等平台销售农产品的基础上，大胆创新扶贫电商模式。采用乡村旅游与农产品销售相结合，组织消费者到贫困地区消费，通过线上预订、线下消费等方式，解决了贫困地区的生鲜农产品销售问题。2015年，策划各种线下活动40多次，组织游客30多万人次到贫困村消费，销售农产品6000多万元。2015年1月，在武隆县火炉乡贫困村岩峰村、宝峰村和万峰村开展刨猪乐活动试点。700多名知青到村里游林海、赏雪景、过大年，就地卖出年猪700多头，红苕粉由5元/斤卖到12元/斤。

3. 采用"公司＋合作社"的合作构架，紧密带动了贫困户接受电商服务

线上平台为公司，线下在贫困村组建合作社。合作社以贫困户为主体，要求将有意愿的贫困户无条件纳为社员，每个电商扶贫合作社贫困户社员不低于20%。利用合作社，将分散、弱势的贫困户纳入电商体系。目前，全市87个贫困村建成"网上村庄"电商扶贫合作社。有社员农户5918户，其中，贫困户2500户，占比42%。合作社与线上平台公司进行紧密合作，主要负责游客接待、农产品的信息收集整理和售卖、乡村旅游活动策划和组织、电商培训、村民网上代购和纠纷处理等。贫困户社员优先采集产品信息、优先售卖农产品和优先参与各类活动。城口县东安乡黄金村、兴田村和新建村三个"网上村庄"电商扶贫合作社2015年7月投入营运，合作社社员户365户957人，其中建卡贫困户社员184户493人，占比50.4%。接待收入500万元，销售生猪、板栗、核桃、高山土豆、蜂蜜、鲜玉米、蔬菜等各类农产品800多万元，带动贫困户户均增收2000多元。

4. 采用"优质农产品＋优质市场"的市场构架，大幅度提高了贫困地区效益

为实现优质优价，重庆将电商平台重点向城市中高端客户推广，与帮扶集团各成员单位和大专院校校友会对接。将机关企事业单位的员工和大学校友发展为重点平台用户和产品消费者。利用电商去中间层的优

势，"网上村庄"扶贫电商实现了城市消费者"买得放心、买得便宜、买得方便"，贫困农户在家门口将农产品卖到大城市，"卖得远、卖得贵、卖得好"双赢的目标。据统计，"网上村庄"销售的土猪肉价格比原来高30%，比城市超市便宜20%。高山露地蔬菜比原来高54%，比商场便宜50%。蜂蜜比原来贵20%，比城市超市便宜50%以上。彭水县桐楼乡桐木村"网上村庄"，在体验消费的基础上，实行"会员制＋周供制"模式，发展农产品消费会员800多户，2015年销售农产品400多万元。

5. 采用"政府＋市场"的组织构架，确保始终坚持扶贫目标

重庆市扶贫办提出电商扶贫需求，通过招商组建公司进行市场化运营，确保公司经营方向始终围绕扶贫目标。在制度方面，积极支持重庆市乡村扶贫服务协会、武隆县扶贫基金会与投资者进行股份合作。投资者控股，负责经营管理，确保市场化和灵活性。协会作为参股股东，要求公司章程和机制规定业务始终围绕扶贫开发进行，确保公益性。同时，协会代表贫困农户利益诉求，监督公司履行扶贫义务。在商业方面，围绕服务贫困地区建立商业模式，将贫困地区中高端农产品、资源、劳务卖到城市中高端市场，并获取基础交易数据。利用基础数据，与商业银行合作开展农村金融业务和商品集团采购。

（八）山西省天镇县劳务输出扶贫

1. 因地制宜，探寻家政服务劳务输出精准脱贫之路

天镇县位于山西最北端，晋冀蒙三省区交界处，土地贫瘠、资源匮乏，也是山西最穷县之一。2012年财政收入刚突破1亿元，贫困发生率为25.7%，是个典型的"民穷县也穷"的地方。天镇区位优势明显，距北京280公里；劳动力资源丰富，富余劳动力5.4万元，其中妇女2.6万元。但"守业有余，创业不足"的思想惯性，束缚了农村妇女外出就业的脚步，当地人称之为"腿短"。

四年来，在县委县政府的支持下，依托国务院扶贫办"雨露计划"和山西省"千村万人"创业就业技能培训工程，以培训农村妇女从事家政服务为切入点，开展了"万名巾帼闯京城，劳务增收创新业"行动，将"闲人"变"能人"，成功打造"天镇保姆"品牌，探索出一条带领当地百姓摆脱贫困的新路子。累计就地培训妇女83期5478人，覆盖了全

县 120 个建档立卡贫困村。成功输出 2800 名贫困妇女在北京、天津、太原等地就业，人均年收入约 3.5 万元。每年可带回劳务收入 8000 多万元，相当于全县财政总收入的一半。"天镇保姆"让 2800 多户贫困家庭、7000 多人实现精准脱贫，并受到山西省人民政府主要领导的肯定。中央电视台 2013 年 4 月以"天镇保姆进京记"为题进行了连续三天报道，新华社国内动态清样以及多家新闻媒体也相继给予报道。

2. 多措并举，全力打造"天镇保姆"品牌

天镇李家寨村妇女杨素芳，48 岁，一家四口，两个儿子，丈夫患病不能干农活，家里全靠她一人种地，每年只有两三千元的收入。因为没钱，大儿子只好入赘到外村给人家当上门女婿，这让他们两口子很没面子、在村里抬不起头。三年前到她家动员时，全部家当是一口锅、一铺炕、一个破柜子和一个旧电视，连件像样的外套都没有。可如今，杨素芳当保姆三年，给二儿子娶了媳妇，抱上了孙子，治好了丈夫的病，家里买了冰箱，换了大彩电，还有 6 万多元的存款，明年还要翻盖房子，真正实现了脱贫致富。更让人羡慕的是杨素芳变得更漂亮、更自信了，成了村里脱贫致富的带头人，还光荣地加入了中国共产党。

主要做法是：

一是转观念，过"五关"。"扶贫首先要扶观念之贫，其次才是经济之穷"。天镇县群众乡土观念浓厚，相对闭塞守旧，外出打工有三怕：一怕工资没保障，二怕遇到危险，三怕到大城市难以沟通。当人们听说政府要带着农村妇女去城里做保姆时，男人们极力阻拦，"男人赚钱养家才是正理儿，让自家女人出去当保姆赚钱，多丢面子！""俺妈一辈子都没出过远门，要是出去受人欺负咋办！"孩子们也表示反对。要让祖祖辈辈生活在大山里的农村妇女走出去，融入大城市并非易事。在当地每成功输出一名妇女，需要过"五关"，即妇女自身观念关、丈夫面子关、子女理解关、村干部思想关、村民舆论关。为此，领导干部带领妇联、扶贫办等相关人员钻山沟、进农家，走村入户做动员，挨家挨户坐在炕头上与贫困户算长远账、算增收账，逐渐打消她们的顾虑。

二是抓机遇，抢市场。2013 年初，正值北京春节"保姆荒"，领导干部提出"带着乡亲们到北京过大年"的倡议，带领 23 名贫困妇女来到北京，亲自与客户对接，帮助选择服务的家庭。手把手教她们乘地铁、换

公交，为她们迈出就业脱贫的步伐鼓勇气、强信心、做后盾。天镇妇女的淳朴、诚实受到北京客户的认可，两天内全部顺利就业。北京电视台、北京日报以"北京家政与贫困县牵手""天镇保姆春节期间援驰北京"为题做了报道，就此天镇保姆在北京有了名号，站住了脚。

三是重培训，固基础。有了走出去的愿望，能否成功就业，关键还要看技能。我们从培训入手，既教她们理论知识，又教实际操作，小到坐姿站姿、沏茶倒水等细节，大到菜肴烹调、家居保洁、家电使用。通过动员社会力量捐助，我们把废弃的军营改建成面积 5000 平方米、设备总值 50 万元、功能齐全的家政培训基地，与北京和平里家政中心、北京商贸学院等高校有效对接，创建"基地＋中心＋高校""三位一体"和"乡村初级、基地专业、高校提升""三级结合"的培训模式。

四是增内涵，提品质。在培训中，引入孝德文化课程，使"不独亲其亲，不独子其子"的理念融入家政服务工作。在县敬老养老中心创立实训基地，着力提升外出务工妇女服务技能和志愿者理念。开展党群共建活动，在保姆群体中建立联合党支部和工会，保姆党员就此诞生，农村妇女竞相入党成为美谈，使天镇家政服务更具特色，品牌更加响亮。

五是强保障，细服务。县里专门成立了推进劳务输出领导小组，在北京设立劳务输出办公室，构建了培训、用工、服务、保障"一站式"工作机制，实施"动员、培训、输送、签约、服务、回访"全方位"保姆式"服务。真正做到宣传动员当好领路人、就业服务当好介绍人、亲自输送当好保护人、跟踪保障当好"娘家人"。每年春节前都组织召开外出务工人员及其家属座谈会，帮助她们解决家庭的实际困难。连续三年大年初一，给每位在外务工的天镇保姆发送慰问短信，并组织人员到北京与她们一起聚餐过年。

3. 劳务输出，为打赢脱贫攻坚战进行了有益探索

天镇保姆品牌的成功打造，让我们看到了精准扶贫的实效，坚定了实现精准脱贫的信心。天镇的实践证明，劳务培训输出是成本低、见效快、精准扶贫、精准脱贫的一条有效途径，带动辐射效应明显。输出一名妇女，带动一个家庭，调动所有妇女，改变整个农村。同时，巧于借势，因势利导，把当地"红谷子"精包装，打造出"月子米""孝亲米"等特色品牌。围绕京城人的健康需求，引进生物秸秆饲料养殖技术，打

造"边城蕶"无公害生态有机肉品；引进土豆新品种"荷兰十五号"，亩产达万斤，这些农产品通过保姆带进服务的家庭，起到了推广宣传效应。孝德文化的引入，推及全县开展了弘德教育工程，《国是咨询》发表了《重视发挥中华传统美德在扶贫中的正能量作用》，对当地的工作给予充分肯定。倾心的扶贫感动带动了很多爱心人士，纷纷向天镇捐款捐物、送医送药助力扶贫，金额达千万元，进一步拓展了扶贫领域。实现了"天镇保姆"巧增收、传统种植提效益、生态养殖促发展、弘德教育改民风、慈善济困助脱贫，全方位精准扶贫的可喜局面。经过全县广大干部群众的共同努力，使原来（2012 年）的 7.38 万贫困人口减少到 2016 年的 4.66 万人，减少了 2.72 万人。

中央单位定点扶贫，既要给政策、出人力，也要动真情、出实招，真扶贫、扶真贫。当地将认真贯彻中央扶贫开发工作会议精神，按照精准扶贫的要求，因人施策，全面打造保姆、保安、保洁"三保"特色劳务经济，力争每年输出三千，万人脱贫，为打赢脱贫攻坚战做出新的贡献。

（九）青海省兴海县易地购置商铺扶贫

青海省海南藏族自治州兴海县是少数民族贫困县。2014 年底统计贫困人口为 6217 人。该县 2014 年 10 月开始实施易地购置商铺项目，项目涉及 7 个乡镇 23 个行政村，覆盖 4054 户、17662 人。其中，两个项目已实现租金收益，其他 5 个项目尚处在资质认定和商铺装修阶段，属于在建项目。

商铺集中在兴海县县政府对面的商业街，共拟购置商业铺面 23 套，共计 7065.76 平方米。其中，三层商业铺面 2 套，共 407.82 平方米；四层商业铺面 21 套，共 6657.94 平方米；配套购置卷闸门 39 套；建设扶贫标志牌及门头 39 个。

项目计划分两期投入财政资金 3759.8 万元用于购买商铺。第一期投入 800 万元，已于 2014 年完成，包括藏区扶贫攻坚资金 300 万元和集中力量资金 500 万元。2015—2018 年计划投入 2959.8 万元，包括金融贷款 2500 万元、利息 459.8 万元。

财政资金投入购置和装修的商铺，通过贫困资质认定，作为固定基础设施归属贫困村村集体所有，村集体享有所有权和收益权。村集体通过商铺出租获取固定租金后，根据"一事一议"办法，决定资金用途及分配方式。在已实施项目中，部分村将租金进行平均分配或投资村内公益事业等。

由于该项目刚完成贫困村购置商铺的资质认定工作，正处在投入装修商铺的前阶段，尚未见收益效果。参考项目可研报告估算，23 个商铺年租金收益（扣除维修费用）为 305.24 万元，收益率为 8.11%，平均每村收益 13.27 万元/年。参考商业街其他已出租商铺（三层铺面）情况，年租金为 4.5 万元，与可研报告差异较大。

虽然商铺出租可以稳定地获得租金收入，但是收益来源单一，已经取得收益的温泉乡温泉、楠木塘、尕科合 3 村购置商贸楼项目，年租金收入 45 万元。平均分配到 3 个村 663 户，户均年收入仅有 679 元。

草原牧区地广人稀，农牧民居住分散，草原上农村"最后一公里"的通路设施建设滞后。散居农牧民家庭以传统畜牧业经济营生，产业结构简单，收入来源单一。易地购置商铺的政策实施难以盘活农村存量资产和培育贫困农牧民的自身能力，造成经济发展的内生动力不足。

（十）宁夏生态移民扶贫

宁夏是六盘山集中连片特困地区之一，农村贫困人口近百万人。自 2011 年起，宁夏对中南部山区包括原州区、西吉县、隆德县等 11 个县区生活在不适宜居住、不适宜发展的 30 余万名贫困群众实施整体生态移民搬迁。宁夏回族自治区统计调查监测结果显示，截至 2015 年底，宁夏按照"搬得出、稳得住、管得好、逐步能致富"的总体发展思路，稳步推进生态移民工作，取得明显成效，但移民收入增长存在短板。

1. 移民定居顺利完成

截至 2015 年底，宁夏生态移民累计完成投资 126 亿元，建设移民安置区 161 个，建成移民住房 7.75 万套，搬迁安置定居移民 32.9 万人，其中安置生态移民 25.6 万人，占移民总规模的 77.8%；安置劳务移民 7.3 万人，占 22.2%。县内安置移民 11.2 万人，占 34.0%；县外安置移民 21.7 万人，占 66.0%。移民新村实现了"七通八有"，即通电、水、路、车、广播电视、邮政、电话；有学校、有村级活动场所、有医务站、有就业服务中心、有超市、有文化广场、有环保设施、有新能源。

随着移民收入水平不断提高，消费升级步伐不断加快。对540户生态移民的统计监测显示，截至2015年底，生态移民每百户拥有手机209部、彩色电视机103台、摩托车76辆、电冰箱76台、热水器37台、助力电动车34台和电脑14台。

2. 培育发展特色产业

各移民安置区根据实地情况，培育发展特色产业。种植业方面，发展光伏农业大棚等设施农业，主要种植蔬菜、水果等特色优势农产品。例如，彭阳县鼓励和支持移民发展水果和蔬菜产业，建设以红梅杏、葡萄、辣椒和西红柿为主的水果蔬菜温棚530多栋。养殖业方面，以集中养殖和分散养殖相结合的形式，引导移民发展草畜产业。例如，原州区为移民户建设庭院养殖圈舍500多栋，发展庭院小群多户牛羊养殖，促进移民区畜牧产业发展。各地还集中建设种植、养殖基地，并托管给企业，使移民通过年终分红、给企业打工等方式增加收入。例如，银川市兴庆区为每户移民购买一头奶牛，交由兴庆区牙湖万头奶牛生态养殖园区托管养殖，移民得以分红。该区还将建成的100栋温棚租赁给企业用于发展花卉产业，使100名移民实现当地就业。

3. 移民收入增速较高

统计监测显示，宁夏生态移民2015年人均可支配收入为5638元，同比增长10.9%。其中县外移民人均可支配收入为5801元，同比增长10.4%；县内移民人均可支配收入为5497元，同比增长11.4%。移民人均工资性收入、经营净收入、财产净收入和转移净收入分别为3785元、770元、157元和926元。生态移民人均可支配收入增速比全国和自治区农村常住居民收入增速分别高2.0个和2.5个百分点；其中工资性收入、经营净收入、财产净收入和转移净收入增速分别为9.1%、10.8%、27.6%和16.3%，工资性收入、经营净收入和财产净收入分别比自治区农村常住居民收入增速高2.5个、5.5个和0.1个百分点，转移净收入低4.3个百分点。

4. 移民收入增长存在短板

生态移民人均收入低，收入差距增大。2015年，宁夏生态移民人均可支配收入比全国和自治区农村常住居民可支配收入分别低5784元和

3481元，分别是全国和自治区农村常住居民收入的49.4%和61.8%。生态移民四项收入与自治区农村常住居民相比，工资性收入高171元，经营净收入、财产净收入和转移净收入分别低3067元、33元和551元。同时，由于各地经济发展不均衡，促进移民增收措施不一，移民地区之间收入差距逐步扩大。2015年，5个地级市移民人均收入最高与最低的差距由2014年的1036元扩大到1131元。22个县、区移民人均收入最高与最低的差距由2014年的2243元扩大到2496元。

经营性收入是增收短板。2015年，移民人均经营净收入占可支配收入的13.7%，比自治区农村常住居民经营净收入所占的比重低28.4个百分点。主要原因，一是移民区新开垦耕地多为山丘地、戈壁滩，土壤状况差，周边可开发利用的土地资源有限，移民发展种植业和养殖业受限；二是移民地区二三产业规模小、水平低、从业人数少，经济效益普遍偏低。移民缺乏家庭经营项目，家庭经营对移民增收的支撑能力不足。

部分移民脱贫致富仍面临挑战。"搬得出、稳得住、能致富"是实施"生态移民工程"的目标。目前，"搬得出、稳得住"已经基本实现，但部分移民致富仍存在困难。调查监测结果显示，宁夏11个生态移民县区中，9个位于山区。相比在原住地，山区的县内移民在饮水、孩子上学、交通等方面得到了改善，但由于山区产业不发达，移民仅靠人均1~2亩的旱作耕地难以实现"能致富"的目标。此外，部分长期生活在信息闭塞地区的移民，以及一些50岁以上的移民，文化程度、劳动技能都较低，实现就业压力大，生活依然困难。

二、相关部委、银行和企业扶贫政策要点

（一）京东集团启动电商精准扶贫工作

"十三五"期间，京东集团计划选择200个贫困县开展精准扶贫示范；立足"一村一品一店"模式在2.5万个贫困村开展电商扶贫，对贫困村的2万个农副产品进行设计包装以及品牌营销策划；打造50个"互联网+"扶贫示范区；建立200个线上特色馆；投资30亿元建立生鲜冷链宅配体系，将贫困地区生鲜产品配送进城，扩大消费扶贫范围；对100万建档立卡贫困户合格人员进行电商和种养殖技能培训，为贫困家庭提

供 10 万个正式合同岗位；为贫困户提供 20 亿元无抵押、无担保、低息小额贷款或农业生产资料。

主要开展四大扶贫行动。一是产业扶贫行动，立足"一村一品一店"模式，打造电商扶贫示范区，建立贫困地区线上特色馆；二是创业扶贫行动，通过多种方式，对建档立卡贫困户家庭进行电商培训授课，帮助其创业就业；三是用工扶贫行动，由各地扶贫办推荐，每年直接招收 2 万名建档立卡贫困家庭劳动力就业（月发工资、五险一金），"十三五"期间招工 10 万名；四是金融扶贫行动，为建档立卡贫困家庭从事种养业提供无抵押、无担保、低息小额贷款或农资产品。

（二）林业部门加大对贫困地区的倾斜支持

林业部门将结合开展大规模国土绿化行动，在实施新一轮退耕还林、京津风沙源治理、石漠化综合治理、防护林体系建设、湿地保护与恢复等重点生态工程，以及安排造林绿化、森林抚育等林业各项资金时，加大对贫困地区的倾斜支持力度。未来 5 年，贫困地区的林业投资规模和增幅将高于全省（自治区、直辖市）平均水平 15% 以上，新增退耕还林任务的 80% 将安排到贫困县，吸纳更多的贫困人口参与林业工程建设，让其获得更多的劳务收入。同时，在确定造林绿化的林种树种时，统筹考虑生态效益与经济效益，充分尊重林农的意见，为其今后增加林业收入打好基础。

按照《国务院办公厅关于加快木本油料产业发展的意见》，到 2020 年，全国将建成 800 个油茶、核桃、油用牡丹等木本油料重点县，木本油料种植面积发展到 2 亿亩，年产木本食用油 150 万吨左右。林业部门将狠抓良种育苗，加强种苗质量监督管理、加快育苗新技术的推广应用，不断提高良种苗木使用率。对 2008 年以来新种植的油茶、核桃林，加大抚育管护，提高丰产水平，增加林农收入。加强对农民发展木本油料产业的培训和服务，推广先进实用科技成果，帮助提高经营管理水平。

林业部门将结合全面保护天然林、全面保护湿地、全面保护野生动植物、全面保护沙区植被，逐步提高生态公益林补偿标准。完善以购买服务为主的公益林管护机制，进一步加强国家公园、自然保护区、国有林场、森林公园、湿地公园、沙漠公园建设，努力为有劳动能力的贫困人口创造一些管理和公益性岗位。其中，通过退耕还林现有林管护和提高生态效益补偿标准，争取安排 20 万名护林员就业。各地将抓紧编制《生态护林员扶贫方案》，将任务精准落实到贫困户、贫困人口，明确管护的公益林面积、范围和补偿标准，实现一人就业带动全家脱贫。

林业部门将通过防护林建设、造林补贴、农业综合开发、林业贴息贷款等资金，在贫困地区大力发展特色经济林、林下经济、花卉苗木等绿色产业，不断增加贫困人口的林业收入。通过改善林区基础设施，保护好野生动植物资源，提高贫困地区森林旅游档次，打造精品旅游路线和旅游人家，促进贫困人口就业增收。推动木本油料种植与加工和销售的有效衔接，促进一二三产业融合发展，让从事种植业的农民获得更多的综合价值。通过培育新型农业社会化服务组织，推动多种形式的适度规模经营，鼓励农村合作组织开展木本油料加工和销售，提高贫困人口参与度和受益面。积极推广"企业 + 专业合作组织 + 基地 + 农户"等经营模式，引导农民以土地承包经营权和劳动力入股，支持贫困地区发展加工业，让贫困户更多地分享全产业链的增值收益。

（三）国家开发银行将重点支持 1000 万贫困人口搬迁

国家开发银行将帮助地方政府建立和完善省级投融资主体，积极配合和支持地方政府编制"十三五"易地扶贫搬迁规划。进一步强化精准扶贫，重点支持纳入全国 1000 万建档立卡贫困人口搬迁。对 1000 万建档立卡贫困搬迁人口之外已经纳入地方政府搬迁规划、确需搬迁的建档立卡贫困人口和同步搬迁人口也将予以支持，促进地方政府易地扶贫搬迁规划顺利实施。未来五年，国家开发银行初步计划安排扶贫开发融资总量 1.5 万亿元以上，加大对贫困地区基础设施、易地扶贫搬迁、特色产业发展、教育卫生改善等领域的支持力度。一是发挥集中、大额、长期的融资优势，加大对贫困地区重点领域和薄弱环节的支持力度。二是发挥融智优势，将规划编制、人才支持和教育培训相结合，助力贫困地区科学发展。三是发挥创新优势，加强体制机制创新，以超常规的举措和市场化的方式推进脱贫攻坚。

（四）中国农业发展银行到 2020 年将对贫困地区贷款 2 万亿元

中国农业发展银行将从五个方面抓好贯彻落实：一是进一步加大对脱贫攻坚的支持力度，制定并实施好政策性金融扶贫"十三五"规划，对扶贫贷款优先受理、优先评审、优先投放、保障规模，力争到 2020 年，对贫困地区累计投放贷款额不低于 2 万亿元；二是扶贫贷款采取特惠政策，按照保本经营原则确定贷款利率，合理确定贷款准入、贷款期限、贷款担保等优惠条件；三是强化政策性金融扶贫精准措施，并建立政策性金融精准扶贫考评机制；四是积极对接配合国家部委制订的政策性金融扶贫筹资方案，做好扶贫信贷资金来源的筹措工作；五是把支持革命老区开发建设作为中国农业发展银行扶贫工作的重中之重。

一是严格落实信贷政策。中央安排的专项建设基金和地方政府补助资金贷款首先要保障建档立卡贫困户的搬迁，在自愿的基础上，建档立卡贫困人口应搬尽搬后，结合地方财力和自筹能力通过易地扶贫搬迁项目贷款解决同步搬迁人口建房问题。主动与扶贫部门对接，核实建档立卡贫困搬迁户信息，确保真扶贫、扶真贫。坚持守住底线原则，充分发挥政策性银行的信贷调控作用。认真评估建档立卡贫困搬迁户人均住房面积、人均投资，严格防止因搬迁致贫返贫。同时，认真审核项目承建单位施工资质，加强对安置房建设工程监理、监督有关质量把关工作的跟踪，保障住房安全。

二是不断加大信贷支持力度。加强同地方政府的沟通，为易地扶贫搬迁工作出主意、提方案，统筹考虑建房投资、基础设施和公共服务配套以及后续产业支持的需要，对"十三五"易地扶贫搬迁规划和实施方案等进行优化。推动易地扶贫搬迁工作平台建设，督促省级投融资主体和地方政府资本金以及国家专项建设基金落实到位，做好平台贷款对接工作。提前谋划全面做好政府补助资金专项贷款工作，提前研究部署专项建设基金评审、投放和使用工作。根据各地的实施方案和工作计划，合理安排资金计划，确保资金按时到位。

三是切实加强信贷资金监管。监管资金去向和用途，确保资金投向准确。督促项目实施主体在分支机构开立资金专户，确保专款专用、封闭运行，严防挤占挪用。严格落实贷前条件，按照项目建设进度发放贷款，认真审核支付证明材料，签订资金监管协议，全程对资金进行跟踪监管。结合中国农业发展银行 2016 年贷后管理年活动，开展专项检查和专项审计，督促各分支行发现问题、整改规范，不断完善信贷管理体制机制，推进易地扶贫搬迁信贷业务健康持续发展。总行研究制订精准扶贫考核管理办法，考核各条线在贫困地区以及各省精准扶贫工作，突出实绩导向，加大与薪酬分配的挂钩力度，强化激励约束，真正实现举全行之力、集全行之智，全力以赴做好政策性金融扶贫工作。

四是积极支持后续产业发展。积极协助地方政府研究扶贫搬迁配套产业扶持政策和措施，帮助地方政府制订易地扶贫搬迁产业扶持融资方案。利用中国农业发展银行现有的新型城镇化贷款、产业化龙头企业贷款等信贷产品支持安置区建档立卡贫困人口通过旅游区、产业园区、新型经营主体和龙头企业带动等方式促进就业、解决生计。结合国家旅游扶贫、光伏扶贫、特色产业扶贫、资金收益扶贫、电商扶贫等战略部署，大力推进政策性金融扶贫实验示范区建设，探索信贷支持新模式，制定优惠信贷政策，不断丰富信贷产品，通过单列资金计划、下放审批权限等措施，鼓励各地积极开展相关业务。

（五）国土资源部增减挂钩支持易地扶贫搬迁

为以高含金量的政策措施助力精准扶贫，日前，国土资源部出台《关于用好用活增减挂钩政策积极支持扶贫开发及易地扶贫搬迁工作的通知》，要求各级国土资源主管部门认真落实这项超常规的国土资源优惠政策，切实发挥增减挂钩支持扶贫开发和易地扶贫搬迁的作用。

一是规定增减挂钩指标安排向贫困地区倾斜，实行节余指标在省域范围内流转使用。按照应保尽保的要求，加大对扶贫开发及易地扶贫搬迁地区的增减挂钩指标支持，确保增减挂钩指标切实保障到贫困地区。连片特困地区、国家扶贫工作重点县和开展易地扶贫搬迁的贫困革命老区可将增减挂钩节余指标在省域范围内流转使用，充分显化土地级差收益，加大对扶贫开发及易地扶贫搬迁的支持力度。

二是加强增减挂钩节余指标使用管理，保证增减挂钩支持扶贫开发工作规范开展。省级国土资源部门建立台账，对全省域增减挂钩节余指标进行统一管理，引导节余指标合理流转。市、县级国土资源部门加强增减挂钩项目区实施管理，认真核定节余指标，并报省级国土资源部门确认备案，为节余指标安排使用提供依据。各级国土资源部门加强拆旧复垦管理，对拆旧复垦耕地进行严格审查验收，确保耕地数量有增加、质量有提高。

三是强化农民土地合法权益保护，增减挂钩资金收益全额返还农村。充分尊重农民意愿，保障农民的知情权、参与权和受益权；拆旧复垦腾出的建设用地，必须优先满足农民新居和基础设施建设，并留足农村非农产业发展建设用地；坚持群众自主的原则，因地制宜选择搬迁安置方式，并为农民提供多样式、多户型的住房选择；增减挂钩实施前要进行土地权属调查核实，实施完成后及时进行土地变更调查和确权登记，保障农民的土地权益。增减挂钩收益，按照工业反哺农业、城市支持农村的要求，及时全部返还贫困地区，确保通过增减挂钩实施扶贫开发及易地扶贫搬迁的农民受益。市、县级政府加强增减挂钩资金收益统筹管理，根据不同的安置方式，按照"钱随人走、同等受益"的原则分配和使用。对集中安置的，可将增减挂钩收益返还集体经济组织，由村民自主安排用于新居和基础设施建设等；对分散安置的，可以货币形式将增减挂钩收益足额返还当事农户。

（六）住房城乡建设部将做好危房改造和人居环境整治

1. 着力做好建档立卡贫困户农村危房改造

会同国务院扶贫办进一步核实建档立卡贫困户农村危房改造对象，精准建立改造对象信息档案。研究起草《关于进一步做好建档立卡贫困户农村危房改造工作的通知》，在此基础上编制农村危房改造实施规划，明确改造任务和目标，完善政策措施和改造程序，提高补助标准，多方筹集资金，因地制宜采用多种方式实施改造。组织开发和推广造价低、节能环保、结构紧凑的安全农房，切实保障贫困户基本住房安全。2016—2018年每年完成200万户左右建档立卡贫困户农村危房改造任务，2019年底前基本完成全国农村地区现有建档立卡贫困户农村危房改造，并巩固提升改造成果。

2. 加快推进贫困村农村人居环境整治

研究起草《关于加强贫困地区和贫困村改善农村人居环境工作的通

知》。2020年前全部贫困县完成县域乡村建设规划编制或修编，强化乡村规划对环境整治的引导作用。2020年前90%以上的贫困村的生活垃圾得到处理，普遍建立村庄保洁制度，推广保洁员岗位优先聘用贫困农民的做法。分类推进农村生活污水治理，重点流域、重点水源地等环境敏感地区周边村庄基本实现全覆盖，其他村庄以改厕为主，全面完成无害化卫生厕所改造任务。加大传统村落和民居保护力度，促进传统村落旅游发展和农民增收。提高村庄绿化覆盖率，加强水、路、照明和燃气等基础设施建设。到2020年，使贫困村基本生活条件得到有效保障，农村人居环境接近全国平均水平，部分村庄建成美丽宜居村庄。

3. 切实做好定点扶贫

按照"一年示范、三年攻坚、五年稳定"的思路，支持并督促指导青海省湟中县、大通县和湖北省红安县、麻城市稳定实现现行标准下农村贫困人口脱贫、贫困县摘帽。深入开展调研，完善定期联系工作机制，准确掌握4县脱贫需求，依据4县脱贫攻坚计划，有针对性地给予政策支持和指导。组织动员建设行业企事业单位开展定点县整村脱贫帮扶，在每个县各选取2个贫困村开展对口脱贫帮扶示范。开展干部交流挂职，每年选派干部到定点县挂职扶贫和担任村第一书记，组织定点县干部赴住房城乡建设部挂职锻炼。支持定点县开展农民建筑业技术技能培训，推动建筑企业和农民工的劳务服务。动员住房城乡建设部职工对口资助贫困家庭学生。

4. 强化建设系统行业扶贫

充分运用行业资源做好扶贫开发工作。支持贫困地区编制和完善城镇体系规划、城市总体规划、镇规划和乡村规划，发挥规划的引领作用。优先支持贫困地区的垃圾治理、污水处理、海绵城市建设、地下管网建设等项目。积极帮助贫困地区开展各类保障性住房安居工程建设，给予政策和资金倾斜，并将贫困地区全国重点镇纳入棚户区改造政策支持范围。支持贫困地区、少数民族地区、革命老区加强传统村落保护、历史文化名镇名村保护、风景名胜区建设等工作。依托贫困地区特有的自然人文资源，支持发展旅游、养老、休闲等房地产项目。发挥行业企业优势，支持贫困地区劳动力转移，培育建筑之乡、劳务基地，组织用工企业和扶贫点开展技能培训和用工对接。

(七) 财政部、国务院扶贫办财政贴息通知

为贯彻落实党中央、国务院关于"十三五"时期1000万建档立卡贫困人口易地扶贫搬迁的决策部署，做好易地扶贫搬迁低成本长期贷款财政贴息工作，财政部、国务院扶贫办印发《关于做好易地扶贫搬迁贷款财政贴息工作的通知》。主要内容如下：

1. 2016年、2017年两年先安排"十三五"时期建档立卡贫困人口易地扶贫搬迁低成本长期贷款（以下简称搬迁贷款）规模总计2000亿元，由中央财政给予90%贴息，贴息资金通过增加中央财政扶贫资金和调整中央财政扶贫资金支出结构解决。其余部分未来根据工作进展和实际情况统筹考虑。

2. 从2016年开始，中央财政扶贫资金将安排有关省（自治区、直辖市，以下简称有关省）贴息资金，由有关省对中国农业发展银行、国家开发银行等分支机构向省级投融资主体发放的搬迁贷款，按90%给予贴息。贴息期限从搬迁贷款发放之日起，到搬迁贷款还清之日止，最长不超过20年。

3. 中央财政下达的贴息资金实行总额控制，有关省安排中央财政扶贫资金用于搬迁贷款贴息的资金规模不得超过中央财政下达的贴息规模。

4. 中央财政安排的年度贴息资金拨付之前，有关省可根据搬迁贷款的实际发放情况，从中央财政上一年度提前下达的扶贫资金中安排资金对搬迁贷款予以贴息。待中央财政贴息资金拨付后，有关省应从贴息资金中再安排等额资金用于其他扶贫项目。

5. 中央财政只对纳入易地扶贫搬迁规划的建档立卡贫困人口人均不超过3.5万元搬迁贷款的实际贷款发生额予以贴息。对拖欠银行本息所产生的加、罚息，财政不能予以贴息。

6. 年度安排的贴息资金如有结余，有关省应按自行规定的程序批准后用于其他扶贫项目；结余贴息资金对应规模的搬迁贷款下一年度实际发生后，由有关省自行安排贴息资金予以贴息。

7. 有关省扶贫部门和财政部门要建章立制，加强贴息管理。要建立贴息审核管理制度，加强与相关金融机构的工作对接，对贴息资金的使用实行严格的逐笔审核。实行台账管理制度，做到审核记录、账目清楚，

每笔搬迁贷款和贴息可复核、可追溯。

8. 有关省扶贫办（局）应会同财政厅（局）于每季度结束后 10 日内将上一季度搬迁贷款发放及余额情况报国务院扶贫办、财政部备案。

（八）交通运输部"十三五"期间将着力建设"四条路"

规划范围更加精准。将国家扶贫工作重点县、革命老区、民族地区和边境地区县纳入交通扶贫规划，范围由过去的 680 个县（市、区）增加到 1157 个县（市、区）。

扶贫工作重点更加精准。"十三五"期间，交通运输部将着力建设"四条路"：一是集中力量建设"幸福小康路"，全面实现乡镇、建制村和较大撤并建制村通硬化路，建设里程 30 多万公里；对约 30 万公里农村公路实施生命安全防护工程，改造危桥 1.5 万座；对 20 万公里窄路基路面公路进行拓宽改造。二是突出重点建设"康庄大道"，建设贫困地区国家高速公路 1.65 万公里，改造普通国道约 4.7 万公里，加快资源丰富和人口相对密集地区开发性铁路建设，完善支线机场和通勤机场建设布局，在具备条件的地区统筹内河航电枢纽建设和航运发展，打造贫困地区内部之间以及与外部衔接的交通骨干通道。三是创新发展"特色致富路"，支持贫困地区建设具有资源路、旅游路、产业路功能的公路约 3.5 万公里，促进贫困地区特色产业的培育和发展。四是着力推动建设"对外开放路"，加强沿边公路、口岸公路建设，提升口岸交通枢纽能力，促进贫困地区向开放前沿发展。

扶贫工作方式更加精准。一是创新交通扶贫理念，加快推动"交通＋生态旅游""交通＋特色产业""交通＋电商快递"扶贫。二是创新扶贫投资政策，精准扶贫、分类施策，制定"普惠"与"特惠"相结合的差异化支持政策，并在实际操作中给予地方更大的自主权。三是创新扶贫工作机制。交通运输部将和地方政府共同建立交通扶贫投资联动机制，把地方政府落实建设资金和相关支持措施、推进项目建设情况与下一年度中央资金安排相挂钩，实行"奖补结合""奖优罚劣"，督促地方落实好主体责任。四是创新交通服务标准，支持主要乡镇建设集客运、邮政快递、物流仓储、供销等多种服务功能于一体的乡镇客运综合服务站；研究适合农村客运且便于携带小件快递下乡的客运车型；研究推出符合农村公路荷载要求和物资运送特征的货车车型。五是创新交通建设模式，根据贫困地区的自然环境、发展需求和建设难度，因地制宜地确定建设方案和建设标准，农村公路建设坚持"宜宽则宽、宜窄则窄、宜砂则砂、宜油则油"的方针，最大限度地减少对自然环境的破坏。

中央投资全力向贫困地区倾斜。交通运输部进一步加大车购税资金对交通扶贫的支持力度，其中农村公路补助标准总体按照平均工程造价的60%~70%安排，特别是建制村通硬化路这个全面建成小康社会的托底性硬任务，中央投资补助标准将提高到平均工程造价的80%。通过测算"贫困深度系数"，对更加贫困的地区再叠加更优惠的政策，进一步减轻当地的筹资压力。

目标设置和实施安排力争率先突破。在目标设置上，发挥好交通运输在脱贫攻坚中的基础性和先导性作用，着力"先行一步，率先突破"，力争在2019年率先完成托底性建设任务，为贫困地区打赢脱贫攻坚战打牢基础、做好引领，其他完善提高类的发展目标2020年全部到位。

保障措施更加重视扶贫脱贫工作。扶贫项目优先安排，对同一个省，扶贫地区项目前期工作迟滞、不到位的，不安排其他项目；扶贫资金优先保障，"十三五"车购税优先保证贫困地区目标实现，尤其是农村公路目标的实现。"两行"资金优先供给，协调国家开发银行、中国农业发展银行安排的"保本低息长期限"贷款，优先用于部省确认的交通扶贫项目。扶贫工作优先对接，今后在涉及规划、政策调整时，优先考虑贫困地区的实际困难和合理需求。

三、推动"五位一体"联动发展的政策建议

产业是发展的根基，是脱贫的依托，更是长期稳定脱贫的保证。产业是农村贫困人口生活和收入的主要来源，发展产业是提高贫困地区自我发展能力的根本举措。要实现"搬得出、留得住、能致富"，关键要靠特色产业精准扶贫这个支撑。通过特色产业发展，加快区域经济发展，增加农民收入，把人从山上吸引下来到城镇居住，减少人类活动对生态环境的破坏，实现"扶贫开发、特色产业、区域发展、新型城镇化、生态环境保护"五方面的联动发展。

（一）因地制宜，搬迁先谋生计，选准产业，落实到户到人

因地制宜，选准选好产业，是推动"五位一体"联动发展的根本前提。为确保"搬得出、稳得住、能致富"，关键不在于搬迁，而在于产业规划先行，与贫困户共同谋划好他们未来的生计。要从当地实际出发，综合考虑资源禀赋、产业基础、市场需求、生态环境等因素，选择适合自身发展的特色优势产业。推进"一村一品""一乡一业"，宜农则农、宜菜则菜、宜果则果、宜草则草、宜牧则牧、宜林则林，适合发展什么就发展什么。一旦重点产业方向确定，在产业发展中要坚持规划先行，一张蓝图绘到底，一茬接着一茬干。除非重大条件变化，不宜轻易变动。

要通过深入细致的工作，逐户逐人排查摸底，弄清贫困劳动力的基本状况和意愿：确定哪些人适合发展哪些类型的特色产业，哪些地区哪些人可以发展乡村旅游，哪些产品哪些人适合从事电商经营，哪些人可被组织引导劳务输出转移和进城，哪些人适合参与生态保护，哪些人只能参加资产收益（如门面房模式）扶贫。

即使在本村实现"下山"居住，也要充分考虑到他们继续耕种路途过远、交通不便等现实困境，通过投资建设机耕道、补贴燃料或补贴购置摩托车等方式，缓解改善居住和便利生产的两难困境。

（二）树立全产业链理念，推动一二三产业融合发展

要树立全产业链理念，通过推动农业生产向二三产业延伸，通过一二三产业的相互融合，形成生产、加工、销售、服务一体化的完整产业链。如一些风景迷人的山村、湖区、牧场，既保留了传统农业和畜牧业，还巧妙地将农业生产、手工制作、观光旅游、体验住宿等融为一体。一二三产业的融合发展还可以与环境和低碳经济结合在一起，在农村创造出新产业。不仅解决了农村就业，还复兴了农村经济，增加了农民收入，保护了生态环境和传统文化。全国各地涌现的观光农业、休闲农业、都市农业、信息农业、设施农业等，既模糊了一二三产业间的边界，也大大缩短了供求双方之间的距离，拉长了农业产业链，拓宽了农村产业范围，提高了农业附加值，增加了就业岗位并提升了就业质量。

贵州省兴仁县的薏仁生态经济区，是当地"90后"年轻人以众筹方

式发起建立的，包含政府主导的扶贫移民安置区、企业主导的薏仁产业园和乡村旅游区三个主要板块。安置区已安置扶贫移民4000人；产业园建设薏仁米种植基地33200亩、涉及农民3万余人，建有精深加工厂、带动5000人就业；乡村旅游区发展休闲农业公园、薏仁米养身、田园风光休闲餐饮等，实现就地城镇化5000人。该区形成了种植业、加工业、服务业融合发展的特色产业扶贫模式。

（三）用扶贫资金入股龙头企业和新型经营主体，带动贫困户经营

尽快制定扶贫资源资产收益分配政策框架，出台鼓励和引导龙头企业和新型经营主体参与易地扶贫搬迁产业发展的政策。组建项目专班，通过实地参观、座谈会、洽谈会等各种形式，密切联络本地或外地知名的各类新型经营主体，结合本地实际情况，与他们共同探讨本地产业项目选择和合作意向。

要进一步发挥新型经营主体的带动作用，培育壮大贫困地区种养大户、农民合作社、龙头企业等，引导新型经营主体与贫困户建立稳定的带动关系，向贫困户提供全产业链服务，切实提高产业增值能力和吸纳贫困劳动力就业能力。还应鼓励新型经营主体和有产业发展能力的贫困对象，共同开发特色产业，签订利益共享、风险共担的合作协议，贫困户按照协议生产、提供产品，新型经营主体提供产前、产中、产后服务，确保收购农产品；政府扶贫资金通过以奖代扶、贷款贴息等方式支持新型经营主体和贫困户。

扶贫资金应主要用于建设田间作业道、渠系、蓄水灌溉等生产性配套设施。这样，即使某个企业因种种原因"走人跑路"，也无法带走这些资产设施，下个企业过来仍然可以继续使用，避免国家的财政损失和贫困户的资源及其收益受损。

（四）资产收益分红，负赢不负亏

资产收益分红可以覆盖非贫困户，但要向贫困户大幅度倾斜。要按"负赢不负亏"的原则，为贫困户兜底。在企业利润为正的年份，按照占股比例向村集体分红，实现资产收益；但在企业亏损年份，不要求村集体承担亏损，仅停止分红，在一定程度上保障了资产安全性，降低了企

业风险的负面影响。

在项目区建设期间，入股到龙头企业或新型经营主体的扶贫资金要按照高于同期银行存款贷款利率低于民间借贷利率的标准进行保底分红。以扶贫资金和政府担保方式投向企业的贷款，也应适当折股，享受分红。

（五）盘活农村资产，用好用活增减挂钩政策

首先，针对大部分土地属集体所有并承包到户，且30年使用权不变的现实，可借鉴采取征用与开发相结合的办法，一方面有偿征用撂荒地等闲置土地，另一方面选择地质结构稳定、土壤适宜耕种、邻近小城镇、水电路等基础条件便利的区域进行土地开发。其次为部分搬迁户无偿提供原承包地，到安置点统一再分配土地，群众迁出一年后，再收回原承包地，使易地搬迁工程建设用地和搬迁群众基本生产用地能够得到保障。同时，对部分原有耕地进行退耕还林（草），对搬迁户原宅基地进行土地复垦和生态恢复。

农村自然资源和劳动力是贫困人口最大的潜质。要用好用活增减挂钩政策，增减挂钩指标安排可向贫困地区倾斜，节余指标可在省域范围内流转使用，增减挂钩资金收益全额返还农村、"钱随人走、同等受益"的原则等政策有助于充分显化土地级差收益。拆旧复垦腾出的建设用地，必须优先满足农民新居和基础设施建设，并留足农村非农产业发展建设用地；对分散安置的，可以货币形式将增减挂钩收益足额返还当事农户。

农村承包土地经营权、农民住房财产权等可以折价入股；集体所有的耕地、林地、草地、山岭、荒地、滩涂等资源性资产，用于经营的房屋、建筑物、机械设备等经营性资产可以折价入股，集体组织成员享受集体收益分配权；政府财政扶持资金可以折价入股，按一定比例落实到集体和贫困户，企业控股并负责生产经营。

（六）兼顾时效性和长期性

要兼顾时效性和长期性，通过现代股权方式，提高农村集体资源、资产的收益率，让贫困农民既可以获得产业发展的经营性收入或到产业基地打工的工资性收入，也可以通过股权及其分红，获得长期稳定收益。

可重点安排良种繁育、农作物标准化种植、畜禽标准化规模养殖、

水产健康养殖、林下种养、产地初加工、仓储冷链、休闲观光等具有较好长期效益和短期收益的项目，提高项目的盈利能力，让贫困户更多分享农业全产业链和价值链增值收益。

河北省阜平县在扶贫过程中坚持"长打算、短安排、长短结合"的发展思路，采取"政府+龙头企业+金融机构十合作社（村委会）+农户""五位一体"模式，对荒山进行整治，推进山区综合开发经营，发展高效农业。整治项目覆盖区的7万名农民，短期内可获得土地流转底金、荒山整治务工收入；长期可获得土地荒山参股分红、林下种养经济和生态旅游项目的收益分红，预测项目完成后人均每年可增收2万元左右。

（七）整合资源，利用财政资金撬动更多扶贫资源

积极发挥扶贫资金"导向轮"和"黏合剂"的作用，按照"用途不变、渠道不乱、集中使用、捆绑实施、各负其责、各记其功"的筹融资方式，多方协调将发改、建设、水利、电力、林业、农牧、国土等各类涉农资金整合起来，统筹调配，充分发挥资金整体使用效益，"统筹安排、统一规划、项目拼盘、资金整合，集中优势、重点突破、加快发展"。

要在统筹整合使用现有各类财政扶贫资金的同时，创新金融和保险扶持机制，撬动更多的社会资本支持贫困地区特色产业发展。一是充分利用好国家已有的扶贫小额贷款、扶贫再贷款、专项建设基金等金融扶贫政策。二是鼓励地方积极创新金融扶贫模式，引导金融机构加大对贫困户和新型经营主体的支持力度。三是积极探索特色产业扶贫的PPP模式，鼓励私募、众筹、慈善等资金参与特色产业扶贫。四是加大保险支持力度。

北京德青源公司、国务院扶贫办和国家开发银行共同发起"金鸡产业扶贫计划"，河北威县是该计划的全国首个试点县。该县筛选16个贫困村、4060个贫困人口，组建16个村经济合作社。农投扶贫资金1900万元以股本金折价入股，每股4680元，1人1股共4060股。同时，该县整合扶贫资金和建设专项基金5000万元，组建县农投公司。合作社将股本金委托给农投公司管理，签订委托投资协议，股权归合作社，农投公司承诺给合作社收益。县农投公司以1：4放大向政策性银行贷款2亿元，

委托北京德青源公司建设鸡舍、饲料厂、屠宰场等设施，并租赁给北京德青源公司使用，北京德青源公司筹资 1.13 亿元用于生物资产和流动资金。项目建成后，北京德青源公司独立开展经营。农投公司与北京德青源公司合同期共 25 年，每个贫困人口每年可获得一定收益。类似这样的项目，北京德青源公司计划 5 年内在全国扶持 100 个。

（八）着力提高贫困农民自身素质

特色产业扶贫要综合考虑经济、社会、生态等多方面综合效益。通过科技推广、新型主体培育、农民技能培训等，让特色产业发展的过程成为农民素质不断提高的过程、农民就业不断增加的过程、农民收入不断提高的过程，增强贫困人口的自我发展能力，增强社会和谐稳定和发展活力。

受经济发展滞后、耕地资源有限、人口出生率高、语言障碍等因素制约，南疆农民转移就业困难，其中和田地区农村富余劳动力约 30 万人，成为影响社会和谐稳定的不利因素。当地政府利用援建资金，建设戈壁日光温室 1200 座，引进防渗沙、节水灌溉等技术，有效节约了水土资源。同时，鼓励汉族与少数民族"结对子"，汉族群众向维吾尔族群众传授蔬菜种植技术，维吾尔族群众帮汉族群众解决劳动力问题，在生产中形成了和谐互助的民族关系。第二次中央新疆工作座谈会后，和田地区规划利用 6 年时间打造 7 个不同民族"嵌入式"新村，发展 3.6 万座高效设施农业大棚，吸收 7.2 万名懂设施农业种植管理技术的本地农民和其他民族入住新村，促进各民族在农业生产、农村生活中相互学习、增进感情、加强团结。

（九）建立乡村旅游、劳务和电商网络平台，推进电商扶贫

加大基础设施建设力度，加快通村网络建设和物流快递建设步伐。建设县级物流配送中心、乡级物流配送网点、村级快递服务点，大力发展"草根物流"，逐步解决从农村到乡镇、从农村到县城"最后一公里"问题。加快贫困村贫困户网店建设，建立利益联结机制，以保护价优先收购、销售贫困户农特产品，并义务为贫困户代购生产生活资料，代办缴费、购票等业务。

强化电商人才培训，整合培训资源，按照"走出去、请进来"等培训模式，选派乡村电商骨干人员和青年网店店主外出学习培训。扶持农村留守妇女发展民族文化产业、手工艺品和家庭手工业，通过网络带动旅游乡村农特产品和旅游文化产品消费。

重视网货开发和网货品质监管，开展质量监督、产品认证等系列服务。加大微媒宣传力度。通过集中宣传培育一批知名网销品牌，提高了产品的知名度和附加值。

重庆全市乡村旅游扶贫村4500户农家乐实现了网上销售，并在订房订餐的基础上增加了农副土特产销售、农村资源销售、劳动力销售（找工作）、农村金融等。2015年，策划各种线下活动40多次，组织游客30多万人次到贫困村消费，销售农产品6000多万元。开发了"网上村庄"微信公众号，组织了"首届网上村庄赶年活动"，让13万多名城市居民到贫困村杀年猪、购年货、过大年，消费各类农产品2000万元。将电商平台重点向城市中高端客户推广，与帮扶集团各成员单位和大专院校校友会对接。"网上村庄"销售的土猪肉价格比原来高30%，比城市超市便宜20%。高山露地蔬菜比原来高54%，比商场便宜50%。蜂蜜比原来贵20%，比城市超市便宜50%以上。彭水县桐楼乡桐木村"网上村庄"，在体验消费的基础上，实行"会员制＋周供制"模式，发展农产品消费会员800多户，2015年销售农产品400多万元。

参考文献

[1] [美] 西奥多－舒尔茨．论人力资本投资 [M]．吴珠华，译．北京：北京经济学院出版社，1990．

[2] [印] 阿玛蒂亚森．贫困与饥荒 [M]．北京：商务印书馆，2011．

[3] 蔡昉，陈凡，张车伟．政府开发式扶贫资金政策与投资效率 [J]．中国青年政治学院学报，2001 (2)．

[4] 蔡昉，都阳．论中国西部开发战略的投资导向：国家扶贫资金使用效果启示 [J]．世界经济，2001 (11)：14－19．

[5] 曹洪民．中国农村扶贫模式研究的进展与框架 [J]．西北人口，2002 (4)．

[6] 查道林，黄胜忠．村庄财政与反贫困的瞄准目标 [J]．理论月刊，2004 (10)．

[7] 陈凡，杨越．中国扶贫资金投入对缓解贫困的作用 [J]．农业技术经济，2003 (6)：16－21．

[8] 陈建．习近平新时代精准扶贫思想形成的现实逻辑与实践研究 [J]．财经科学，2018 (7)：48－58．

[9] 陈薇，杨春河．河北省财政扶贫政策绩效评价实证研究 [J]．农业经济，2006 (7)：58－59．

[10] 陈义欢．甘肃陇南：电商扶贫进行时 [J]．农经，2015 (9)：60－62．

[11] 陈宇峰，叶志鹏．区域行政壁垒、基础设施与农产品流通市场分割——基于相对价格法的分析 [J]．国际贸易问题，2014 (6)．

[12] 程丹，王兆清，李富忠．易地扶贫搬迁研究 [J]．天津农业科学，2015 (1)．

[13] 楚永生．参与式扶贫开发模式的运行机制及绩效分析 [J]．中国行政管理，2008 (11)：48－51．

［14］崔秀荣．贫困地区农村社会救助现状、问题及政策选择［J］．农村经济，2008（4）：87－89．

［15］邓燕云．西部地区新型农村合作医疗制度持续发展的思考——基于四川、西藏新型农村合作医疗的调查［J］．重庆大学学报（社会科学版），2009，15（4）．

［16］丁克贤．免费义务教育政策实施后西部地区农村留守儿童辍学现状及对策分析［J］．品德与心理，2009（3）．

［17］杜利娜．马克思的贫困理论及当代启示［J］．马克思主义研究，2018（8）：31－40．

［18］段从宇，伊继东．教育精准扶贫的内涵、要素及实践路径［J］．教育与经济，2018（5）：23－29．

［19］范小建．扶贫开发形势和政策［M］．北京：中国财政经济出版社，2008（6）．

［20］范小建．中国扶贫开发——回顾与展望［EB/OL］．http：//www.cpad.gov.cn/data/2007/1018/article－336000.htm.

［21］范小建．中国农村扶贫开发纲要（2011—2020年）干部辅导读本［M］．北京：中国财政经济出版社，2012．

［22］范永忠．中国农村扶贫资金效率研究［D］．长沙：湖南农业大学，2013．

［23］方劲．可行能力视野下的新阶段农村贫困及其政策调整［J］．经济体制改革，2011（1）：73－78．

［24］费娇娇．"农家乐"旅游发展面临的问题及解决对策——以安吉县双鱼堂农庄为例［J］．农村经济与科技，2012，23（3）：41－43．

［25］冯文全，夏茂林．当前农村教育资源的使用效率问题及解决的基本思路［J］．兰州学刊，2006（1）．

［26］付英，张艳荣．兰州市扶贫开发绩效评价及其启示［J］．2011（5）：25－30．

［27］高梦滔，王健．从供给角度对新型农村合作医疗可持续性的思考——云南省玉龙县新型农村合作医疗试点情况调研报告之一［J］．卫生经济研究，2004（9）．

［28］高梦滔，王健．从需求角度对新型农村合作医疗可持续性的思考——云南省玉龙县新型农村合作医疗试点情况调研报告之二［J］．卫生

经济研究，2004（10）.

［29］古蔺县发展改革局. 古蔺县"十三五"易地扶贫搬迁实施方案［Z］. 2016.

［30］古蔺县人民政府. 古蔺县土地利用总体规划（2006—2020 年）［Z］. 2009.

［31］郭明霞. 建国后农村社会救助制度的回顾与反思［J］. 社科纵横，2005（6）.

［32］郭明霞. 中国农村社会救助制度的现状及面临的困境——农村社会救助体系研究系列之四［J］. 社会纵横，2006（2）.

［33］国家发展和改革委员会，国务院扶贫开发领导小组办公室，财政部，等. 关于印发"十三五"时期易地扶贫搬迁工作方案的通知［Z］. 2015.

［34］国家统计局. 中国农村贫困监测报告［M］. 北京：中国统计出版社，1990.

［35］国家统计局农村社会经济调查司. 中国农村贫困监测报告 2008［M］. 北京：中国统计出版社，2009.

［36］国务院. 中国农村扶贫开发纲要（2001—2010 年）［Z］. 2001.

［37］国务院. 中国农村扶贫开发纲要（2011—2020 年）［Z］. 2011.

［38］国务院贫困地区经济开发领导小组办公室. 中国贫困地区经济开发概要［M］. 北京：农业出版社，1989.

［39］韩秀丽，高桂英. 宁夏红寺堡生态移民开发效果探析［J］. 人民黄河，2010（10）.

［40］何道峰. 中国 NGO 扶贫的历史使命［C］. 中国 NGO 扶贫国际会议，2001.

［41］何得桂，党国英. 西部山区易地扶贫搬迁政策执行偏差研究——基于陕南的实地调查［J］. 国家行政学院学报，2015（6）.

［42］何芬，赵燕霞. 京津冀协同背景下环京津贫困带减贫途径研究［J］. 北京市经济管理干部学院学报，2015（1）.

［43］贺雪峰. 中国农村反贫困战略中的扶贫政策与社会保障政策［J］. 武汉大学学报（哲学社会科学版），2018（3）：147–153.

［44］洪大用．社会救助的目标与我国现阶段社会救助的评估［J］．甘肃社会科学，2007（4）．

［45］华正学．列宁探索并解决苏维埃俄国贫困问题的理论与实践［J］．中央社会主义学院学报，2014，188（2）：84－89．

［46］华正学．毛泽东反贫困理论的当代审视与科学反思［J］．河北省社会主义学院学报，2012（3）：58－61．

［47］黄承伟，邹英，刘杰．产业精准扶贫：实践困境和深化路径——兼论产业精准扶贫的印江经验［J］．贵州社会科学，2017，333（9）：125－131．

［48］黄承伟．中国农村反贫困的实践与思考［M］．北京：中国财政经济出版社，2004．

［49］黄季辊．中国的扶贫问题和政策［J］．改革，1998（4）：24－26．

［50］黄璐．加快环京津贫困带劳动力转移的建议［J］．经济论坛，2009（1）．

［51］黄敏，赵安林．贵州近3000万农民参加新农合［EB/OL］．证券之星网，2010－01－04．

［52］姜爱华．我国政府开发式扶贫资金投放效果的实证分析［J］．中央财经大学学报，2008（2）：13－18．

［53］焦君红，王登龙．环京津贫困带的环境权利与义务问题研究［J］．改革与战略，2008（1）．

［54］焦璐．农村扶贫政策的绩效评估——以陕西省农村扶贫政策为例［J］．内蒙古大学学报（社会科学版），2009（1）：39－41．

［55］靳赫．宁夏也有个华西村［N］．中国民族报，2015－04－28．

［56］康晓光．中国贫困与反贫困理论［M］．南宁：广西人民出版社，1995．

［57］匡远配．中国扶贫政策和机制的创新研究综述［J］．前进，2006（1）：45－47．

［58］赖力．参与式扶贫与社区发展——贵州省两个扶贫发展项目的调查与思考［J］．贵州经济学院学报，2009（4）．

［59］兰传海．环京津贫困带扶贫开发研究［J］．经济研究参考，2015（2）．

[60] 雷丽珍. 农村免费义务教育政策对不同目标群体的影响——基于广东省的调查 [J]. 教育科学, 2009 (10).

[61] 李韧竹, 我国农村寄宿制学校学生补贴政策研究 [J]. 教育发展研究, 2008 (9).

[62] 李瑞, 刘超. 燕山—太行山片区收入倍增路径选择 [J]. 合作经济与科技, 2014 (6).

[63] 李瑞峰, 郭大, 辛贤. 中国农村义务教育投入: 现状及政策建议 [M]. 北京: 中国农业出版社, 2009.

[64] 李小云, 李周, 唐丽霞, 等. 参与式贫困指数的开发与验证 [J]. 中国农村经济, 2005 (5): 39-46.

[65] 李小云, 张雪梅, 唐丽霞. 当前中国农村的贫困问题 [J]. 中国农业大学学报, 2005 (4).

[66] 李小云, 张雪梅, 等. 我国中央财政扶贫资金的瞄准分析 [J]. 中国农业大学学报, 2005 (3): 1-6.

[67] 李小云. 参与式发展概论: 理论—方法—工具 [M]. 北京: 中国农业大学出版社, 2001.

[68] 李小云, 等. 中国财政扶贫资金的瞄准与偏离 [M]. 北京: 社会科学文献出版社, 2006.

[69] 李兴江, 陈怀叶. 参与式扶贫模式的运行机制及绩效评价——以甘肃省徽县麻安村为例 [J]. 开发研究, 2008 (2): 94-99.

[70] 李兴江, 陈怀叶. 参与式整村推进扶贫模式扶贫绩效的实证分析——以甘肃省徽县麻安村为例 [J]. 甘肃社会科学, 2008 (6): 53-56.

[71] 李兴州, 邢贞良. 攻坚阶段我国教育扶贫的理论与实践研究 [J]. 教育与经济, 2018 (1): 42-48.

[72] 李燕凌, 欧阳万福. 县乡政府财政支农支出效率的实证分析 [J]. 经济研究, 2011 (10): 110-122.

[73] 李益敏. 基于GIS的泸水县易地扶贫搬迁安置地选择 [J]. 地理信息世界, 2010 (3).

[74] 李应祥. 论黔南州上隆茶果场的"产业式"移民模式 [J]. 中共贵州省委党校学报, 2007 (4).

[75] 李志平, 杨江帆. 胡锦涛农村扶贫思想论析 [J]. 山西农业大

学学报，2014，13（1）：1-4.

[76] 李忠将，李劲峰.贵州500多万人纳入农村低保基本实现"应保尽保"[EB/OL].网易新闻中心，2011-01-18.

[77] 李忠林，崔树义.我国农村低保的现状、问题与对策[J].东岳论刊，2009（8）：49-56.

[78] 林义.破解新农保制度五大难[J].中国社会保障，2009（9）：16.

[79] 刘冬梅.对中国二十一世纪反贫困目标瞄准机制的思考[J].农业技术经济，2001（5）.

[80] 刘慧.我国扶贫政策演变及其实施效果[J].地理科学发展，1998（4）：79-87.

[81] 刘坚.新阶段扶贫开发的成就与挑战[M].北京：中国财政经济出版社，2006.

[82] 刘军.新举措、新问题、新对策——关于"易地扶贫搬迁与城镇化建设问题"的探析[J].经济研究参考，2015（26）.

[83] 刘俊标.实施易地扶贫搬迁战略的资金困境及解决路径[J].调查研究，2015（8）：30-32.

[84] 刘明智.以工代赈易地扶贫搬迁中应把握的几个问题[J].陕西综合经济，2007（2）.

[85] 刘萍，李红星.农村扶贫资金的数据包络分析[J].中国行政管理，2008（1）：77-78.

[86] 卢辉.创新扶贫资金整合机制[J].政策，2016（1）.

[87] 泸州市发展和改革委员会.泸州市国民经济和社会发展第十三个五年规划纲要[Z].2016.

[88] 泸州市发展和改革委员会.泸州市易地扶贫搬迁"十二五"总结[Z].2016.

[89] 泸州市发展和改革委员会.泸州市易地扶贫搬迁"十三五"规划[Z].2016.

[90] 泸州市人民政府.泸州市土地利用总体规划（2006—2020年）[Z].2010.

[91] 陆汉文，黄承伟.中国精准扶贫发展报告（2016）[M].北京：社会科学文献出版社，2016.

［92］陆汉文，黄承伟．中国精准扶贫发展报告（2017）［M］．北京：社会科学文献出版社，2017．

［93］陆汉文，黄承伟．中国精准扶贫发展报告（2018）［M］．北京：社会科学文献出版社，2018．

［94］罗俊，马燕坤．基于城镇化视角的环京津贫困带减贫研究［J］．经济师，2015（2）．

［95］马合肥．精准电商扶贫的陇南模式［J］．法制与社会，2016（1）：215－217．

［96］马顺龙．高深山区农民脱贫致富的最佳路径——古浪县推进下山入川生态移民工程纪实［N］．甘肃日报，2015－01－16（08）．

［97］马赞甫，刘妍珺．基于数据三分法的 DEA 模型［J］．经济数学，2011，28（2）：11－15．

［98］马占新．广义数据包络分析［M］．北京：科学出版社，2012．

［99］莫泰基．公民参与：社会政策的基石［M］．香港：中华书局，1995．

［100］莫泰基．香港贫穷和社会保障［M］．香港：中华书局，1993．

［101］牟秋菊．贵州民族地区经济发展的制约因素分析［J］．民族论坛，2008（8）．

［102］穆贤清．贵州贫困地区农业产业一体化经营的制约因素及对策［J］．山地农业生物学，2000（2）．

［103］南昌教育学院课题组，江西农村初中学生辍学成因分析与对策研究［J］．南昌教育学院学报，2006（4）．

［104］牛廷立，庄天慧．新世纪四川民族地区反贫困的绩效评价［J］．西华大学学报（哲学社会科学版），2011（1）：120－124．

［105］潘慧，滕明兰，赵嵘．习近平新时代中国特色社会主义精准扶贫思想研究［J］．上海经济研究，2018，（4）：5－16．

［106］乔佳妮．移民搬迁　陕西样板——我省实施陕南移民搬迁综述［N］．陕西日报，2015－12－10．

［107］秦洁．浅谈"新农保"试点［J］．决策与信息，2009（10）：190．

［108］萨比娜·阿尔基尔，等．贫困的缺失维度［M］．北京：科学出版社，2010．

［109］盛来运．新时期农村贫困标准研究［J］．中国统计，2000（12）．

［110］世界银行．1990 年世界发展报告［M］．北京：中国财政经济出版社，1990．

［111］世界银行．2000/2001 年世界发展报告［M］．北京：中国财政经济出版社，2001．

［112］世界银行．从贫困地区到贫困人群：中国扶贫议程的演进［R］．2009．

［113］世界银行．世界银行国别报告——中国战胜农村贫困［M］．北京：中国财政经济出版社，2000．

［114］世界银行．从贫困地区到贫困人群：中国扶贫议程的演进［R］．2009．

［115］世界银行．重塑世界经济地理［M］．北京：清华大学出版社，2009．

［116］帅传敏，李周，何晓军，张先锋．中国农村扶贫项目管理效率的定量分析［J］．中国农村经济，2008（3）：24－32．

［117］帅传敏，梁尚昆，刘松．国家扶贫开发重点县投入绩效的实证分析［J］．经济问题，2008（6）：84－86．

［118］帅传敏．中国农村扶贫开发模式与效率研究［M］．北京：人民出版社，2010．

［119］宋建军．流域生态环境补偿机制研究［M］．北京：中国水利水电出版社，2013．

［120］宋卫信．甘肃六十个贫困县扶贫绩效因子分析［J］．甘肃农业大学学报，2004（5）：595－600．

［121］孙德超，曹志立．产业精准扶贫中的基层实践：策略选择与双重约束［J］．社会科学，2018（12）：3－13．

［122］檀学文，李静．习近平精准扶贫思想的实践深化研究［J］．中国农村经济，2017（9）：2－16．

［123］唐钧．新农保的三大"软肋"［J］．医院领导决策参考，2009（22）：24－27．

［124］唐任伍．习近平精准扶贫思想阐释［J］．人民论坛，2015（30）．

［125］田晋．民族地区扶贫实践与扶贫效果评价述评［J］．湖南农机，2007（3）．

［126］童星，林闽刚．我国农村贫困标准线研究［J］．中国社会科学，1993（3）：86-98．

［127］童星，林闽钢．中国农村社会保障［M］．北京：人民出版社，2011．

［128］汪力斌，周源熙．参与式扶贫干预下的瞄准和偏离［M］．农村经济，2010（7）．

［129］汪连杰．马克思贫困理论及其中国化的探索与发展［J］．社会经济研究，2018（9）：15-21．

［130］汪三贵．扶贫投资效率的提高需要制度创新［J］．农业经济问题，1997（10）．

［131］汪三贵．贫困问题与经济发展政策［M］．北京：农村读物出版社，1994．

［132］汪三贵．中国扶贫资金的管理体制和政策评价［J］．老区建设，2008（3）：16-17．

［133］汪三贵．中国新时期农村扶贫与村级贫困瞄准［J］．管理世界，2007（1）：56-64．

［134］王橙澄，王丽．贵州"十一五"期间让农村1060万人喝上"放心水"［EB/OL］．新华网，2011-01-26．

［135］王国勇，邢溦．我国精准扶贫工作机制问题探析［J］．农村经济，2015（9）：46．

［136］王冀平．从缪尔达尔"循环积累因果理论"看"环京津贫困带"问题［J］．经济论坛，2012（2）．

［137］王立诚．中国农业合作简史［M］．北京：中国农业出版社，2009：99-101．

［138］王丽，马德隆．湘西州以城镇化推进扶贫开发的实践［J］．中国经贸导刊，2015（24）：21-22．

［139］王丽．贵州190余万贫困农民已实现"老有所养"［EB/OL］．新华网，2010-12-16．

［140］王玫，李文廷．环京津贫困带生态环境现状及发展对策［J］．河北学刊，2008（6）．

[141] 王明杰，蔡丽珍．自来水事业经营效率与合理水价之探讨——资料包络法（DEA）之应用［A］．台湾自来水协会 22 届自来水研究发表会论文集［C］，2005．

[142] 王蒲华．福建整村推进扶贫开发的运行机制与绩效评价［J］．福建农林大学学报（哲学社会科学版），2007（5）：9－11．

[143] 王善存．对完善国家扶贫战略和政策体系暨新十年纲要的设想与研究［EB/OL］．http：//www. gxfpw. com/ReadNews. asp？NewsID＝19598．

[144] 王善平，申志仁．财政扶贫开发资金审计监管研究［J］．湘潭大学学报，2010（4）：31－34．

[145] 王善平，周盈．反贫能力导向的扶贫资金综合绩效问题研究［J］．求索，2011（5）：47－48．

[146] 王淑彬．黄国勤参与式扶贫及其绩效分析——基于江西的实践．江西农业大学学报（社会科学版），2010（4）．

[147] 王文．免费义务教育政策在农村遇到的困境与出路——以西部农村某少数民族地区为例［J］．北京教育学院学报，2010（2）．

[148] 王小琪．推进我国财政扶贫制度创新的思考［J］．改革与发展，2007（2）：24－27．

[149] 王晓敏．浅议我国农村的反贫困政策［J］．中共郑州市委党校学报，2009（5）．

[150] 王晓毅，马春华．中国 12 村贫困调查［M］．北京：社会科学文献出版社，2009．

[151] 王艳，李放．改善我国农村反贫困中政府行为的思路与对策［J］．内蒙古农业大学学报（社会科学版），2009（1）．

[152] 王永平，袁家榆，曾凡勤，等．贵州易地扶贫搬迁安置模式的探索与实践［J］．生态经济（学术版），2008（1）．

[153] 王永平．贵州农村建设全面小康社会目标与实现途径研究［D］．重庆：西南农业大学，2005．

[154] 王永平．欠发达地区农村全面小康与可持续发展之路——以贵州为例［M］．贵阳：贵州人民出版社，2006．

[155] 王宇龙．政府公共支出项目绩效影响因素初探［J］．审计与经济研究，2007（5）．

[156] 王卓．四川扶贫绩效评价［J］．财经科学，1995（5）．

［157］韦继川. "无土"也开幸福花——我区实施易地"无土安置"的成效与展望［N］. 广西日报，2012 - 05 - 21.

［158］魏后凯，邬晓霞. 中国的反贫困政策：评价与展望［J］. 上海行政学院学报，2009（2）.

［159］魏权龄. 论"打开黑箱评价"的网络 DEA 模型［J］. 数学的实践与认识，2012，42（24）：184 - 195.

［160］魏权龄. 评价相对有效性的数据包络分析模型——DEA 与网络 DEA［M］. 北京：中国人民大学出版社，2012.

［161］魏小炜，李春松，庄茂. 倡导易地搬迁集中安置　推进城乡统筹协调发展——汉中实施易地扶贫搬迁集中安置的情况调查［J］. 陕西发展和改革，2011（5）.

［162］魏遥. 20 世纪 90 年代以来我国农村反贫困的理论反思与政策选择［J］. 生产力研究，2007（7）：22 - 24.

［163］文秋良. 新时期中国农村反贫困问题研究［D］. 武汉：华中农业大学，2006.

［164］吴宝国. 对中国扶贫战略的简评［J］. 中国农村经济，1996（8）.

［165］吴国起. 财政扶贫资金绩效管理改革研究［D］. 北京：中国财政科学研究所，2011（5）.

［166］夏英. 贫困与发展［M］. 北京：人民出版社，1995.

［167］向延平. 贫困地区旅游扶贫经济绩效评价研究——以湖南省永顺县为例［J］. 湖南文理学院学报（社会科学版），2008（6）.

［168］向延平. 基于 CVM 法的凤凰古城旅游扶贫生态绩效评价［J］. 贵州农业科学，2010（10）：234 - 236.

［169］肖金成，孙宝臣. 我国反贫困的基本思路［J］. 经济研究参考，2005（95）：33 - 33.

［170］谢萌，辛瑞萍. 关于我国农村参与式扶贫模式的思考［J］. 河北农业科学，2009（1）：107 - 109.

［171］熊理然，成卓. 中国贫困地区的功能定位与反贫困战略调整研究［J］. 农业经济问题，2008（2）.

［172］徐孝勇，赖景生，寸家菊. 我国西部地区农村扶贫模式与扶贫绩效及政策建议［J］. 农业现代化研究，2010（2）：161 - 165.

［173］许杰．公平与质量：农村义务教育经费保障新机制实施的价值二维［J］．河北师范大学学报，2009（10）．

［174］许新强，卢茜．扶贫资金绩效评估机制研究［J］．管理观察，2009（2）：49－51．

［175］许源源，江胜珍．扶贫瞄准问题研究综述［J］．生产力研究，2008，17：158－160．

［176］许源源．中国农村扶瞄准：定点部门与NGO的视角［M］．北京：中国社会科学出版社，2006．

［177］叙永县发展改革局．叙永县"十三五"易地扶贫搬迁实施方案［Z］．2016．

［178］杨阿莉，把多勋．民族地区社区参与式旅游扶贫机制的构建——以甘肃省甘南藏族自治州为例［J］．内蒙古社会科学，2012（5）：131－136．

［179］杨翠迎．新型农村社会养老保险试点应注意的问题及政策建议［EB/OL］．http：//business．sohu．com/20100305/n270615684．shtml．

［180］杨德进．旅游扶贫——国际经验与中国实践［M］．北京：中国旅游出版社，2015．

［181］杨锦兴．从教育行政的角度看"以县为主"的农村教育管理体制面临的问题——广西贵港市实施农村义务教育管理新体制的调查［J］．现代教育管理，2009（1）．

［182］杨秋宝．2020：中国消除农村贫困——全面建成小康社会的精准扶贫、脱贫攻坚研究［M］．北京：人民出版社，2018．

［183］叶初升，邹欣．扶贫瞄准的绩效评估与机制设计［J］．华中农业大学学报（社会科学版），2012（1）：63－69．

［184］叶敬忠，刘燕丽，王伊欢．参与式发展规划［M］．北京：社会科学文献出版社，2005．

［185］叶敬忠．参与式林业规划过程中的利益相关群体分析［J］．林业经济，2005（12）．

［186］叶林斌，胡亚斌，郭邦胜．安康依托产业发展　让移民搬迁稳得住、能致富［N］．陕西日报，2013－12－25．

［187］叶志强，李益敏，尹海红．基于GIS的泸水县易地扶贫搬迁方案选择［J］．热带地理，2009（6）．

[188] 应明飞. 浙江安吉农家乐旅游研究 [D]. 上海：华东师范大学，2008.

[189] 游新彩，田晋. 民族地区综合扶贫绩效评价方法及实证研究 [J]. 科学经济社会，2009（3）：7 - 13.

[190] 于敏. 财政扶贫资金绩效考评方法及其优化 [J]. 重庆社会科学，2010（2）：99 - 101.

[191] 于敏. 中国财政扶贫资金绩效考评存在的问题及对策研究 [J]. 新疆农垦经济，2010（4）：25 - 27.

[192] 余明江. 我国农村反贫困机制的构建——基于"政府—市场"双导向视角的研究 [J]. 安徽农业大学学报（社会科学版），2010（5）.

[193] 余跃星，李春松，庄茂. 汉中市易地扶贫搬迁试点工程调查 [J]. 陕西发展和改革，2010（5）.

[194] 玉溪市民宗局. 构建扶贫大格局统筹城乡大发展——玉溪市彝族山苏支系扶贫攻坚稳步推进 [J]. 今日民族，2010（9）：46 - 48.

[195] 袁建涛，冯文全. 建立代课教师制度，促进西部农村义务教育发展 [J]. 民族教育研究，2006（4）.

[196] 袁利平. 论习近平教育扶贫战略思想 [J]. 甘肃社会科学，2018（3）：36.

[197] 曾建中. 建立京津冀生态补偿机制张家口"夙愿难偿" [EB/OL]. http：//www. eeo. com. cn/2015/0422/275170. shtml.

[198] 张佰瑞. 我国生态性贫困的双重抑制效应研究——基于环京津贫困带的分析 [J]. 生态经济：学术版，2007（1）.

[199] 张宏. 欠发达地区参与式扶贫开发模式研究——以甘肃麻安村为例 [D]. 兰州：兰州大学，2007.

[200] 张乐天. 促进教育公平关键在提高农村义务教育质量——对实施新修订的《义务教育法》的几点思考 [J]. 农村教育，2007（1）.

[201] 张磊. 中国扶贫开发政策演变（1949—2005）[M]. 北京：中国财政经济出版社，2007.

[202] 张丽君，王玉芬. 民族地区和谐社会建设与边境贸易发展研究 [M]. 北京：中国经济出版社，2008.

[203] 张巍. 中国农村反贫困制度变迁研究 [M]. 北京：中国政法大学出版社，2008（6）.

［204］张衔．民族地区扶贫绩效分析——以四川省为例［J］．西南民族大学学报（人文社科版），2000（3）：18－21．

［205］张新文，吴德江．新时期农村扶贫中的政府行为探讨［J］．郑州航空工业管理学院学报，2011（5）．

［206］张毅，蒋雪蓉．农村反贫困的新特点及对策［J］．企业导报，2011（14）．

［207］张咏梅，周巧玲．我国农村扶贫模式及发展趋势分析［J］．濮阳职业技术学院学报，2010（1）：107－112．

［208］张跃平．影响深山区库区扶贫绩效的因素及对策［J］．中国贫困地区，1999（3）：40－41．

［209］张展智，左停，徐贤坤．广西参与式农村发展模式研究——以莘田尾村开展参与式整村推进扶贫为例［J］．经济与社会发展，2012（1）：86－89．

［210］赵昌文．贫困地区可持续扶贫开发战略模式及管理系统研究［M］．成都：西南财经大学出版社，2001．

［211］赵冬缓，兰徐民．我国测贫指标体系及其定量研究［J］．中国农村经济，1994（3）．

［212］赵弘，何芬，李真．环京津贫困带减贫策略研究——基于"可持续升级框架"的分析［J］．北京社会科学，2015（9）．

［213］赵普．"快速铁路交通圈"建设对贵州经济社会发展的影响［J］．现代物业，2010（6）．

［214］郑志龙．基于马克思主义的中国贫困治理制度分析［M］．北京：人民出版社，2015．

［215］中国（海南）改革发展研究院．中国反贫困治理结构［M］．北京：中国经济出版社，1998．

［216］中国发展研究基金会．在发展中消除贫困：中国发展报告（2007）［M］．北京：中国发展出版社，2007．

［217］周芙蓉．六方面因素导致贵州农村贫困［EB/OL］．新华网，2005－07－04．

［218］周瑞超，邝雨．行政村综合扶贫效果评价——以世界银行扶贫广西项目为例［J］．统计与决策，2005（5）．

［219］朱凤岐．中国反贫困研究［M］．北京：中国计划出版

社，1996.

［220］朱惠东．我国农村最低生活保障制度初探［D］．山东大学硕士，2008.

［221］朱乾宇．我国政府扶贫资金的使用绩效分析［J］．科技进步与对策，2003（11）：36－38.

［222］朱乾宇．政府扶贫资金投入方式与扶贫绩效的多元回归分析［J］．中央财经大学学报，2004（7）.

［223］朱振亚，宴兰萍．新农村建设"安吉模式"成功经验探究［J］．天津农业科学，2012，18（6）：100－104.

［224］庄天慧，张海霞，余崇媛．西南少数民族贫困县反贫困综合绩效模糊评价——以10个国家扶贫重点县为例［J］．西北人口，2012（3）：89－93.

［225］左常升．国际减贫理论与前沿问题（2013）［M］．北京：中国农业出版社，2013.

［226］左常升．国际减贫理论与前沿问题（2014）［M］．北京：中国农业出版社，2014.

［227］左常升．中国扶贫开发政策演变（2001—2015年）［M］．北京：中国财经经济，2016.

［228］左停，杨雨鑫，钟玲．精准扶贫：技术靶向、理论解析和现实挑战［J］．贵州社会科学，2015（08）.

［229］Alkire, S. J.. Counting and Multidimensional Poverty Measurement ［J］. Journal of Public Economics, 2011, 95（7）.

［230］A. Charnes, W. W. Cooper, Q. L. Wei and Z. M. Huang. Cone Ratio Data Envelopment Analysis and Multi－Objective Programming ［J］. *International Journal of Systems Science*, 1989, 20（7）：1099－1118.

［231］A. Deaton. Measuring Poverty in a Growing World（Or Measuring Growth in a PoorWorld）［J］. *The Review of Economics and Statistics*, 2005, 87（1）：1－19.

［232］A. Martin Torgersen, Finn R. Forsund and Sverre A. C. Kittelsen. Slack－Adjusted Efficiency Measures and Ranking of Efficient Units ［J］. *The Journal of Productivity Analysis*, 1996, 7（4）：379－398.

［233］A. Sen. Development as Freedom ［M］. Oxford：Oxford University Press, 2001.

［234］ B. S. Rowntree. Poverty: A Study of Town Life ［M］. The Policy Press, 1901.

［235］ Carey Oppenheim and Lisa Harker. Poverty: The Facts ［M］. Child Poverty Action Group, 1996.

［236］ Caroline Dewilde. The Multidimensional Measurement of Poverty in Belgium and Britain: A Categorical Approach ［J］. *Social Indicators Research*, 2004, 68 (3): 331 – 369.

［237］ Dercon, S.. Rural Poverty: Old Challenges in New Contexts ［J］. World Bank Research Observer, 2009, 24 (1) .

［238］ Francisco H. G. Ferreira and Maria Ana Lugo. Multidimensional Poverty Analysis: Looking for a Middle Ground ［R］. IZA Policy Paper, No. 45, 2012.

［239］ Himanshu. What are These New Poverty Estimates and What Do They Imply? ［J］. *Economic and Political Weekly*, 2008, 43 (43): 38 – 43.

［240］ L. M. Seiford, R. M. Thrall. Recent Development in DEA, the Mathematical Programming Approach to Frontier Analysis ［J］. *Journal of E-conometrics*, 1990, 46 (1 – 2): 7 – 38.

［241］ Martin Ravallion. On Multidimensional Indices of Poverty. Policy Research Working Paper No. 5580, The World Bank, 2011.

［242］ M. J. Farrell. The Measurement of Production Efficiency ［J］. *Journal of the RoyalStatistical Society. Series A (General)*, 1957, 120 (3): 253 – 290.

［243］ Nazim N. Havibov, Lida Fan. Comparing and Contrasting Poverty Reduction Performance of Social Welfare Programs across Jurisdictions in Canada Using Data Envelopment Analysis: An Exploratory Study of the Era of Devolution ［J］. *Evaluationand Program Planning*, 2010, 33 (4): 457 – 467.

［244］ NDP. Human Development Report New York: United Nations Development Program, 2013.

［245］ Nin – Pratt, Alejandro and Bingxin Yu. Getting implicit shadow prices right for theestimation of the Malmquist index: The case of agricultural total factor productivity indeveloping countries ［A］. Contributed paper prepared for presentation at the International Association of Agricultural Economists Conference, Beijing, China, 2009.

[246] P. Andersen, N. C. Petersen. A Procedure for Ranking Efficient Units in Data Envelopment Analysis [J]. *Management Science*, 1993, 39 (10): 1261 – 1264.

[247] P. Townsend. Poverty in the United Kingdom: A Survey of Household Resources and Standards of Living [M]. California: University of California Press, 1979.

[248] Q. L. Wei and H. Yan. Congestion and Returns to Scale in Data Envelopment Analysis [J]. *European Journal of Operational Research*, 2004, 153 (3): 641 – 660.

[249] R. Fare and S. Grosskopf. A Nonparametric Cost Approach to Scale Efficiency [J]. The Scandinavian Journal of Economics, 1985, 87 (4): 594 – 604.

[250] S. R. Arnstein. A ladder of citizenship participation [J]. Journal of American Institute of Planners, 1969, 35 (4): 216 – 224.

[251] T. Kuosmanen, L. Cherchye and T. Sipilainen. The law of one price in data envelopment analysis: restricting weight flexibility across firms [J]. *Journal of Operational Research*, 2006, 170: 735 – 757.

[252] T. Kuosmanen, M. Kortelainen, T. Sipilainen and L. Cherchye. Firm and industry levelprofit efficiency analysis using absolute and uniform shadow prices [J]. *European Journal of Operational Research*, 2010, 202: 584 – 594.

[253] W. Johnson. Citizen participation in local planning in UK and USA: A comparative study [J]. *Progress in Planning*, 1984, 22: 149 – 221.